Georg Koeniger

TRAUER IST EINE LANGE REISE

GEORG KOENIGER

TRAUER IST EINE LANGE REISE

Für dich auf den Jakobsweg

Mit einer Karte

MALIK

Mehr über unsere Autoren und Bücher:
www.malik.de

Für Hanna

MIX
Papier aus verantwor-
tungsvollen Quellen
FSC® C083411
www.fsc.org

ISBN 978-3-89029-467-4
© Piper Verlag GmbH, München/Berlin 2015
Redaktion: Matthias Teiting, Dresden
Karte: Marlise Kunkel, München
Satz: seitenweise, Tübingen
Litho: Lorenz & Zeller, Inning a. A.
Druck und Bindung: CPI books GmbH, Leck
Printed in Germany

INHALT

»Der Humor ist nicht resigniert, er ist trotzig, er bedeutet nicht nur den Triumph des Ichs, sondern auch den des Lustprinzips, das sich hier gegen die Ungunst der realen Verhältnisse zu behaupten vermag.«

Sigmund Freud, »Der Humor«

JAKOBSWEG WIDER WILLEN

Schon das Packen ist nicht unproblematisch. Die Gepäck-
taschen im Keller sind voll mit Ausrüstungsgegenständen in
doppelter Ausführung: zwei Tassen, zwei Messer, zwei Teller,
ein Zelt für zwei. Alles nach der letzten Radreise platzsparend
verstaut für den nächsten gemeinsamen Trip. Jetzt nehme ich
all das auseinander und packe jeweils nur ein Teil ein. Mir ist
dabei, als würde ich auseinanderreißen, was eigentlich zusammengehört. Ich meine fast, die zurückgelassene Tasse schreien
zu hören: Und was ist mit mir?

Das Zelt aber kommt mit. Es ist zwar über drei Kilo schwer
und viel zu groß für mich allein, doch irgendwie gehört es
dazu. Es wird mir immer wieder die große Leerstelle in meinem Leben vor Augen führen, die ich seit einem Jahr erlebe.

Die Stimmung am Abend vor der Abreise ist nicht gerade
euphorisch. Von Urlaubsvorfreude keine Spur. »Super Show«,
schwärmen zwar meine Kabarettkollegen, als wir nach der Vorstellung unsere Requisiten zusammenpacken. Und tatsächlich
ist es wie immer ein gutes Gefühl gewesen, vor einem begeisterten Publikum seine Späße auf der Bühne zu machen. Das hat
sich auch nach sechsundzwanzig Jahren als Kabarettist nicht
geändert. Aber so richtig genießen kann ich es nicht, ich bin
nur noch mit halber Kraft dabei, es fällt mir schwer, mich zu
konzentrieren. Es ist, als wäre meine Seele schon unterwegs
auf dem Jakobsweg, während mein Körper noch routiniert die
eingeübten Sketche spielt.

Als ich dann mit gepacktem Requisitenkoffer in dem leeren
Zuschauerraum stehe, merke ich, wie die Droge Applaus viel
schneller an Wirkung verliert als sonst. Morgen, denke ich, wird
niemand von diesen Leuten da sein, um mich bei der Abreise
zu beklatschen, niemand, der mir mit weißem Taschentuch

nachwinkt, niemand, der ein Abschiedsfoto macht, aber auch niemand, der mich zur Eile antreibt, damit wir endlich loskommen. Es interessiert die ganze Welt einen Dreck, was ich morgen mache. Mein Terminkalender ist im Frühjahr 2014 für einen Monat leer. Ich könnte genauso gut einfach hierbleiben. Keiner würde es bemerken.

Dennoch springe ich am nächsten Morgen aus dem Bett, bevor der Wecker sich auch nur rühren kann, stelle mein Espressokännchen auf den Herd und ziehe meine Funktionsklamotten an. Die letzten zwei Jahre waren eine sehr anstrengende Zeit, sowohl psychisch als auch körperlich. Jetzt nehme ich mir vier Wochen Zeit für mich. Die Reiseroute hätte ich mir selbst so nicht ausgesucht, aber trotzdem: Jetzt wird geradelt.

Während ich im Stehen eine Banane esse und meinen Kaffee trinke, fallen mir die Reaktionen meiner Freunde, Kollegen und Verwandten ein, als ich ihnen erzählte, was ich vorhabe. Am besten waren immer ihre Gesichter. Da wurde der Mund aufgerissen, die Luft durch die Zähne eingesogen, da wurden die Augen gerollt, die Backen aufgeblasen. »*Was* willst du? Von hier nach Santiago de Compostela…radeln?« Mancher versuchte ein gequältes Lächeln, andere prusteten los, als hätte ich einen Witz gemacht. Dann Stirnrunzeln. »Wie viele Kilometer sind das denn?« Sobald ich »ungefähr zweieinhalbtausend« sagte, erntete ich meist ratloses Kopfschütteln. »Aber du … äh, machst schon Pausen zwischendurch, oder?«

Die Outdoorfreaks, die es in meinem Freundeskreis gibt, reagierten mit aufmunterndem Nicken, anerkennendem Pfeifen, spöttisch angehobenen Augenbrauen oder offenem Neid. »Du fährst echt viereinhalb Wochen mit dem Rad durch Europa, während ich hier täglich in mein Büro trotte?«, fragte mich ein Bekannter ungläubig in der Kletterhalle. »Du hast es ja so was von gut. Wollen wir tauschen?«

So weit ist es schon wieder, dachte ich verwundert, dass jemand mit mir tauschen möchte. Ein Jahr vorher wäre wohl niemand auf die Idee gekommen.

»Frau Dr. Schröpel?«

Es klang immer ein bisschen seltsam in meinen Ohren, wenn jemand Andrea mit »Doktor« anredete, obwohl sie den Titel schon fast zwanzig Jahre innehatte. Als Neurobiologin wird einem der Namenszusatz nicht nachgeschmissen, die Promotion hatte Andrea vier Jahre harte Arbeit gekostet, und trotzdem hat sie nie viel Wert auf die ausdrückliche Erwähnung des Titels gelegt. Schon gar nicht nachdem sie ihre Karriere als Wissenschaftlerin an den Nagel gehängt und als Heilpraktikerin eine ganz neue Laufbahn eingeschlagen hatte. Wenn ich sie »Frau Doktor« nannte, dann nur um einen Spaß mit ihr zu machen. Aber das hier war nicht lustig.

»Sie können jetzt zum Herrn Professor.«

Wir standen auf und folgten der Sekretärin aus dem Wartezimmer. Mindestens zehn Augenpaare arabischer Herkunft folgten uns. Offensichtlich war eine komplette Familie aus dem Nahen Osten nach Bayern angereist, um eine oder einen Erkrankten zu begleiten. Männer mit großen Bärten, verschleierte Frauen und ein paar Kinder warteten ununterbrochen durcheinanderredend, aber sehr geduldig auf Nachrichten von der Stationsschwester. Auch wenn der Trubel ziemlich anstrengend war, hätten wir dem aufgeregten Geplapper viel lieber noch weiter gelauscht, statt jetzt der Sekretärin durch die freitäglich stillen Gänge ins Chefarztzimmer zu folgen.

»Frau Dr. Schröpel!«, begrüßte der weißhaarige, aber agile Professor sie und sprang aus seinem Stuhl. Er gab erst ihr, dann mir die Hand. Wie die meisten Ärzte behandelte auch er sie betont freundlich, weil er sie offensichtlich für eine Kollegin hielt. Was auch nicht ganz falsch war. »Wie geht es Ihnen?«

Andrea antwortete mit einem unverbindlichen Schnauben. Besonders wenn sie gestresst war oder Angst hatte, konnte sie sehr schroff sein. Und jetzt hatte sie große Angst und war gewaltig im Stress. Keine gute Zeit, um Small Talk zu machen. Sie wollte wissen, was los war.

Monatelang hatte sie unter einem hartnäckigen Husten gelitten, der allem heilpraktischen Bemühen getrotzt und sie immer kurzatmiger hatte werden lassen. Endlich entschloss sie sich, sich in der Asklepios-Klinik in Gauting, im Süden Münchens, von einem Pneumologen untersuchen zu lassen. Der hatte Wasser in der Lunge festgestellt, punktiert und die abgesaugte Flüssigkeit ins Labor geschickt. Es fanden sich maligne Zellen darin.

»Adenokarzinom«, hatte der Arzt nur gemeint, als er uns vor ein paar Tagen das Ergebnis mitteilte.

»Das heißt ein sehr aggressiver Krebs«, hatte Andrea mich angefahren, als ich Luft holte, um nachzufragen, was das konkret bedeute. Normalerweise hätte ich mir so eine Grobheit nicht gefallen lassen. Aber in ihren Augen stand die nackte Panik. Lungenkrebs. Bei einer lebenslangen Nichtraucherin, die immer sportlich und gesund gelebt hatte. Total unbegreiflich. Es folgten zwei Tage voller Tränen, Telefonanrufe, Besuche, Umarmungen, Mut machender E-Mails. Auch ich versuchte, Zuversicht auszustrahlen.

Und nun waren wir wieder in der Klinik. Es galt, das Stadium der Krankheit zu bestimmen. Der Professor kam gleich zur Sache. »Stadium IV«, sagte er sachlich. »Tut mir leid.«

»Was heißt...?« Weiter kam ich nicht. Andrea presste meine Hand zusammen, um mir zu bedeuten: Bitte nicht schon wieder eine »dumme« Frage. Auch ohne weitere Erläuterungen konnte ich ihrem Gesicht entnehmen, dass die Neuigkeiten katastrophal waren.

Der Professor führte ungefragt aus: »Wir können keinen konkreten Herd, keinen soliden Tumor feststellen. Da die Krebszellen aber im Wasser in der Pleura gefunden wurden, heißt das, sie haben gestreut. Praktisch von Anfang an. Das bedeutet Stadium IV.«

»Und...?«, brachte ich heraus, bevor mir ihre Hand fast die Finger zerquetschte.

»Was schlagen Sie vor?« Andrea klang gefasst, aber ich sah ihr an, wie verzweifelt sie war.

»Wir punktieren jetzt noch einmal die Lunge und ziehen etwas Flüssigkeit ab, damit Sie freier atmen können. Und nächste Woche treffen Sie sich dann mit unserem Onkologen.« Später kam er aus dem Untersuchungszimmer, vor dem ich gewartet hatte und in dem die Punktion durchgeführt worden war. »Sie können jetzt zu Ihrer Frau.«

Allein mit ihm, nutzte ich dann doch die Gelegenheit, eine meiner »dummen« Fragen zu stellen. »Sie haben eben gemeint, Sie könnten nur palliativ arbeiten. Wenn ich das richtig verstehe, heißt das ...«

»Ja«, unterbrach er mich, »wir können in so einem Fall nur lebensverlängernd arbeiten. Eine Heilung gibt es nicht.« Er gab mir die Hand. »Schönes Wochenende.« Und ging den Krankenhausgang hinunter. Sprachlos schaute ich ihm nach.

Im Behandlungszimmer lag Andrea reglos zusammengekrümmt auf der Liege. Die weiße Papierauflage unter ihrem Kopf war völlig nass geweint. Von nebenan klangen die fröhlichen Stimmen der Krankenpfleger herüber. Pläne fürs Wochenende wurden ausgetauscht.

»Hat es wehgetan?«, fragte ich. Sie schüttelte den Kopf. Meine großartige Frau, die keine Mühe hatte, vor dreihundert Leuten ohne Skript einen Fachvortrag zu halten, die sich vor Hilfe suchenden Menschen nicht retten konnte und als Heilpraktikerin vielen tatsächlich geholfen hatte, meine Frau, deren Mut und unkonventionelle Denkweise ich bewunderte, die immer wusste, wo es langging, diese Frau, die ich liebte, war plötzlich nur noch ein Häufchen Elend.

»Komm, ich fahr dich heim.« Etwas ungeschickt half ich ihr auf. »Da vorne geht's raus.«

Startklar. Bei bestem Wetter fahre ich aus meiner Heimatstadt Würzburg heraus und nehme zügig die ersten Landstraßenkilometer unter die Räder. Nach einer Stunde strampele ich mich langsam in einen Groove. Die ersten Steigungen, die mich aus dem Maintal hinausführen, sind schnell überwunden. Noch habe ich keine Orientierungsschwierigkeiten, die Gegend ist mir bekannt. Meine Beine sind noch frisch, die Lunge keucht nur mäßig, das Herz pocht noch nicht allzu schnell. Mein schwer beladenes Rad ist natürlich nicht so leicht zu handhaben, mehr als zwanzig Kilogramm Zusatzgewicht machen das ganze System etwas instabil. Aber wir haben uns schnell wieder aneinander gewöhnt, und bald stellt sich die Freude an der Bewegung ein.

Alles im grünen Bereich also, denke ich, während ich durch einen lichten Wald fahre und mich über das Wortspiel freue. Ich gehe davon aus, dass auch in den nächsten Wochen alles nach Plan laufen wird und ich unbeschadet nach Santiago de Compostela komme. Andrea und ich haben so viele Radtouren zusammen gemacht, längere sogar als die, die vor mir liegt. Es gibt keinen Grund, wieso es da nicht auch allein klappen sollte.

Ein bisschen zweckgerichteter Optimismus kann mir nicht schaden. Etwas seltsam fühlen sich diese ersten Kilometer nämlich schon an, das kann ich nicht aus der Welt lächeln. Denn die ganze Reise ist eigentlich nicht meine Idee gewesen. Sie ist eher eine Art traurige Auftragsarbeit.

Der Jakobsweg stand nie sonderlich weit oben auf der Liste meiner persönlichen Traumstrecken. Die Hohe Tatra hätte mich da mehr interessiert. Portugal oder Südamerika. Außerdem gäbe es für mich andere Orte der Besinnung, zu denen sich eine Wallfahrt lohnen würde – ein tibetisches Kloster, der Mauna Kea, der höchste Berg von Hawaii, der Uluru, der heilige Berg der Aborigines in Australien, die kambodschanische Tempelanlage Angkor Wat oder die ägyptischen Pyramiden. Im Vergleich dazu verblasst Santiago de Compostela ein wenig. Der Jakobsweg ist mir nach allem, was ich gehört habe, einfach zu überlaufen – mehr als zweihunderttausend Pilger zieht die Strecke jährlich an –, und die Geschichte, die Santiago zu einem spirituell lohnenden Ziel machen soll, scheint mir zudem reichlich an den Haaren herbeigezogen.

Mal ehrlich: Wie kommt ein Apostel, der im Nahen Osten geboren wurde und dort gewirkt hat, nach seinem Tod nach Spanien? Und wieso entdeckt man sein Grab erst achthundert Jahre später?

Und wenn man sich etwas näher mit dieser Geschichte befasst, wird es erst recht hanebüchen. Gut möglich, dass Santiago de Compostela ein ganz besonderer Ort ist, zu dem es sich zu reisen lohnt. Aber was den Wahrheitsgehalt der Legende um den heiligen Jakob angeht, könnte man genauso gut auch zu Schneewittchens Schloss pilgern oder zur Hütte der sieben Zwerge.

Ein Einsiedler soll eine Lichterscheinung gehabt haben, so geht die Mär, und zwar an dem Ort, wo heute die Hauptstadt von Galicien liegt. Prompt hat man an dieser Stelle Gebeine »entdeckt«. Und der Bischof Theodimir von Padrón soll hingereist sein und bestätigt haben: Ja, das sind die Knochen von Jakob. Aber: Wie hat er das bloß herausgefunden? Jeder Tatortzuschauer weiß: Es bleibt nicht viel übrig von einem toten Menschen nach ein paar Jahren. Wie sieht der Leichnam dann erst nach achthundert Jahren aus? Hat der Bischof ein Team von Forensikern dabeigehabt, die das Gebiss untersucht oder eine DNA-Analyse in Auftrag gegeben haben? Hatte er Leute vom CSI engagiert, der *Christian Scene Investigation*? Irgendwie hat man auch Karl den Großen mit ins Boot gekriegt, jenen George W. Bush des 8. Jahrhunderts, der gerade auf einem Eroberungszug in der Gegend war. Der habe dreimal von dem Grab geträumt, wird kolportiert.

Es ist schon erstaunlich, dass diese an den Haaren herbeigezogene Geschichte auch heute noch in den meisten Reiseführern weitgehend unkommentiert wiedergegeben wird. Aber man muss natürlich anerkennen: Die Legende vom Jakobsweg hat funktioniert. Das war wirklich ein genialer PR-Coup. Jährlich drängeln sich Hunderttausende von Pilgern in die Kathedrale von Santiago. Ich weiß bloß nicht, wie scharf ich darauf bin, mich in die Schlange der Gläubigen einzureihen.

An manchen Tagen glich Andreas Wohnung einem Tauben-schlag. Die Hilfsbereitschaft, die uns aus unserer Umgebung entgegenschlug, war herzerwärmend und überwältigend. Freunde schauten vorbei, um Andrea aufzuheitern, Familien-mitglieder machten Besorgungen für uns, befreundete Heil-praktiker gaben sich praktisch die Türklinke in die Hand in dem Bemühen, sie wieder auf die Beine zu kriegen. Das Telefon klingelte in einem fort, manchmal wurde auf Handy und Fest-netz gleichzeitig gesprochen.

Nach dem ersten Schock, den die vernichtende Diagnose ausgelöst hatte, herrschte bald rege Betriebsamkeit. Die Angst und Verzweiflung der ersten Tage waren einer grimmigen Trotzstimmung gewichen. Wäre doch gelacht, wenn wir das nicht schaffen würden, wenn wir der Schulmedizin nicht ein Schnippchen schlagen könnten.

Auch ich versuchte, alles zu tun, um ihre Heilung zu beför-dern. Nachdem wir zweiundzwanzig Jahre lang eine glück-liche Fernbeziehung geführt hatten, verlegte ich jetzt meinen Lebensmittelpunkt von Würzburg nach München in ihre Woh-nung. Vorübergehend, wie ich mir einredete, bis sie wieder gesund wäre.

Denn wenn es jemand schaffen konnte, dann Andrea. Ich war nicht der Einzige, der das dachte. Alle waren sich in dem Punkt einig. Ihr kluger Kopf, gepaart mit ihrem unbeugsamen Kampfeswillen und einer Armada helfender Hände. Da hätte sie zumindest eine Chance, waren wir uns sicher. Auf dem Küchentisch stapelten sich die Bücher über alternative Ansätze zur Krebstherapie. Fast jeder Besucher brachte ein neues mit, und wir deckten uns mit zusätzlichem Material ein.

Besonders stark vertreten in unserer Sammlung waren Bücher über Ernährungskonzepte. Trotzdem – oder vielleicht gerade deshalb – war es schwierig, den Überblick zu behalten. Je mehr wir lasen, desto weniger klar wurde das Bild. Zu widersprüch-lich waren die Ansätze. In einigen Büchern hieß es, man müsse den Krebs aushungern, also sehr nährstoffarm essen. Andere rieten dazu, den Körper mit substanzreichem Essen zu stärken.

Das schien eher meine Richtung zu sein, weil ich schon bald merkte, dass Andrea Gewicht verlor. Ich dachte, Makrobiotik ist ja schön und gut, aber das Kind braucht was auf die Knochen, Leute! Wie soll sich denn ihr Körper sonst wehren?

Was sie allerdings genau essen sollte, darüber gab es sehr unterschiedliche Ansichten. Zucker, da war das Urteil ziemlich einhellig, war nicht so gut. Folglich rieten die meisten Ratgeber auch von Kohlehydraten ab. Aber das war's dann auch mit der Einigkeit. In diversen Büchern wurde zu Proteinen geraten. Das machte in meinen Augen Sinn, Proteine geben Kraft, dachte ich. Doch an anderer Stelle warnte man wieder eindringlich: Proteine würden den Krebs nur weiter füttern. Also sollte man so wenig wie möglich davon zu sich nehmen.

»Fett« war für viele das Wort der Stunde, wenn Proteine schon nicht unproblematisch waren. Auch Smoothies, so hieß es, hätten zahlreichen Patienten geholfen. Das gefiel Andrea. Deshalb atomisierte ich bald mehrmals am Tag für sie verschiedene Gemüsesorten und Salate (weniger Obst wegen des Zuckers), zerkleinerte alles unter ohrenbetäubendem Getöse bis zur Unkenntlichkeit. Andrea trank tapfer den grünlich braunen Schleim.

Und in all dem täglichen Trubel saß eines Tages meine Frau am Küchentisch und fertigte mit großem Ernst eine Collage an. Irgendjemand hatte ihr empfohlen, sich mithilfe dieser Technik klarzumachen, warum es sich lohne, ums Überleben zu kämpfen. Sie solle Dinge ausschneiden, die sie unbedingt noch machen wolle. Das werde sie innerlich stärken.

Zum letzten Mal hatte ich in der Schule gesehen, wie jemand eine Collage machte. Nun blätterte Andrea Frauenzeitschriften durch, schnitt Wörter, ganze Sätze und Fotos aus und arrangierte die Schnipsel auf großem Zeichenblockpapier. Schöne Landschaftsaufnahmen drängelten sich mit Bildern aus Wellnessanzeigen und Überschriften wie: »Das bin ich mir wert« oder »Mehr Zeit für mich«. Und mittendrin klebten zwei ausgeschnittene Wanderschuhe und darüber: »Pilgern nach Santiago de Compostela«.

Mit großem Ernst sah sie mich an. »Das ist mein Ziel: An meinem nächsten Geburtstag bin ich so gesund, dass ich den Jakobsweg nach Santiago wandern kann. Meinst du, das klappt?«

Meine erste Rast mache ich in einem kleinen romantischen Tal dreißig Kilometer südlich von Würzburg. Ich werfe meinen Helm auf eine malerisch platzierte Bank direkt neben dem Radweg und öffne eine Vordertasche. Schon auf den ersten Blick fällt auf: Mir fehlt Andreas ordnende Hand. Drinnen herrscht das reinste Chaos. Ich brauche ewig, um Brot, Käse und Tomaten zu finden und auszupacken.

Nicht, dass ich mir keine Gedanken gemacht hätte, wie alles am sinnvollsten zu verstauen wäre. Aber jetzt, während ich nach einiger Wühlarbeit endlich auf meinem Sandwich herumkaue, überlege ich erneut, ob es nicht noch eine bessere Lösung gäbe – und packe die beiden vorderen Taschen vollständig aus. Gewichtsmäßig sollte alles einigermaßen gleichmäßig verteilt werden, weshalb die Schwergewichte Essen und Werkzeug nicht zusammengehören.

Bei der Reiseapotheke fällt mir die Entscheidung allerdings schwer: Ist sie besser in der Tasche mit dem Kulturbeutel aufgehoben oder in der mit dem Werkzeug? Und wenn Letzteres – gehört die Reiseapotheke über das Werkzeug oder darunter? Was ist wahrscheinlicher? Dass ich mir wehtue? Oder dass etwas am Rad kaputtgeht? Was muss schneller griffbereit sein? Ich entscheide mich für das Werkzeug, aber dann halte ich schon das nächste Problem in meinen Händen. Wo tue ich jetzt das Essen hin? Und die Sonnencreme?

Ratlos schaue ich auf die mit Brot und Käse gefüllte Plastiktüte in meiner linken und die Sprühflasche in meiner rechten Hand. Am Ende werfe ich alles entnervt wieder in die wasserdichten Beutel. Und beim nächsten Stopp muss ich dann alle Taschen durchwühlen, bis ich endlich das Ladekabel fürs

Handy gefunden habe, und der Apfel, den ich mir bei der Gelegenheit greife, schmeckt nach Sonnenöl.

Später, in Tauberbischofsheim, treffe ich zum ersten Mal auf die Jakobsmuschel als Wegzeichen. Das Pferd, das das Boot mit Jakobs Leichnam an der spanischen Küste an Land gezogen haben soll, soll, als es wieder aus dem Wasser kam, über und über mit Muscheln bedeckt gewesen sein. Deshalb findet sich dieser Meeresbewohner als Symbol für den Jakobsweg wieder – eigentlich unpassend, wo es sich doch beim Camino um einen ziemlich ausgedehnten Landgang handelt. So früh habe ich jedenfalls noch gar nicht mit der Muschel gerechnet. Es ist ein relativ neu eingerichteter Abschnitt, der Main-Taubertal-Jakobsweg.

Mir scheint, jedes Flusstal, jede Gemeinde mit einer einigermaßen ansehnlichen Kirche will mit aller Macht auf den Pilgerzug aufspringen. Je weiter man weg ist von Santiago, desto mehr Jakobswege findet man. Zwar wird versucht, die neuzeitlichen Pilgerströme entlang der alten überlieferten Strecken zu leiten – die Bezeichnung »Jakobsweg« ist jedoch laut der Deutschen St. Jacobus-Gesellschaft nur für den spanischen Teil des Pilgerwegs von den Pyrenäen über Burgos und León bis nach Santiago gerechtfertigt. Alle anderen Strecken seien alte Handels- und Heerstraßen, die unter anderem auch von Pilgern genutzt wurden, und müssten eigentlich »Wege der Jakobspilger« heißen. Aber das lässt natürlich viel Interpretationsspielraum. Und da haben sich die rührigen Tauberfranken wohl gedacht: »Irgendein gläubiger Wanderer hat sich sicher auch mal in unsere Gegend verirrt«, und daraufhin einen eigenen Jakobsweg aus der Tauber gehoben. Nur: Pilger sind, soweit ich das sehen kann, erst einmal Fehlanzeige.

Und auch ich lasse mich von der verführerischen Muschel nicht dazu verleiten, den Zeichen Richtung Rothenburg zu folgen. Das wäre ein ziemlicher Umweg. Stattdessen ist mein Plan, weiter gen Südwesten zu radeln, quasi Luftlinie nach Spanien, und erst südlich von Speyer wieder auf einen Jakobsweg zu stoßen. Ich habe nicht vor, sklavisch genau auf der vorgegebenen Strecke zu bleiben. Meine Devise lautet eher: »Jeder, der nach Santiago wandert, ist auf dem Jakobsweg.« Und so navigiere ich mich ziemlich vogelwild durch die Landschaft.

Langsam rolle ich auf betonierten Pfaden über die mit Weinbergen übersäten fränkischen Hügel. Jetzt im Frühjahr haben die Weinstöcke gerade erst ausgeschlagen, das Grün der Blätter ist noch recht blass und durchsichtig. Von Trauben können sie zu dieser Jahreszeit nur träumen. Mir fällt ein, wie mir mein Freund und Kollege Philip kurz vor meiner Abreise bei einer unserer Kabarettproben einen Prospekt zuwarf: »Weinführer Jakobsweg« stand da geschrieben.

»Haste dir aber 'ne super Route ausgesucht. Der Jakobsweg geht fast ständig durch irgendwelche Weingegenden«, stellte er fest, während ich den Prospekt durchblätterte. Genüsslich zählte Philipp mir all die Weingebiete auf, die ich auf meinem Weg nach Spanien durchradeln würde. Franken, Mosel, Burgund, Bordeaux, Navarra, La Rioja – und an der Cognacregion gehe der Pilgerstrom auch vorbei. »Kein Wunder, dass die am Ende alle laufen. Irgendwann verliert jeder seinen Führerschein.«

Ich muss laut auflachen. Und bin froh, dass mich niemand hört, hier auf dem einsamen Weinbergpfad. Sieht doch ein bisschen komisch aus, wenn so ein Soloradler vor sich hinkichernd an seinen Zeitgenossen vorbeifährt. Und als Spaßtrip ist das hier sowieso nicht geplant.

TRAUERSPIEL

»Echt? Sie sind Kabarettist?«, hatte die Diakoniehelferin auf der Palliativstation mich gefragt, die mich für ein paar Stunden auf der Bettkante ablöste, damit ich zu einer Vorstellung eilen konnte. Seit Andrea um ihre Krebskrankheit wusste, wollte sie nicht mehr allein sein. So haben ihre Mutter und ich eine Rund-um-die-Uhr-Betreuung organisiert, die hauptsächlich aus uns zweien bestand, gelegentlich unterstützt von ein paar Freunden oder, wie in diesem Falle, von freiwilligen Helfern.

Je schlechter es Andrea ging, desto weniger gefiel ihr meine Abwesenheit, aber ich versuchte trotzdem, wenigstens ein bisschen Normalität aufrechtzuerhalten. Und Normalität bedeutete für mich, auf der Bühne zu stehen. Die Sozialhelferin hatte wissen wollen, was ich denn beruflich mache, wenn ich am Nachmittag zur Arbeit ginge. Jetzt sank sie wie vom Donner gerührt auf einen Stuhl. Als sie wieder aufblickte, hatte sie Tränen in den Augen. »Einen Kabarettisten hatten wir hier noch nie.«

Auf diese Pionierleistung war ich nicht sonderlich stolz. Ich hätte gern darauf verzichtet, erklärte ich ihr.

Sie nickte zustimmend. »Für Sie muss es ja besonders schlimm sein!« Ihr erschien es wohl als außergewöhnlich tragisch, dass ein Mensch aus der Bespaßungsbranche mit den schrecklichen Realitäten des Lebens konfrontiert wurde. Wie geht ein Kabarettist damit um, dass ihm seine Frau unter den Händen wegstirbt? Hängt er seinen Job an den Nagel? Darf man Späße treiben, während die Liebste stirbt? Macht das einen zum gefühllosen Monster? Alles Fragen, die in ihren aufgerissenen Augen standen. »Jedenfalls muss es doch total schwierig für Sie sein, in so einer Situation lustig zu wirken«, meinte sie noch.

Später an diesem Tag saß ich auf der Bühne und spielte einen Betrunkenen. Obwohl ich müde war von den kurzen Nächten und den anstrengenden Tagen an Andreas Seite, fühlte ich mich irgendwie gut an dem Abend. Die Zuschauer lachten viel, ich war in meinem Element. Besonders mein betrunkener FDP-Politiker schien die Leute noch mehr zu amüsieren als sonst. Dabei merkte ich, dass ich Bewegungen machte, die auch mir neu waren. Dieses unsichere Tasten, das ernsthafte Nachprüfen, ob ich die Flasche mit dem für mich so wertvollen Alkohol wirklich fest in der Hand hielt, die schweren Augenlider, die jeden Moment zuzufallen drohten – das alles floss neu in den Charakter ein und machte ihn offensichtlich besonders authentisch.

Irgendwann, noch während ich spielte, merkte ich, woher ich diese Bewegungen hatte. Seit Tagen sah ich Andrea dabei zu, wie sie, von Sehstörungen geplagt, mit unsicheren Fingern versuchte, ein Glas zu greifen und allein zu trinken; wie sie dabei kategorisch jede Hilfe ablehnte. Ich hatte immer wieder beobachtet, wie sie das Glas vorsichtig ansteuerte und glatt danebengegriffen hätte, wenn nicht ein Finger das Glas berührt und Meldung ans Gehirn erstattet hätte. Doch das reagierte mittlerweile unendlich langsam und leitete nur sehr zögerlich Korrekturen ein.

Die Anstrengung, die dieser einfache Handgriff sie kostete, die Konzentration und der große Ernst, mit dem das Ganze vor sich ging – all das fand sich plötzlich hier auf der Kabarettbühne wieder. Unbemerkt hatte es sich in meine Bewegungen eingeschlichen. Ich hatte es so oft gesehen, dass meine Hände jetzt auf der Bühne all das nachmachten, bevor ich überhaupt merkte, was sie da taten. Ich war dabei offensichtlich so überzeugend, dass das Publikum sich kaputtlachte. Rasch überspielte ich den Schreck und blieb in der Rolle, doch meine Bewegungen erstarben so langsam wie bei Andrea, wenn sie nach getaner Trinkarbeit erschöpft in die Kissen sank.

Am Nachmittag lande ich statt auf dem von der Landkarte versprochenen Radweg auf einer Kreuzung kleiner Wirtschaftswege – ohne einen Wegweiser, ohne jeden Hinweis, in welcher Richtung es weitergehen könnte. Schön ist es hier, das muss ich zugeben. Ein uralter Baum wirft seinen kühlen Schatten auf eine ziemlich verwitterte Bank. Wie eine Sonnenblume, die sich nach der Sonne dreht, hat sie sich der schönsten Aussicht zugewandt. Trotzdem habe ich wenig Sinn für die liebliche Landschaft. Ich will nach Santiago und stecke schon ganz am Anfang der Reise in diesem Labyrinth namenloser Betonwege fest. Auch ein erneutes Studium der Karte gibt keinen Aufschluss. Blöderweise habe ich hier keine Verbindung zum Mobilnetz, da ist die Routenfinder-App nutzlos.

Ich war die Planung eigentlich recht sorglos angegangen, wollte nach Straßburg und von dort Richtung Bordeaux und dann einfach dem großen Pilgerstrom folgen. Die Einzelheiten würden sich schon finden, dachte ich, als ich begann, die ersten paar Karten zusammenzukaufen. Schnell wurde mir aber klar, dass ich mir mindestens eine halbe Tonne zusätzlichen Gewichts aufsatteln würde, wenn ich alle Karten von Würzburg bis Santiago in einem fürs Radeln geeigneten Maßstab mitnehmen wollte. Und das sogar, wenn ich nach alter Radlersitte alle schweren Deckpappen abreißen und die weißen Ränder um die Karten herum abschneiden würde. Vielleicht sollte ich mir lieber eines dieser GPS-Geräte speziell für Radreisende zulegen? Vielleicht würde mir solch ein Teil die ganze Kartenschlepperei ersparen?

Ich begann, Apps herunterzuladen, Karten zu vergleichen, Testberichte zu lesen. Smartphone oder GPS? Mit oder ohne Software und Karten? Das waren Fragen, die mich bald plagten und die ich mit meinem technisch wesentlich gewiefteren Sohn Kolja ausführlich diskutierte. Er ist schon dreißig und stammt aus meiner ersten Ehe. Seit Jahren ist er mein persönlicher IT-Experte. Aber diesmal konnte auch er mir keine ideale Lösung anbieten. Nur eines stand für ihn fest: »Karten sind ja nun echt nicht mehr zeitgemäß.«

Mit GPS, Navigationssystemen und Routenfindern hatte ich mich bisher nicht herumschlagen müssen. Ich hatte ja Andrea. Sie hatte nicht nur meinem Leben Orientierung gegeben, sie war es auch, die auf Reisen dafür sorgte, dass wir die richtige Richtung einschlugen. Während sie sich meist weigerte, vorab irgendwelche Führer zu lesen oder sich sonst wie auf den Urlaub vorzubereiten, umgab sie sich während des Trips abends gern mit den Karten, um die Route des nächsten Tages festzulegen. Ich hatte dann zwar die Möglichkeit, hie und da noch ein Veto einzulegen oder mich mit ihr über das ungefähre Tagesziel zu verständigen, aber um die Einzelheiten kümmerte sie sich. Ich ließ sie gern gewähren. Sie war gut darin, und ich vertraute ihr. Warum hätte ich mich einmischen sollen? Mir reichte die grobe Richtung.

Dass sie die Gewalt über die Karten hatte, stellte allerdings gelegentlich auch meine Geduld auf die Probe. Wie oft hatte ich ihr morgens abreisebereit zusehen müssen, wie sie in aller Ruhe ihre Karte faltete, in einem wasserdichten Zip-Beutel verstaute und knitterfrei unter die Klammer ihres Kartenhalters klemmte, während die Sonne langsam ihren Zenit erreichte. Für meinen Geschmack viel zu oft mussten wir irgendwo stehen bleiben, weil wir den sichtbaren Bereich auf ihrer gefalteten Karte verlassen hatten. Dann durfte ich erneut den zeitraubenden Prozess des Auspackens, Neufaltens und Wiedereinpackens beobachten, der durch das Aus- und Anziehen der Handschuhe noch mehr in die Länge gezogen wurde – bis über meine Schmerzgrenze hinaus. Nicht immer konnte ich mir eine bissige Bemerkung verkneifen.

Als ich nun einige Apps im Vorfeld meiner Jakobswegreise ausprobierte, merkte ich bald, dass die Wartezeiten, die ich bei Andrea erduldet hatte, nichts waren im Vergleich zu dem, was einem diese elektronischen Geräte bescherten. Plötzlich stand ich allein an irgendwelchen Scheidewegen und konnte nur mein GPS anfauchen, weil es sich nicht für eine Richtung entscheiden konnte und auf einen Wink vom Satelliten oder vom nächsten Sendemast wartete. Ungenaue Ortung führte dazu, dass ich falsch abbog, Funklöcher ließen mich plötzlich ohne Orientierung im Nirgendwo stehen, und der immense Energieverbrauch brachte mein Smartphone ohnehin schon nach kurzer Zeit zum Verstummen. Bei GPS-Geräten hätte ich (wenn ich das richtig verstanden habe) am Computer die ganze Route bis Santiago vorher festlegen müssen, um sie dann auf das GPS zu überspielen – undenkbar! Was, wenn ich mich spontan für eine andere Strecke entschied? Was ich praktisch alle halbe Stunde tat?

Am Ende eines weiteren langen Telefonates fragte mich mein technikaffiner Sohn, nachdem er hatte zugeben müssen, dass keine der auf dem Markt befindlichen Lösungen perfekt war: »Wieso willst du eigentlich keine Karten mitnehmen?«

Was sollte ich sagen? Ich wollte ja Karten mitnehmen. Aber es war halt nicht das Gleiche ohne meine Kartenvorleserin.

Als Ergebnis dieses langen und zeitraubenden Entscheidungsprozesses schleppe ich mich jetzt mit einem dicken Wust von papiernen Karten *und* einem Smartphone samt Ersatzbatterien ab. So viel zum Thema Gewichtsersparnis.

Und hier, südwestlich von Tauberbischofsheim, bei der ersten ernsthaften Prüfung können mir beide nicht weiterhelfen. Ratlos schaue ich mich um. Keine Menschenseele zu sehen, die man nach dem Weg hätte fragen können. Wer hätte gedacht, dass es mitten in Deutschland so einsam sein kann. Da muss dann der gute alte Instinkt herhalten, auf den ich so stolz bin, gepaart mit ein bisschen Orientierungssinn und dem Wissen um die Himmelsrichtungen.

Lange ringe ich um die richtige Entscheidung. Als sie dann endlich getroffen ist, bringt sie mir meinen ersten kilometerlangen Umweg ein. Denn natürlich nehme ich die falsche Abzweigung. Deshalb erreiche ich am Abend auch den eigentlich anvisierten Campingplatz nicht mehr. Nach anspruchsvollen achtzig Kilometern übernachte ich in einem Hotel im Städtchen Buchen. So viel zum Thema sorgfältige Planung.

Ich zwinge mich, nicht daran zu denken, wie wenig diese achtzig Kilometer von der noch vor mir liegenden Gesamtstrecke weggefressen haben. Meine Beine jedenfalls vermitteln mir das Gefühl, dass ich mindestens schon den halben Weg bis Santiago zurückgelegt habe, und fordern dringend einen Ruhetag. Ich schlafe ein mit der Sorge, ob ich es angesichts solcher Orientierungsschwierigkeiten überhaupt im vorgesehenen Zeitrahmen bis ans Ziel schaffen werde.

Diese ständigen Entscheidungen bringen mich noch um, dachte ich manchmal. Na ja, nicht mich, korrigierte ich mich beschämt. Falsche Wortwahl. Obwohl sich Andreas Gesundheitszustand langsam, aber unaufhaltsam verschlechterte, versuchten wir, sie so lange wie möglich zu Hause zu versorgen. Andrea hasste Krankenhäuser. Das bedeutete natürlich viel Arbeit für mich, ihre Mutter, aber auch die vielen Freunde, die mithalfen, und für ein paar befreundete Ärzte, die auf Hausbesuch vorbeikamen. Für eine Weile ging das auch ganz gut. Aber es war schon zum Verrücktwerden, wie viele Dinge man täglich neu überdenken musste. Es gab so viele Wege, die man im Kampf gegen die Krankheit beschreiten konnte.

Besonders schwierig war das, wenn man der Schulmedizin nicht so recht über den Weg traute und in einem Arzt nicht unbedingt einen Halbgott in Weiß sah. Es gab große strategische Fragen. Chemo – ja oder nein? Wenn die Schulmedizin ohnehin keine Aussicht auf Heilung versprach, wieso sich dann überhaupt der großen Belastung und den schweren Nebenwirkungen der Chemotherapie aussetzen? Könnte man, allen Unkenrufen zum Trotz, stattdessen mit alternativen Ansätzen eine Besserung herbeiführen? Wer weiß, den Krebs sogar besiegen? Oder so die Nebenwirkungen wenigstens im Zaum halten? Solche Fragen diskutierten wir täglich, machten Termine aus, um eine Therapie zu beginnen, und sagten sie wieder ab. Oder ließen sie ganz einfach verstreichen. Nicht sehr souverän unser Verhalten, aber es zeigt, wie hilf- und ratlos wir oft waren.

Auch die Frage, welche der alternativen Methoden am vielversprechendsten war, beschäftigte uns. Homöopathie, das sogenannte Vitamin B17, die »Neue Medizin«, die den Krebs nicht als Feind, sondern als Anfang eines Heilungsprozesses sieht, oder Hyperthermie, die mit künstlichem Fieber den Krebszellen beikommen will? Reichte die Allergietechnik NAET, die Andrea selbst lehrte – oder sollten wir gar einen Geistheiler in Brasilien besuchen? Wir versuchten, so viel wie möglich davon anzuwenden. Aber: War das nicht zu viel des Guten? Schlossen sich manche Methoden nicht gegenseitig aus?

Gleichzeitig nahm bei ihr die Übelkeit zu, auch ohne Chemo. Ständig erbrach sie sich. Wertvolle Nährstoffe gingen verloren. Der Spargel, den ich wegen seiner Antioxidantien mitten im Winter zu astronomischen Preisen auf dem Viktualienmarkt erworben hatte, fand ein unrühmliches Ende in der Kotzschüssel. Begleitet von antikarzinogenen Knoblauchzehen und besonders nahrhaften Nüssen. Wie sollte sie da zu Kräften kommen? Also doch die Diät ändern, andere Nahrungsmittel ausprobieren? Oder alles so lassen und hoffen, dass es besser wurde? Einfach ihren Bedürfnissen folgen?

So ging es weiter und weiter, ohne Ende. Sollte man den Krebs beim Namen nennen oder ihn nur umschreiben, um schlechte Energien abzuwenden? Ganz schwierige Frage. Andrea glaubte, indem man bestimmte Dinge immer wieder aussprach, trage man zu deren Manifestierung bei. »Beschrei's nicht«, hatte man früher gesagt. Also wollte sie, dass wir nur vom K-Wort redeten. Auch das Wort »Tod« durfte nicht fallen.

Und wenn mich die Verzweiflung packte, heimlich, in einem von ihr unbeobachteten Moment, war das dann ein Zeichen, dass ich nicht positiv genug dachte und so dem negativen Krankheitsverlauf Vorschub leistete? Sich Sorgen machen hilft niemandem, klar! Aber es ist nur ein schmaler Grat zwischen positivem Denken und dem blinden Verleugnen der Tatsachen. Und artete der Druck, immer positiv denken zu müssen, nicht ebenfalls in Stress aus, der letztlich der Gesundheit mehr schadete, als wenn wir gleich ungebremst negativ gedacht hätten?

Vielleicht ist es ja gut, manchmal zu verzweifeln und zu weinen, weil man dabei loslassen und seine Gefühle zeigen kann? Hilft das Heulen dem Heilen, oder ist es kontraproduktiv? Und durfte man in so einer ernsten Situation überhaupt Wortspiele machen? Ich wusste am Ende nur eines: Diese täglichen Entscheidungen brachten mich fast um den Verstand.

Am nächsten Morgen habe ich es eilig. Ich kann kaum das reichhaltige Büfett des Hotels genießen. Ich will immerhin nach Santiago. Da ist keine Zeit für einen zweiten Kaffee. Ich nehme mir fest vor, auf dem vor mir liegenden Weg durch das Neckartal und den Odenwald auf befestigten Straßen zu bleiben, und zwar auf denen, die auf der Autokarte weiß oder gelb eingezeichnet sind. Diese Wege versprechen ein schnelles Fortkommen auf durchgehendem Asphalt bei wenig oder mäßigem Verkehr. Aber dann locken wieder die weißen Wegweiser mit den grünen Fahrradpiktogrammen, fordern mich leise mahnend auf, von der geplanten Strecke abzuweichen.

Einige Male kann ich widerstehen, doch bald schon lasse ich mich verführen. Wie um mich anzulocken, glänzt auf den ausgeschilderten Radwegen zunächst der schönste Asphalt, aber gleich hinter der nächsten Kurve, spätestens nach der nächsten schwer erkämpften Kuppe verwandelt sich der Weg in eine Schotterstrecke, in einen sandigen Wanderpfad oder eine Piste aus grob zusammengelegten und mit der Zeit zerborstenen Betonplatten. Da kann dann von zügigem Rollen keine Rede mehr sein, die Abfahrten werden bei diesen Straßenbelägen genauso mühsam wie die Auffahrten, heftig bremsend, schleiche ich bergab, begleitet von der Sorge, ob wohl die Reifen halten und nichts kaputtgeht bei dem Gerumpel.

Richtig voran komme ich auf die Weise nicht. Und dann fehlt irgendwann an einer Wegkreuzung ein grünes Schildchen, und die Entscheidung wird so richtig knifflig. »Da stehen öfter welche und wissen nicht weiter«, ruft mir ein Bauer zu, der zufällig auf seinem Traktor vorbeirattert, während ich verzweifelt meine Karte studiere. Ich bin also nicht der einzige Depp, der sich in diesem Radwegelabyrinth verirrt hat. Nicht immer finde ich so freundliche Hilfe wie in diesem Fall. Und so fahre ich weiter Dellen und Kurven in meinen eigentlich schnurgerade geplanten Pilgerweg.

Zwischendrin begleitet mich eine ältere Dame auf dem Rad. Wir bewältigen eine lange Steigung gemeinsam, sie unbeladen, aber immerhin ohne E-Hilfsmotor, ich mit meinem schweren Gepäck. Sie spricht mich gleich ganz unbefangen an, will wissen, woher ich komme und wohin ich unterwegs bin. Sie ist selbst schon mal eine Woche den Jakobsweg gewandert, das zählt schon fast als Pilgern, da sind wir uns einig. Durch die Unterhaltung fällt mir der Aufstieg viel leichter als gedacht. Oben gesteht sie mir, dass sie die ganze Steigung noch nie geschafft habe, ohne ihr Rad zu schieben, aber sie wollte sich angesichts meines schweren Gepäcks kein Blöße geben, außerdem war sie von unserer Plauderei genauso abgelenkt wie ich. Dann will sie wissen, welcher Beruf es mir möglich mache, mehr als vier Wochen am Stück Urlaub zu nehmen. Ich erkläre es ihr.

»Kabarettist«, sagt sie nachdenklich, »ist doch sicher nicht leicht, immer witzig zu sein. Wie kommen Sie denn auf die Ideen?«

Wenn man eine Rangliste aufstellen wollte von den häufigsten Fragen, die einem Kabarettisten gestellt werden, gehört »Woher nimmst du die Ideen?« sicher zu den Top 3. Zusammen mit: »Kann man davon leben?« und »Wie kann man sich all den Text merken?«

An solchen Fragen ist bei mir schon manch potenzielles Techtelmechtel im frühen Flirtstadium gescheitert. Aber nachdem wir eine sehr nette halbe Stunde zusammen geradelt sind, bin ich in diesem Falle milder gestimmt und bemühe mich um eine ernsthafte Erklärung: »Woher die Ideen kommen? Keine Ahnung. Sie fallen mir einfach ein. Fallen im wahrsten Sinne des Wortes in meinen Kopf. Ich kann nur versuchen, meine Antennen richtig auszurichten, den Trichter möglichst groß zu machen, und hoffen, dass sie weiter vom Himmel fallen. Bloß wann sie fallen, das kann man nur schwer beeinflussen.«

Kann sein, man wartet lange auf eine brauchbare Idee, und wenn sie dann endlich kommt, ist ihre Ankunft so passend wie der sprichwörtliche Besuch der Schwiegermutter.

Ich saß im Gang vor der Radiologie. Eben war Andrea in ihrem Bett dort hineingeschoben worden. Eigentlich versuchten wir, die notwendigen Therapien zu Hause durchzuführen. Selbst als all unsere Diätbemühungen sich als unzureichend erwiesen hatten und wir zur künstlichen Ernährung übergehen mussten, organisierten wir das anfangs noch zu Hause. Ich lernte Sachen, die ich in diesem Leben eigentlich nicht mehr lernen wollte: Thrombosespritzen setzen, Infusionsgeräte bedienen, Schmerzmittel dosieren. Aber immer öfter zwangen uns stärker werdende Kopfschmerzen, nicht zu stoppende Übelkeitsattacken und ihre schlechte Gesamtkonstitution ins Krankenhaus. Ich hatte in den letzten Monaten ziemlich viel Zeit in Wartezimmern, auf Stationsfluren und an Krankenhausbetten zugebracht.

Jetzt wurde sie wieder einmal geröntgt. Das war keine dramatische Sache, ich musste nicht dabei sein, es tat nicht weh und sollte eigentlich auch nicht lange dauern. Aber dann zog es sich doch ein wenig. Mangels anderer Beschäftigung trommelte ich nervös einen Takt auf meiner Jeans. Die losen Münzen in der Hosentasche klickerten rhythmisch.

Ach Gott, für unser Sommertheater in Würzburg muss ich ja auch noch was schreiben, fiel mir plötzlich wieder ein. Wer hatte eigentlich diese dämliche Idee mit dem Musical übers Mittelalter und die Nibelungen? Fällt mir rein gar nichts zu ein, dachte ich. Lieder brauchen wir natürlich auch wieder. Ich klopfte.

Mittelalter ..., dachte ich, *Mittel – Alter*. Warte mal: *Hier in diesem Mittelalter fehl'n euch doch die Mittel, Alter ...*

»Herr Koeniger?«

»Ja?«

»Das mit Ihrer Frau dauert noch einen Moment, wir wechseln gleich noch den Verband.«

»Kein Problem.« Die Schwester wollte sich gerade abwenden, da fügte ich schnell hinzu: »Haben Sie vielleicht einen Stift und einen Zettel für mich?«

»Tut mir leid, das ist der Einzige, den ich habe«, sagte sie und hielt ein ziemlich abgenutztes Schreibutensil hoch. Sah so aus, als hätte jemand ziemlich ausgiebig daran rumgeknabbert. »Den kann ich Ihnen unmöglich geben.« Mit einem müden Lächeln verschwand sie hinter der Tür. Okay, dann musste ich es mir halt so merken. Wie war das noch mal?

Hier in eurem Mittelalter
fehl'n euch doch die Mittel, Alter…

Was reimt sich denn sonst noch auf Alter? Falter, Halter, knallt er? Ich spielte die verschiedenen Möglichkeiten durch, fügte Worte zusammen und versuchte, sämtliche Alternativen im Kopf zu behalten. Dabei war ich froh über die Ablenkung. Die Reime beschäftigten meine grauen Zellen und hinderten sie daran, in Dauerpanik über Andreas Situation zu verfallen.

»Herr Koeniger, Sie können Ihre Frau wieder aufs Zimmer fahren. Oder sollen wir einen Transport für sie organisieren?«

Das Krankenhaus hatte das Schieben der Betten outgesourct. Es gab so eine Art unterbezahlte Taxifahrer innerhalb des Krankenhauses, die auf Anweisung die Betten irgendwo abholten und wieder abstellten, ohne im Geringsten über die Patienten und deren Situation informiert zu sein. Die Bettschieber hätten genauso gut Wasserkisten oder UPS-Pakete über die Gänge fahren können. Bis so ein Bettentaxi auftauchte, würde es in jedem Fall lange dauern.

»Nee danke, das mach ich schon«, sagte ich schnell.

Und los ging's. Vorsichtig rollte ich das Bett durch die Krankenhausgänge und gab acht, dass ich nicht gegen die Ecken schlug. Gleichzeitig versuchte ich, meine Zeilen nicht zu vergessen.

Hier in eurem Mittelalter ...

»Nicht so schnell!«, sagte Andrea. Sie war erschöpft. Wie eigentlich fast immer in letzter Zeit. Es war zum Verzweifeln. Sie kam einfach nicht zu Kräften. Sie schloss wieder die Augen. Während ich das Bett weiterschob, spielte mein Hirn im Hintergrundbetrieb Reimlexikon. Mittelalter, Mietverwalter, Walther ... warte mal, Walther von der Vogelweide, der liegt doch in Würzburg begraben, wenn man den einbauen könnte: *Bin dreimal besser als der Walther ... Welcher Walther?*

Na, der von der Vogelweide,
dem ich hier den Vogel zeige,
ihn damit vom Hof vertreibe,
seinen Reim zu Tode reite.

Wir waren im Zimmer angekommen. Für Andreas Geschmack etwas zu schwungvoll, parkte ich das Bett nahe am Fenster und griff mir schnell meinen Laptop. Das war ein kritischer Moment. Während der Fahrt und im Aufzug hatte ich die Zeilen im Geiste wiederholt, neue hinzugefügt und mir alles still vorgesagt. Jetzt brauchte ich höchste Konzentration, damit mir nichts entfiel.

»Mir ist schlecht«, hörte ich Andrea plötzlich sagen. Sie stöhnte laut. »Kannst du mir bitte eine Kotzschüssel herüberreichen?«

»Ich komm sofort.« Schnell versuchte ich den Rest meiner Reime einzutippen.

»Nein, gleich!«

Verdammt! Ich sprang an ihr Bett, löste eine Pappkotzschale vom Stapel ihrer Zwillingsschwestern, die alle wohl in einem früheren Leben Eierboxen gewesen waren, und konnte sie noch so eben unter ihr Kinn halten, bevor Andrea sich erbrach.

Oh Mann, das ganze Frühstück von heute Morgen kam mir wieder entgegen. Wo sie doch eigentlich gut gegessen hatte.

Wie sollte sie denn da zunehmen? Ich putzte ihr den Mund ab, gab ihr etwas zu trinken.

Und wenn man das alte Walther-von-der-Vogelweide-Lied einbauen würde, ging es mir plötzlich durch den Kopf, so als eine Art Refrain? Wie ging noch mal der Text? Den hatten wir doch in der Schule gelernt. Und während Andrea erschöpft in die Kissen sank, summte ich auf eine soeben erfundene Melodie:

Ich saß auf einem Steine
und deckte Bein mit Beine.
Drauf setzte ich den Ellenbogen
und hatt in meine Hand gezogen ...

»Kannst du mir bitte die Füße massieren? Ich glaube, ich kriege wieder diese Kopfschmerzen«, unterbrach Andrea mich.

»Klar.« Manchmal gelang es mir, durch ausgiebige Massage der Reflexzonen ihre Kopfschmerzen zu lindern. Wie immer das auch zusammenhing. Ich steckte meine Hände unter die Decke und ertastete ihren Fuß.

Sie schloss die Augen. Ich bastelte weiter an meinen Reimen, während ich ihren Spann durchknetete.

Hier im tiefen Mittelalter
find'st du dich inmitten kalter
selbst ernannter Sittenwalter ...

Vielleicht war dieses Verseschmieden ja Teil einer unbewussten Überlebensstrategie. Ohne genau zu wissen, was ich da tat, flocht ich aus Reimen, Prosa und Pointen eine Art Schwimmreifen, der mich über Wasser hielt, der verhinderte, dass die Verzweiflung über mir zusammenbrach. Ich warf gewissermaßen Rettungsreime aus.

Irgendwann war sie eingeschlafen, und ich legte ihren Fuß vorsichtig aufs Laken. Ich stand auf, schlich mich zu meinem Laptop und tippte schnell ein paar neue Zeilen ein.

»Nicht aufhören«, murmelte sie plötzlich vom Bett her.

»Ich komme sofort, Schatz, ich will nur kurz …«

»Nicht aufhören …«

Seufzend sprang ich zum Bett. Ich wechselte den Fuß und nahm meine völlig unfachmännische Knetarbeit wieder auf. Dabei summte ich immer wieder den Refrain. Ich wollte die Melodie auf keinen Fall vergessen. Während eine Hand mit langsam schmerzenden Fingern ihre Fußsohlen eindrückte, fanden sich noch mehr Reime, die ich auf einen Zettel neben mir notierte. Dabei redete ich offensichtlich laut vor mich hin.

»Mit wem sprichst du da?«

»Mit niemandem. Versuch, ein bisschen zu schlafen.«

»Ich kann aber nicht, wenn du so laut bist.«

»Okay, ich bin still.«

»Kannst du den anderen Fuß noch mal machen?«

»Klar.«

Leider hatte ich keine Unterlage für das Blatt Papier. Der Kugelschreiber drückte auf der weichen Matratze immer wieder durch und hinterließ kleine Löcher.

Du kannst doch keine Frau gewinnen
mit diesen weinerlichen Minnen.
Denn Frauen bleiben sittsam keusch,
solang du sprichst mittelhochdeutsch.

Eine Schwester kam herein und warf einen kurzen Blick auf den Tropf. Sie öffnete das Zulaufventil ein wenig mehr. »Brauchen Sie irgendwas?«, fragte sie. Als ich den Kopf schüttelte, verschwand sie gleich wieder.

Ich wechselte die Knethand, kurze Erleichterung bei der überbelasteten Linken, dann fiel mir etwas ein, das notiert werden musste, und ich stellte die alte Arbeitsteilung zwischen den Händen wieder her.

Wieder summte ich den Refrain. Diesmal gab es keine Beschwerden. Gleichmäßiges Atmen. War sie eingeschlafen?

Wir jammen auf Lauten oder Gamben
Wir ham den Flow in uns'ren Jamben
Besonders werd'n die ja sich freu'n
Übers Hendijadijoin

»Worüber lachst du?«
　»Übers Hendijadijoin.«
　»Hm«, machte sie, als wüsste sie genau, wovon ich redete.
　Sie war eingeschlafen. Ich nahm meinen Zettel und versuchte, mein Gekritzel zu entziffern.

FRAU SCH. IST AUF DER TERRASSE

Diesmal habe ich es bis zum anvisierten Campingplatz in Reilingen geschafft. Dafür habe ich tatsächlich hundert Kilometer zurückgelegt und an die tausend Höhenmeter. Nicht schlecht. Blöderweise ist kurz vor dem Campingplatz ein Gewitter heruntergekommen und hat mich bis auf die Knochen durchnässt. Weil es auch über Nacht feucht und kühl bleiben soll, werde ich wohl morgen die nassen Sachen wieder anziehen müssen. Nicht gerade ein Stimmungsaufheller.

Beim Zeltaufbau muss ich über mich selbst lächeln. Während ich die Plane ausrolle und die Stange zusammenbaue, fühle ich Andreas kritischen Blick auf mir. Ob du das wohl allein schaffst, scheint sie mich zu fragen. Spann das Zelt sorgfältig ab, wer weiß, ob es noch mal regnet. Hast du auch Heringe an den Eingängen angebracht? Und mach das Innenzelt zu, wegen der Mücken. Verbieg die Heringe nicht. Wenn du die Taschen gegen die Zeltbahn lehnst, wird alles nass.

Ich habe immer viele Scherze über ihren »Ordnungsfimmel« gemacht und gedacht, was macht das schon, wenn das Zelt ein bisschen schief steht, es wird schon nicht regnen. Bis uns auf Korsika einmal ein Sturm fast vom Campingplatz geweht hätte. Seitdem bin auch ich ein bisschen sorgfältiger.

Das Zelt allein aufzubauen ist, wie sich herausstellt, nicht ohne Tücken. Immer wieder entwischt mir die Zeltstange, bevor ich sie unter großer Spannung diagonal von einer zur anderen Seite des Zeltes einfädeln kann. Andrea fehlt buchstäblich an allen Ecken und Enden.

Später sitze ich in dem kleinen Restaurant, das zum Campingplatz gehört, und esse eine gar nicht mal schlechte Lasagne. Bis auf die zu Tode gelangweilte Bedienung bin ich allein. Der Regen hat alle Tagesgäste vertrieben und die Dauercamper in ihre Wohnwagen gezwungen. Leider finde ich keine Steckdose im ganzen Restaurant. Mein Handy bräuchte dringend eine Strominfusion. Mal schauen, was der Waschraum hergibt.

Ich studiere noch schnell die Karte, um die Route für den nächsten Tag festzulegen, bevor ich mich in mein Zelt zurückziehe. Hier im Südwesten von Deutschland hat es der Jakobsweg nicht einfach. Die Muschel ist nur sehr sporadisch auf Telegrafenmasten aufgemalt oder an Bäume genagelt, dafür gibt es eine Vielzahl anderer Wegzeichen mit Symbolen wie etwa einer Weinflasche mit Trauben, einer Burgzinne oder einem Bund Spargel. Mit Blick auf die Karte stelle ich fest: Der arme Jakobsweg muss sich die Landschaft teilen mit der Romantischen Straße, der Weinstraße (oder besser: *den* Weinstraß*en*, denn davon gibt es eine ganze Reihe, die sich manchmal sogar kreuzen), der badischen Spargelstraße, der schwäbischen Dichter-Straße, der Fachwerk-Straße, der Burgenstraße sowie der Berta-Benz-Memorial-Route. Außerdem kann es passieren, dass man den internationalen Fernwanderweg Nahegau-Wasgau-Vogesen kreuzt. Oder den Fernwanderweg Franken-Hessen-Kurpfalz. Nicht vergessen sollte man den E8, den europäischen Weitwanderweg, der von Irland bis in die Türkei führt.

Die Vielfalt der Wanderwege setzt sich übrigens auch hinter der französischen Grenze noch fort: Dort findet sich zum Beispiel die *Route des Potiers et des Villages Pittoresques*, für die man extralange Hinweisschilder aufbauen musste, um den Bandwurmnamen unterzubringen.

Es scheint, als wäre jede Landstraße, jeder Wanderpfad und jeder Radweg, der nicht schnell genug zwischen den Bäumen verschwinden konnte, mit irgendeinem Wegnamen geadelt. Am besten gefällt mir die Deutsche Alleen-Straße. Ja, gehen der »Wege«-Industrie die Ideen aus? Warum nicht gleich eine »Straßen-Straße« erfinden?

Ich falte meine Karten zusammen und bitte um die Rechnung. Die Bedienung seufzt erleichtert auf. Endlich kann sie Feierabend machen. Als ich bei Nieselregen über den stillen Campingplatz meinem Zelt zustrebe, fühle ich eine Welle der

Einsamkeit über mir zusammenbrechen. Ich bin froh über meinen todmüden Körper, der mich sicher schnell einschlafen lässt. Na ja, was heißt schon todmüde. Todmüde ist was anderes.

Stille. Das Zimmer war schrecklich still. Nach all dem Kampf, dem Herumwerfen, dem Röcheln, dem Stöhnen war es plötzlich viel zu ruhig. Deshalb war ich wach geworden um vier Uhr morgens, obwohl ich erst um zwei weggedämmert war. Ich hatte gelernt, bei all den Nebengeräuschen irgendwann einzuschlafen. Stille jedoch war ich nicht gewohnt. Ich hatte die Nachtschwester alarmiert, die war mit einer Kollegin hereingekommen, hatte nur kurz Andreas Hände gefaltet und alles etwas gerichtet, dann waren die beiden Frauen wieder verschwunden. Ich solle mich melden, wenn ich etwas bräuchte. Ja, aber...? Ratlos stand ich im Zimmer.

Es war nicht wie im Film, wo die Geigen singen, wo wichtige letzte Worte gesprochen werden und man am Totenbett in große Verzweiflung ausbricht. Das kam später. Zunächst war da nur Stille. Ich saß neben dem Bett, barfüßig in T-Shirt und Shorts, wie vom Donner gerührt, immer noch ein wenig ungläubig. Das war es jetzt? Keine letzten Worte, die ich hätte mitnehmen können, nur ein mühsames Schnaufen in einem seltsamen Rhythmus, das in einem unbewachten Moment einfach verstummt war?

Hätte ich jetzt nicht in Tränen ausbrechen, vor Kummer aufheulen oder zusammenbrechen müssen? Stattdessen auch in mir: Stille. Das ganze Zimmer war davon ausgefüllt, es herrschte eine Art Stilleüberdruck, der den Raum wie einen Luftballon aufblähte und jedes Geräusch von außen abprallen ließ. Und ich saß mittendrin. Nicht fähig, irgendetwas zu tun oder zu fühlen. Das ist mein Moment mit ihr allein, dachte ich. Ich starrte sie an, fassungslos, begriffsstutzig, und mir fiel nichts ein.

Eigentlich sollte ich jetzt eine Menge Leute anrufen, dachte ich. Aber dann werden die Fragen kommen, die Besuche. Ich dachte: Wenn ich mich jetzt bewege, bricht die Hölle los. Dabei will ich noch einen Moment mit ihr allein sein.

Ich griff mir einen Apfel, der auf ihrem Nachtschränkchen lag. Ich aß ihn halb auf und merkte erst dann, was ich da tat. Es war alles so, wie es immer gewesen war in den vergangenen Tagen. Ich saß neben ihrem Bett und sah sie an. Nur dass sie plötzlich nicht mehr atmete, sondern diese unglaubliche Stille produzierte. *Goodbye, baby. I'm gonna fucking miss you.*

Und dann, nach einer halben Stunde Ratlosigkeit, tat ich das, was mir in schwierigen Situationen immer half. Ich ging duschen. Mir war klar, sobald ich diesen Raum verließ und den Freunden und Verwandten Bescheid sagte, würde ich so bald keine Zeit mehr für etwas so Einfaches haben. Und als das Wasser den Kampf gegen die Stille aufnahm, indem es lärmend aus dem Duschkopf spritzte und gurgelnd im Abfluss verschwand, konnte ich endlich weinen. Das Wasser wies meinen Tränen den Weg.

Als ich aus der kleinen Nasszelle wieder ins Zimmer trat, wartete die brutale Stille immer noch auf mich. Sollte ich gehofft haben, ich hätte nur geträumt, machte sie mir die Endgültigkeit der Situation nun klar. Schnell setzte ich die schreckliche Nachricht in die Welt. Ich war lang genug allein gewesen mit dieser undurchdringlichen Totenstille.

Schweigen. So heißt der Ort, in dem ich am Abend des dritten Tages lande. Er liegt direkt an der französischen Grenze und macht seinem Namen alle Ehre. Nicht viel los hier. Nur das Hotel, in dem ich mangels Campingplatz unterkomme, ist einigermaßen belebt. Die Anfahrt zu diesem Ort ist wundervoll gewesen. Ich bin durch schöne pfälzische Straßendörfer gerollt, deren Fachwerkhäuserzeilen praktisch kein Ende nahmen. Die sich senkende Sonne tauchte alles in ein sehr vorteilhaftes Licht. Diese letzten der insgesamt 80 Kilometer bilden das bezaubernde Ende eines Tages, der kaum mieser hätte anfangen können.

Ich wache auf vom Geräusch prasselnden Regens auf meiner Zeltbahn. Es herrscht klamme Kühle im Innenraum. Ich zögere meine Abfahrt hinaus, in der Hoffnung auf besseres Wetter. Da könnte ich doch gleich auch meine elektrischen Gerätschaften aufladen, denke ich und stecke sie im nahen Waschraum in die Steckdose. Anschließend schraube ich ein wenig an meinem Lenker herum und baue das feuchte Zelt ab.

Außerdem versuche ich wieder einmal, Ordnung in meine Radtaschen zu bringen. Im Schutz eines kleinen Pavillons räume ich erneut alles aus. Nicht zum ersten Mal überlege ich dabei, wo ich die Urne am besten unterbringen sollte. Ich hatte mir bei der Einäscherung vom Bestattungsunternehmen eine Miniurne aushändigen lassen – einen kleinen Metallbehälter mit dem Durchmesser eines Zwei-Euro-Stückes, das einen Fingerhut von Andreas Asche enthält. Nach einem Jahr auf einem Regalbrett in meiner Wohnung war klar: Sie muss mit nach Spanien. Dabei hatte ich keinen genauen Plan, was ich mit ihr anstellen würde. Vielleicht würde ich es ja bis zum Meer schaffen und die Asche den Wellen übergeben? Vielleicht würde ich sie aber auch wieder mit zurücknehmen, weil ich mich doch nicht von ihr trennen kann. Aber von Anfang an stellte sich die Frage: Wie kann man so ein Gefäß würdig transportieren? Soll ich die Miniurne einfach in die großen wasserdichten, beutelartigen Radeltaschen werfen, wie alles andere auch?, frage ich mich nun, während ich das erstaunlich schwere Ding aus Stahl in der Hand wiege. Das bringe ich nicht übers Herz. Ich packe sie wieder ganz vorn in die Lenkertasche, auch wenn sie dort in den letzten beiden Tagen bei jedem Schlagloch ganz schön lautstark herumgepoltert hat.

Nach einer Stunde finde ich keinen weiteren Grund mehr, meine Abfahrt aufzuschieben. Zumal der Regen etwas nachgelassen hat. Als ich aber mein hoffentlich vollständig aufgeladenes Handy aus dem Waschraum holen will, ist es verschwunden. Samt Ladekabel und Zusatzakku. Ungläubig durchsuche ich die Waschräume und die Toiletten mehrmals. Das gibt's doch gar nicht.

Ich stürze nach draußen und laufe kopflos ein paar Schritte auf dem Hauptweg des still daliegenden Campingplatzes entlang. Dann drehe ich um und renne zur Rezeption. Aber dort wurde kein Handy abgegeben. Ziemlich aus der Bahn geworfen, laufe ich erneut ratlos über das scheinbar menschenleere Gelände. Wer macht denn so was? Ich halte zwei Handwerker an, die gerade mit einem Lieferwagen den Platz verlassen wollen. Dessen Aufschrift weist sie als Maler aus. Sie sind offensichtlich auf Montage in der Gegend und übernachten wie ich auf dem Campingplatz.

Ob sie ein Handy gesehen hätten, frage ich etwas dämlich. Sie bedauern in gebrochenem Deutsch. Jetzt bloß keine falschen Anschuldigungen, ermahne ich mich, obwohl ich glaube, einen von den beiden im weißen Overall gesehen zu haben, als er in den Waschraum ging. Soll ich sie jetzt direkt fragen oder gar beschuldigen? Einer der Maler bietet mir sogar sein Handy an, damit ich meine Nummer anrufen kann. Natürlich hebt niemand ab. Ich höre allerdings auch keinen entlarvenden Klingelton aus seiner Hosentasche – oder aus der seines Kollegen. Widerwillig lasse ich die Männer ziehen.

Allein im Nieselregen stehend, beruhige ich mich langsam. Irgendjemand hat das Telefon wohl dringender gebraucht als ich, sage ich mir. Aber für einen kurzen Moment bin ich froh, dass Andrea jetzt nicht da ist. Eine Mahnpredigt über meine Sorglosigkeit und Nachlässigkeit in der Behandlung von Dingen ist das Letzte, was ich jetzt brauche. Ich schnaufe durch und beginne, die nötigen Schritte einzuleiten. Von der Rezeption aus telefoniere ich mit der Telefongesellschaft und lasse den Account sperren. Ich erfahre, dass der nächste Handyladen in Speyer ist, eine Stadt, die ich eigentlich auslassen wollte. Aber die Vorstellung, ohne Telefon den Rest der Reise zu absolvieren, ist mir unerträglich. So weit geht die Pilgerromantik dann doch nicht. Also mache ich mich auf, um so schnell wie möglich nach Speyer zu kommen.

Plötzlich realisiere ich: Es war ja eigentlich Andreas Handy, das da verschwunden ist. Ich hatte es nach ihrem Tod übernommen, weil es moderner war als mein altes. Und mit dem Telefon sind jetzt einige Fotos von ihr verloren gegangen. Aber auch eine Menge ihrer SMS- und »WhatsApp«-Konversationen sind verschwunden, die immer noch gespeichert waren und die zu löschen ich nicht übers Herz gebracht hatte. Immer wieder hatte sie elektronische Updates an ihre Freunde verschickt: Es geht mir schlechter, es geht mir besser, wobei die nach unten gerichtete Spirale auch in den kurzen Textfragmenten unübersehbar war. Manche Nachrichten waren noch voller Hoffnung, manche schon sehr gedämpft, manche waren regelrechte Hilfeschreie.

Am Anfang schrieb sie noch selbst: »Es geht mir echt gut heute, muss nur noch der Tumor kleiner werden.« Sie hatte sogar den Nerv, ein ☺ anzuhängen. Gleichzeitig versuchte sie, mit dem Handy die Fäden ihres Jobs als Heilpraktikerin zusammenzuhalten, nicht ganz aus dem Beruf zu verschwinden, auch wenn sie zunehmend ihre Aufgaben an eine Kollegin delegieren musste: »Fühl mich heute ein wenig platt, bleibe im Bett, kannst du das übernehmen?« Es gab aber auch andere Tage: »Heute mit Energie aufgewacht, kannst mich gerne am Nachmittag anrufen.«

Doch mehr und mehr übernahm ich die Kommunikation auch auf ihrem Telefon, gab ihren Freunden und Kontakten weitere Updates. »Heute nicht so toll, *in bed all day*. Zu schwach aufzustehen. Für Andrea: Georg«

Und dann die letzte Meldung: »Hallo, Andrea hat uns heute Nacht verlassen ...«

In dem Telefon fanden sich auch kleine Notizen von ihr. Einfache Sätze, von deren Existenz ich nichts gewusst habe und bei denen mir nicht ganz klar ist, warum Andrea sie notiert hat:

»Angst, es nicht zu schaffen ... Angst, den falschen Weg zu gehen ... Angst vor Chemo ... Scham, Chemo zu machen ... Gefühl, versagt zu haben ... *Say only positive things.*« Nachrichten aus einer anderen Welt. Sorgen, die vorbei sind. Ängste ohne Körper. Der Gedanke, dass jetzt jemand anderes mit diesen letzten Lebenszeichen von ihr herumläuft, scheint mir fast unerträglich.

Mir fällt wieder ein, wie ich ihren Handyvertrag gekündigt habe. Das erschien mir schwieriger, als ihre Kleider ins Sozialkaufhaus zu bringen oder ihr Konto aufzulösen. Ein paar Monate hatte ich den Schritt schon hinausgeschoben. Es fühlte sich an, als würde ich mit der Kündigung eine noch bestehende Verbindung zu ihr kappen. Ich brachte es auch nicht übers Herz, sie aus dem Telefonverzeichnis meines alten Handys zu streichen.

Offensichtlich tun sich auch andere schwer mit diesen Dingen. Nach und nach erfuhr ich, dass fast jeder meiner Freunde ein paar Nummern gespeichert hat von Leuten, die nicht mehr unter uns sind. Es scheint, als hoffte man so, noch ein bisschen die Verbindung zu den Verstorbenen aufrechtzuerhalten. »Wann immer ich jemanden in meinem Verzeichnis suche, stoße ich auf den Namen meiner verstorbenen Mutter«, erklärte mir zum Beispiel meine Kollegin Heike, »und für einen kurzen Moment denke ich an sie. Das ist fast wie ein elektronischer Grabstein, ein Denkmal, an dem man manchmal vorbeikommt und das einen an den Menschen erinnert.«

Mehrere Freunde haben mir bestätigt, dass sie auch ein Jahr nach Andreas Ableben immer noch ihre WhatsApp-Adresse auf dem Handy haben. Das letzte Foto, das sie von sich in ihrem Account eingespeichert hat, ist eine sehr lustige Aufnahme (ein Porträt mit einem Hirschgeweih im Hintergrund), und der Text, eine Art Motto, das man bei WhatsApp ja dazugeben kann, lautete: »On my path«.

»Das kann ich nicht löschen«, sagte Jürgen, ein befreundeter Arzt, der sich viel um sie gekümmert hat während der Krankheit. »Das ist, als hätte ich immer noch eine Verbindung zu ihr. Sie ist auf dem Weg ... wie passend ist das denn?«

Unterwegs zum Handyladen mache ich noch einen Stopp vor der Kathedrale von Speyer. Ich stehe vor einer dieser riesigen Kirchen, vor denen selbst ganze Busladungen von Touristen klein und unwichtig wirken. Wenn ich schon mal hier bin, denke ich, kann ich auch hineinschauen und eine Kerze anzünden. Das mache ich inzwischen schon fast gewohnheitsmäßig in jedem Gotteshaus, an dem ich vorbeikomme. Und das, obwohl ich schon vor langer Zeit aus der Kirche ausgetreten bin. Irgendwie ist es für mich ein schönes Ritual, das weit über den christlichen Glauben hinausgeht.

Wahrscheinlich habe ich im letzten Jahr so viele Kerzen angezündet und bezahlt, dass es die vergangenen dreißig Jahre nichtgezahlte Kirchensteuer wieder wettmacht. Mit einem Lächeln schiebe ich die große Tür auf. Doch kaum dass ich die Kirche betreten habe, übermannt mich die Trauer. Ohne Vorwarnung schleicht sie sich unbemerkt von hinten an und springt mir ins Kreuz. Die große, schlichte Kathedrale mit ihren unendlich hohen Säulen hat einen merkwürdigen Zauber, dem ich mich nicht entziehen kann. Ich setze mich auf eine Bank. In diesem fast tausend Jahre alten Bau wird alles wieder ins richtige Verhältnis gerückt. Zwar fühlt es sich an, als sei mir mit dem Verlust ihres Telefons eine weitere Verbindung zu Andrea gekappt worden. Gleichzeitig spüre ich, dass es nur eine Kleinigkeit ist angesichts der Monstrosität ihres Verlustes als Mensch. Das wird hier wirklich zu einer Abschiedstour, denke ich, als die Tränen langsam versiegen und ich endlich eine Kerze anzünde. Für eine Weile schaue ich in die einsame Flamme. *Bye-bye, Baby.*

Kurz darauf finde ich mich im Handyladen wieder. Was für ein Kontrast. Plötzlich stehe ich in einem Tempel, in dem ganz andere Götter angebetet werden. Während ein Kirchengebäude den einzelnen Menschen oft sehr klein macht, versucht man hier, die kleinen elektronischen Wunderwerke möglichst groß und wichtig erscheinen zu lassen. Hier springt mich nichts von hinten an. Hier ist kein Platz für Gefühle. Zum Glück treffe ich auf einen kompetenten Berater, der mir meine alte Telefonnummer erhalten kann und den finanziellen Schaden in Grenzen hält. Nach fünfundzwanzig Minuten halte ich mein neues Smartphone in Händen. Ich widerstehe dem Impuls, aus Dankbarkeit vor dem Schalter auf die Knie zu gehen.

»Frau Sch. ist auf der Terrasse«, so hatte es ein von den Schwestern geschriebener Zettel verkündet, der von innen an die Tür ihres Krankenzimmers in der Palliativstation geklebt war und den ich stundenlang angeschaut habe, wann immer ich an Andreas Bettseite saß. Der Zettel klebte außen an der Tür, wenn ich sie in einen Rollstuhl gesetzt und auf die Terrasse geschoben hatte. Er sollte andere Besucher informieren, wo wir waren. Später, als sie schon nicht mehr richtig sitzen konnte, haben wir sogar das ganze Bett durch die engen Flügeltüren des Wintergartens gezwängt, damit Andrea die Frühlingssonne genießen konnte. Wir waren oft da draußen. Auch als kranker Mensch blieb Andrea ein unverbesserlicher Outdoorfan.

»Frau Sch. ist auf der Terrasse.«

Während der langen Tage in ihrem Zimmer hatte ich ausreichend Gelegenheit, diesen Satz immer wieder zu lesen. Später, kurz vor dem Ende, saß ich neben ihr und sah zu, wie sie regelmäßig wie ein Uhrwerk, aber angestrengt wie ein Leistungssportler um Atem rang. Zehn Sekunden dauerten die Atemaussetzer, gefolgt von vier oder fünf Atemzügen, etwas hastig vorgetragen, als müssten sie verlorene Zeit wieder einholen, oft begleitet von mehr oder weniger lautem Stöhnen oder empörtem Grunzen. Gurgelnde Geräusche, die anzeigten, dass sich Schleim angesammelt hatte. Wenn man das zum ersten Mal hört, denkt man, sie macht den letzten Atemzug, und ist überrascht, wenn es dann doch nicht so ist.

Tagelang ging das so, ohne jede Möglichkeit der Kommunikation mit ihr. Während dieser Zeit fragte ich mich oft, wo die Terrasse wohl war, auf der sie sich in diesen Momenten befand. Mir schien, im Zimmer sei Frau Sch. jedenfalls nicht mehr. Sie war schon unterwegs. Sie war dann schon mal weg. Die aufkommenden Tränen machten das Lesen des an die Tür geklebten Zettels unmöglich. Aber ich kannte ihn ja in- und auswendig.

Seit ihrem Tod hatte ich mich schon oft gefragt, wo sie wohl war. Manchmal, wenn ich in einem Biergarten saß oder auf dem Balkon ihrer Wohnung in München, war ich mir sicher: Irgendwo hier draußen musste sie sein. Vielleicht bei mir an der frischen Luft. Vielleicht auch auf der Terrasse des Universums. Dort sitzt sie, dachte ich, und schaut mir zu. Wie ein deutlich überlegener Radkamerad, der die Passhöhe, an der ich mich immer noch abplage, schon lange vor mir geschafft hat, der dort oben bereits die Aussicht genießt und mit einer Radlermaß auf dem Tisch gelassen meine Ankunft erwartet.

EINE MILLION TOTPUNKTE

Das hätte ich nicht erwartet – schon nach drei Tagen bin ich in Frankreich. Wenn ich mich stärker südlich gewandt hätte, hätte ich auch noch länger in Deutschland bleiben und das Rheintal hinunterfahren können, aber dann hätte ich später die Höhenzüge der Vogesen überwinden müssen, und das will ich vermeiden. Zwar habe ich großartige Erinnerungen an diese Bergkette, denn vor fünfzehn Jahren sind Andrea und ich schon einmal mit dem Fahrrad in Frankreich unterwegs gewesen. Auf der Höhenstraße der Vogesen zu fahren, das war ein Traum, fanden wir damals – der es allerdings in sich hatte. Erst nachdem wir uns von Straßburg aus auf über tausend Meter über NN hochgearbeitet hatten, boten sich großartige Ausblicke zu beiden Seiten – in die Ebene nach Osten, in die Hügel nach Westen. Und in diesen Hügeln befinde ich mich jetzt.

Doch auch die vermeintlich einfachere Route erweist sich als sehr anspruchsvoll. Schon die ersten zwanzig Kilometer in Frankreich geht es ununterbrochen bergauf und bergab. Mühevoll erklimme ich Kuppe auf Kuppe und rolle auf der anderen Seite wieder hinunter. Das ist verdammt anstrengend. Immerhin, oben werde ich immer wieder mit wunderbaren Ausblicken auf das meist bewaldete Hügelmeer belohnt. Manchmal grüßen von ferne die Vogesen herüber. Je länger ich radele, desto mehr bekomme ich das Gefühl, dass ich bei dieser Vielzahl von kleineren Steigungen insgesamt genauso viele Höhenmeter mache, wie wenn ich über die großen Pässe der Vogesen gefahren wäre. Und schneller voran komme ich auch nicht.

Kurz nach der Grenze stoße ich ganz unverhofft auf ein Muschelzeichen. »Compostela 2412 km«, steht da auf einem Schild über einem kleinen Pfeil. Nichts geht über ein bisschen Ermutigung.

Ich folge dem Pfeil und versuche erneut, mich mit dem Jakobsweg anzufreunden. Es geht bald steil bergauf, vielleicht sogar steiler als vorher auf der Straße, und als der Pfad sich endlich wieder hinunterneigt, wird die Wegstrecke so schlecht, dass ich fast genauso langsam fahren muss wie bergauf. Kindskopfgroße Steine schütteln lautstark den gesamten Inhalt meiner Radtaschen durcheinander (besonders die Urne poltert beängstigend in der Lenkertasche), und zwischendurch lässt nasser Sand mich fast stecken bleiben. Wenig später geht mir das Muschelzeichen wieder verloren, sodass ich gar nicht weiß, ob ich mich tatsächlich auf dem Jakobsweg abplage oder nur auf einem x-beliebigen Waldweg. Das wäre schon arg enttäuschend. Dann hätte ich ja gleich auf der Straße bleiben können. Gern hätte ich mich jetzt durchgefragt, aber ich bin mutterseelenallein. Von anderen Pilgern keine Spur. Zögernd holpere ich weiter.

Endlich, nach zehn Kilometern Plackerei, treffe ich auf eine Straße. Hier findet sich auch die Muschel wieder. Sie will eigentlich, dass ich mich auf der anderen Seite abermals in die Felder schlage, aber jetzt lasse ich den Jakobsweg Jakobsweg sein und fahre wieder nach Karte und frei Schnauze auf kleinen Nebenstraßen. Ich versuche, dem Camino einfach nur nahe zu sein. Das muss reichen. Fürs Erste habe ich genug vom Mountainbikefahren.

Irgendwann spüre ich, dass mir die immer höher steigende Sonne langsam das Gesicht verbrennt. Blöderweise habe ich mir nämlich in dem Hotel in Schweigen das Sonnenschild meines Helms abgeschlagen, als die automatische Eingangstür nicht schnell genug aufging und ich stolpernd mit den Satteltaschen in der Hand gegen das makellos geputzte Sicherheitsglas krachte. Der Jakobsweg sollte einen eigentlich ja entschleunigen, aber bei mir ist der Effekt nach wenigen Tagen wohl noch nicht eingetreten. Für die automatische Tür war ich jedenfalls noch zu schnell. Erfolglos versuchte ich, das Schild mit Klebeband wieder an den Helm anzubringen. Dabei hörte ich Andrea sagen: Das ist passiert, weil du nie schaust, wo du hingehst. Im Geiste verteidige ich mich: Was kann denn ich dafür, dass diese bescheuerte Tür sich nicht öffnet?

Man sagt ja, wir leben in einer schnelllebigen Zeit, aber so eine automatische Tür ist praktisch der Gegenbeweis für diese These. Bewegungsgesteuerte Türen zwingen einen immer zu einem Moment des Zögerns, des Innehaltens, bis sie sich entschließen, den Weg freizugeben. Wenn es schlimm läuft und die Sensoren nicht sehr feinfühlig sind, ist man zunächst zu einer Art Beschwörungstanz gezwungen, bei dem man mit fuchtelnden Händen den Sensor zu betören versucht, bis der Sesam sich zu öffnen bequemt. Das hat es doch früher nicht gegeben, beende ich meine imaginäre Verteidigungsrede. Früher: Klinke runter und rein. Noch schlimmer sind ja an Flughäfen und großen Hotels diese gigantischen automatischen Drehtüren, fällt mir jetzt ein. Bis die einen im Schneckentempo durchgelassen haben, hat der Flieger schon lange abgehoben.

Während ich mit leicht beschädigtem Helm dahinradele, fällt mir auf, dass ich leider noch nicht richtig entspannt oder gar erleuchtet bin, nur weil ich nach Santiago radele. Ich rege mich viel zu sehr auf. Ich fluche immer noch wie ein Kesselflicker, wenn Radwegzeichen fehlen oder der Jakobsweg sich plötzlich in Luft auflöst; wenn ich wegen fehlender Wegzeichen oder falscher Kartenhandhabung schon wieder einen Umweg fahre oder mich auf einem x-beliebigen Waldweg abquäle, der sich zudem als Umweg herausstellt. Ich schimpfe Autofahrern nach, die zu dicht an mir vorbeifahren, und auch nach mehreren Tagen Pilgerfahrt kann ich mich immer noch im Supermarkt richtig aufregen, weil meine Kassenschlange sich mal wieder am langsamsten bewegt.

Aber immerhin: Die schiere Länge des Jakobsweges macht bescheiden. Jetzt radele ich schon so lange, und es sind immer noch weit mehr als zweitausend Kilometer. Da kann man nichts anderes tun, als demütig weiter vor sich hinzutreten. Dabei komme ich manchmal sogar in eine Art Trance, ich rolle einfach vor mich hin, gebe mein Bestes und schaue, wo mich das hinbringt. Für mich ist das, spirituell gesehen, schon mal ein ganz schöner Fortschritt.

Ihr Lieben,
zunächst einmal (und ich weiß, das klingt etwas hölzern,
aber ich weiß nicht, wie ich es sonst schreiben soll) vielen
Dank für die herzliche Anteilnahme von Euch allen – für die
Anrufe, Mails, Karten, die Blumen, für Eure Umarmungen,
für Eure Tränen. Es ist schön, zu sehen und zu spüren, wie
viele Menschen Andrea berührt hat, wie vielen sie etwas
bedeutet hat. Das macht es mir wirklich leichter.
Schön auch, dass die Idee einer Trauerfeier in den Bergen
so viel Anklang findet. Hiermit lade ich Euch also alle ein zu
dem, was Andrea mit am liebsten gemacht hat: zum Wan-
dern. Ich würde gern mit Euch vom Spitzingsattel in der
Nähe des Schliersees bis in die Nähe der Oberen Firstalm lau-
fen, um dann dort eine gemeinsame Zeremonie abzuhalten.
Am 3. Juni um 11 Uhr.
Treffpunkt ist der Parkplatz am Spitzingsattel.
Die Wanderung geht auf einem Ziehweg über etwa drei-
hundert Höhenmeter und dauert eine bis anderthalb Stun-
den. Nach der Zeremonie gehen wir in die Hütte, und es gibt
eine Brotzeit.
Was die Zeremonie angeht, habe ich noch keine genauen
Vorstellungen, da freu ich mich auf Anregungen, Ideen und
Initiativen.
Gebt mir bitte Bescheid, ob Ihr kommt, damit ich mit dem
Essen planen kann.
Es umarmt Euch,
Georch

Es nieselte, und mich fröstelte, als ich auf dem Parkplatz am Spitzingsattel die Ankunft meiner Freunde erwartete. Mich beschlich das gleiche mulmige Gefühl im Magen wie vor zwölf Jahren. Damals hatten wir unsere Hochzeit auf derselben Hütte gefeiert, auf der ich nun erneut einkehren wollte. Es ist nur eine leichte Wanderung, nicht viel mehr als ein Spaziergang, sagte ich mir, als ich Wasserflaschen und Müsliriegel an die allmählich eintreffenden Teilnehmer verteilte. Ich erinnerte mich daran, wie Andrea und ich am Hochzeitstag wie überbehütende Eltern unseren Gästen nachgestiefelt waren, die fröhlich plappernd bergan strebten: Wir hofften, dass sich niemand den Fuß verstauchte oder einen Sonnenstich bekam. Diesmal trug ich allein die Verantwortung. Ich war extra die Strecke am Abend noch einmal abgelaufen, mehr gerannt als gewandert, in Rekordzeit rauf und im Dunkeln wieder runter. Obwohl ich den Weg sehr gut kannte, wollte ich sichergehen, dass alles in Ordnung war, dass die Strecke bei all dem Regen der vergangenen Tage überhaupt begehbar war.

Damals waren achtzig Leute bei Sonnenschein und in Hochstimmung aufgestiegen. Jetzt im Juni 2013 herrschte feuchtkaltes Wetter, der Anlass war ausgesprochen traurig, und dennoch hatten sich fünfzig Freunde und Bekannte eingefunden, um mich in die Berge zu begleiten. Sogar aus Holland und England waren Kolleginnen von Andrea angereist. Vor Rührung kriegte ich kaum meine Begrüßungsworte heraus.

»Liebe Freunde, ich freue mich, dass so viele Menschen heute gekommen sind, um sich gemeinsam mit mir von Andrea zu verabschieden. Dennoch ist dies kein Trauermarsch. Ich glaube, es ist vielleicht sogar die beste Art, Andreas Gedenken zu ehren, wenn wir diesen Tag in den Bergen genießen – so gut das geht bei dem Wetter«, fügte ich mit Blick auf die tief hängenden Wolken hinzu. Ich erntete ein paar bittere Lacher.

Die anfänglich beklommene Atmosphäre entspannte sich weiter, als wir mit dem Aufstieg begannen. Bald herrschte sogar eine fast heitere Stimmung. Das ist es, was das Wandern mit den Leuten macht, dachte ich. Deshalb liebte es Andrea so. Wir gingen ruhig vor uns hin, allein oder in kleinen Gruppen, die sich fanden und wieder auflösten, und redeten über dies und das, nichts Bestimmtes. Ich plauderte mit Barbara, einer von Andreas besten Freundinnen, und wir sprachen über die Wanderungen mit Andrea, sowohl über jene, bei denen ich dabei gewesen war, als auch über die, vor denen ich mich erfolgreich gedrückt hatte. Wir gestanden uns gegenseitig, dass wir dabei sofort an Andreas Bauchgurt denken mussten, den sie gewöhnlich dem Rucksack vorzog und der, links und rechts mit zwei Flaschen ausgerüstet (Gleichgewicht!), auf ihren Hüften tanzte, wenn sie wie immer kräftig ausschritt.

Später wanderte ich eine Weile neben meiner Freundin und Kollegin Heike und bedankte mich noch einmal bei ihr. Sie hatte vor vier Wochen die erste Nacht nach Andreas Tod bei mir in der Münchener Wohnung verbracht. Das habe mir viel bedeutet, erklärte ich ihr jetzt. Sie winkte ab. Das sei doch selbstverständlich gewesen. »Sieh es mal so«, sagte sie, »du hast bei der Geschichte eindeutig die Arschkarte gezogen. Andrea hat es hinter sich, während du dich mit dem Verlust herumschlagen musst. Da kann man dich ruhig mal ein bisschen unterstützen.« Dankbar gab ich ihr einen Kuss auf die Wange.

Heike berichtete mir von dem begeisterten Feedback, das wir nach einem gemeinsamen Auftritt einige Wochen zuvor erhalten hatten. Denn der Anlass ihres Besuches in München war eigentlich eine Probe gewesen. Die Auftragsarbeit einer Winzergenossenschaft, für die wir fünfundvierzig Minuten zum Thema Wein füllen sollten. Ein gutes halbes Jahr hatten Heike und ich an der Sache gearbeitet. Der Job war nicht wirklich wichtig, aber ganz gut bezahlt. Ich hatte so viel Zeit wie möglich an der Seite von Andrea verbringen wollen, und so hatte sich Heike bereiterklärt, nach München zu kommen und mit mir im Krankenhaus zu proben. An Andreas Todestag hatte ich sie dann angerufen und ihr mitgeteilt, dass die Probe wohl ausfallen müsste und warum. Sie war trotzdem gekommen. Das Bahnticket sei ja schon gekauft, hatte sie mir lapidar mitgeteilt.

Einige Tage nach Andreas Tod stand ich dann tatsächlich mit Heike auf der Bühne. Sie hatte absagen wollen, aber nach der ersten, unruhigen Nacht erklärte ich ihr beim Frühstück, dass ich gern auftreten wolle. Wir hatten eine Menge Arbeit in das Programm gesteckt, und es tat ja niemandem mehr weh, wenn ich spielen würde, ich fehlte niemandem, musste keine Betreuung für Andrea mehr organisieren. Angestellte bekommen zwei Tage Sonderurlaub, wenn ein naher Verwandter stirbt. Danach wird erwartet, dass man wieder am Arbeitsplatz erscheint und funktioniert. Warum sollte es einem Komiker da anders gehen?

Schon vorher waren die Auftritte für mich ein Stück Normalität in all dem unfassbaren Gefühls- und Organisationschaos gewesen, das die Krankheit mit sich brachte. Sie verliehen diesem dauernden Ausnahmezustand etwas Struktur. Der Humor war ein Ventil für meinen Schmerz, die Anerkennung der Zuschauer ein Balsam. Es war wichtig zu spüren, dass noch eine Außenwelt existierte, dass es noch mehr gab als das Krankenhauszimmer, die Infusionen und Schmerzen und Diagnosen. Die Auftritte gaben mir die Kraft, mich um Andrea zu kümmern, sie haben mich gesund gehalten in dieser todtraurigen Situation. »Therapeutisches Kaspern« habe ich das einmal genannt.

Und so hatte ich auch in Bezug auf den Auftritt mit Heike das Gefühl, dass er mir eher guttun würde. Ich musste nur schauen, dass ich genügend Kraft aufbrachte, um auf der Bühne zu stehen. Aber das traute ich mir zu – wobei mir allerdings wichtig war, dass niemand im Publikum wusste, was mir soeben passiert war. Denn dann hätte ich unmöglich irgendjemanden zum Lachen bringen können. Die Leute hätten entweder Mitleid mit mir gehabt und sich aus Pietätsgründen jede fröhliche Reaktion verkniffen, oder sie hätten mich für einen gefühllosen Rohling gehalten. So oder so wäre die Stimmung im Eimer gewesen.

Es lief letztendlich erstaunlich gut. Ich war übermüdet und fühlte mich leer wie nach einer durchsoffenen Nacht, aber der Premierenstress in Kombination mit einem zum Glück sehr begeisterungsfähigen Publikum trug mich durch die einstündige Show. Und wenn ich ins Stolpern kam, half Heike mir mit ihrer Bühnenerfahrung aus der Bredouille. Tosender Applaus. Viele geschüttelte Hände hinterher. (Und weil zufällig ein »wichtiger« Mann in dieser Vorstellung saß, führte die Aufführung ein halbes Jahr später sogar zu einem Fernsehauftritt. Sehr seltsam das alles ...)

Über eine Stunde dauerte der Aufstieg. Auch wenn manche an ihre Konditionsgrenze kamen, klagte niemand. Im Gegenteil: Die Holländer hatten auf dem Weg neue Freunde gewonnen, hie und da wurde leise gekichert. Oben, am Ort der Zeremonie, auf der Wiese mit Blick auf die umliegenden Berge, als wir uns im Kreis um einen großen Findling gruppierten, ungefähr dort, wo wir auch geheiratet hatten, als wir dort im Nieselregen standen und eine Kerze neben ein Bild von Andrea stellten, da sah die Sache dann allerdings anders aus. Mit erstickten Stimmen wurden Gedichte gelesen und zögernd Anekdoten aus ihrem Leben erzählt. Zwanglos trug jeder, der wollte, etwas in Andreas Gedenken vor. Ich selbst hätte kein Wort herausgebracht. Ich wollte auch nichts sagen. Aber als ich *unser Lied* auf einer mitgebrachten Boombox abspielte, den Song einer befreundeten amerikanischen Sängerin, den sie auf unserer Hochzeit live und a cappella vorgetragen und damit schon damals alle gerührt hatte, da blieb kein Auge trocken.

Auf dem Rückweg waren dann alle wieder ganz aufgeräumt. Das sei wirklich eine schöne Feier gewesen, hörte ich die Freunde sagen. In meinen Ohren klang das Wort »schön« zu diesem Anlass ein wenig seltsam, aber es traf genau. Es war bei aller Trauer (und bei allem Regen) tatsächlich ein schöner Tag gewesen. In der Hütte war die Stimmung zum Schluss geradezu ausgelassen, wie so oft auf einer »Leich«, wenn die Trauergäste nach der Beerdigung ihren Hunger stillen und ihre Herzen immer noch offen sind, ohne die üblichen Schutzmauern. Man erzählt sich angesichts des Todes Dinge, die man sonst für sich behalten würde, und kehrt so allmählich ins normale Leben zurück.

Auf dem Weg bergab berichtete mir eine für spirituelle Dinge sehr empfängliche Freundin, sie habe gesehen, dass Andrea, als ich das Lied gespielt hätte, mit mir getanzt habe. Ob ich das ebenfalls gespürt hätte? Das konnte ich bei aller Rührung nicht bestätigen. Aber was für ein schönes Bild!

Nachmittags lasse ich mich von keinem noch so bunten Radwegschild verführen, ich halte den Lenker stur geradeaus und bleibe auf den geteerten Hauptstraßen. Die sind vielleicht nicht ganz so pittoresk, aber ich komme wenigstens ein bisschen voran. Rütteltechnisch gerate ich allerdings vom Regen in die Traufe. Die Franzosen lieben offensichtlich diese aufgepflasterten Schwellen, die die Autos zum langsameren Fahren zwingen sollen. Die findet man in französischen Orten fast noch häufiger als Kreisverkehre, und davon gibt's schon viele.

Und diese Schwellen haben es in sich. Sie schütteln den durchreisenden Radler samt mitgebrachter Urne manchmal so sehr durch, dass er sich die Schlaglöcher des Jakobsweges herbeiwünscht. Manchmal versuche ich, auf die Bürgersteige auszuweichen, aber auch die sind meist uneben. Nicht nur deshalb erinnern mich die Orte im Elsass an die DDR – die gelben Straßenlaternen und die breiten Straßen mit den einzeln stehenden, grauen und unbewohnt wirkenden Häusern tun ihr Übriges. Die Gegend macht einen ziemlich trüben Eindruck, es gibt kaum Cafés, und viele Restaurants scheinen dauerhaft geschlossen. Immer wieder radle ich an ausgeräumten Ladenlokalen mit blinden Fensterscheiben vorbei, in denen handgeschriebene Zettel mit Handynummern hängen, falls jemand auf die Schnapsidee kommt, den Laden mieten zu wollen. Es sind nur sehr wenige Menschen auf der Straße, aber das Alleinsein macht mir nicht allzu viel aus.

Bisher hatte ich einsame Solopedaleure etwas bedauert. Es schien mir immer ein wenig freudlos, ohne Mitreisende unterwegs zu sein. Wie sie morgens schon mit ihrem Rad verschwunden waren, während Andrea und ich noch lange plaudernd beim Frühstück saßen. Und wie sie abends erst im Dunkeln auf den Zeltplatz rollten, mit der Stirnlampe auf dem Kopf ihren Ein-Mann-Tunnel aufstellten und dann sehr schnell darin verschwanden.

Inzwischen sehe ich auch die Vorteile des Alleinreisens. Ich kann nach eigenem Gusto durch die Gegend rauschen. Wenn ich gut drauf bin, kann ich radeln, radeln, radeln, ohne anhalten zu müssen. Ich kann den Berg raufpuschen, wie es mir gerade gefällt, und dann mit so viel Karacho in die Senke hineinrauschen, dass ich es fast bis zur nächsten Kuppe schaffe, ohne ernsthaft runtergeschaltet zu haben. Und oben muss ich nicht warten, weil meine Partnerin keine Lust auf einen so aggressiven Fahrstil hat oder unterwegs die Gelegenheit nutzen wollte, um ein Foto zu machen. Umgekehrt handle ich mir keinen Ärger ein, wenn ich es mal langsam angehen lasse oder eine Vollbremsung hinlege, um meinerseits eine plötzlich auftauchende schöne Aussicht zu fotografieren. Sicher, der Preis für diese kleinen Freuden ist hoch – mir fehlen unsere spontanen Picknicks, die romantischen Abendessen und geteilten Eindrücke. Sicher, ich hoffe, ich kann irgendwann in Zukunft wieder zu zweit fahren. Aber Mitleid mit den Solopedaleuren werde ich in Zukunft nicht mehr haben.

Wenn man allein unterwegs ist, findet man halt anders Anschluss. Auf meinem Weg muhe ich die Kühe an und blöke mit den Schafen. Ich erkundige mich bei ihnen, warum alle Welt so gegen das Klonen ist, wo sie doch sowieso alle gleich aussehen. Antwort bekomme ich keine. Jeder Katze am Straßenrand dränge ich ein Schwätzchen auf – und ernte meist ratlose Blicke. Für die vielen mir nachbellenden oder gar nachrennenden Hofhunde habe ich grundsätzlich ein beruhigendes Wort übrig. Ich lobe sie für ihr Pflichtbewusstsein und ihren unermüdlichen Einsatz im Dienste der Sicherheit des ihnen anvertrauten Anwesens und wirke dabei so gelassen und ungefährlich, dass sie bald wieder von mir ablassen. Jedenfalls ist mir so nie langweilig. Und die Tiere haben sicher auch was zu erzählen, wenn sie sich austauschen über den seltsamen Kerl auf seinem Fahrrad.

Auch sonst gibt es immer etwas zu reden. Ich erwische mich zum Beispiel dabei, wie ich mit den Ausrüstungsgegenständen schimpfe, weil sie sich nicht so verhalten, wie ich das von ihnen erwarte. Meine Fahrradtaschen kriegen ordentlich was zu hören, wenn sie wieder einmal umfallen, nachdem ich sie vom Rad geladen und abgestellt habe. Und der Zeltstange geige ich die Meinung, weil sie beim Aufbau zum x-ten Mal aus der Halterung springt.

Wenn ich überhaupt niemanden zum Reden habe, vertreibe ich mir die Zeit mit Rechenspielen aller Art. Nach ausführlicher Konsultation meines Tachos und kilometerlangen Kalkulationen komme ich zum Beispiel zu dem Schluss, dass ich am Ende der Reise, abhängig vom Gelände, etwa vier- bis fünfhunderttausend Kurbelumdrehungen ausgeführt haben werde. Keine wirklich wichtige Information, aber doch irgendwie interessant. Übrigens erreicht die Pedale während einer Umdrehung zweimal das, was man in der Mechanik den »Totpunkt« nennt – nämlich wenn sie sich nicht mehr weiter nach oben bewegen kann und sich noch nicht wieder nach unten dreht. Und nach einer halben Umdrehung passiert dasselbe noch einmal anders herum. Eine Million Totpunkte durchlaufen also meine Füße während der Reise. Eine Million Anlässe, um Abschied von einer Toten zu nehmen.

In Haguenau (westlich des Rheins, ungefähr auf der Höhe von Baden-Baden) mache ich Station, um eine Prepaid-SIM-Karte zu kaufen. Ich hoffe, dass ich so den immer noch horrenden Roaminggebühren während meines Frankreichaufenthaltes entgehen kann. Es ist allerdings gar nicht so einfach, bis zu einem Telefonladen in der Fußgängerzone vorzudringen, denn in der Stadt versperren an diesem Tag überall Clowns und Theatergruppen den Weg. Ich bin mitten in das Straßentheaterfestival hineingeraten, das hier jährlich stattfindet. Trotz der Schwierigkeiten voranzukommen, finde ich das ganz erfreulich. Endlich etwas Leben! Ich nehme mir ein wenig Zeit, mich umzuschauen. Bei einer Performance bleibe ich hängen. Ziemlich junge Schauspieler versuchen, einem kleinen Publikum ein paar Lacher abzuringen. Leider ist die Show sehr sprachlastig, sodass ich kaum verstehe, was vor sich geht. Dennoch bleibe ich bis zum Schluss. Ich will den Akteuren nicht das Gefühl geben, es hätte mir nicht gefallen. Da bin ich dann doch zu sehr Kollege.

ANWESENDE UND ABWESENDE

Wie viele andere Bühnen strahlte das Theater am Neunerplatz in Würzburg am helllichten Tag eine eigenartige Atmosphäre aus. Diese stickige Stille, diese Leere im Zuschauerraum, diese zur Untätigkeit gezwungenen Requisiten und Scheinwerfer – als käme man in die Wohnung eines Verstorbenen. Am Abend vorher war auf der Bühne vielleicht noch die Hölle los gewesen, jetzt hatte die Stille etwas von Tod und Verwesung. Aber vielleicht lag es auch nur daran, dass ich in letzter Zeit etwas zu viel mit dem Thema zu tun gehabt hatte. Zum Glück gab es in diesem Theater noch Fenster, die ich aufreißen konnte, nachdem ich die schweren Moltonvorhänge zur Seite geschoben hatte. Zögerlich drängten sich Licht und Luft in den Raum. Das Sonnenlicht blieb vor der schwarz ausgehängten Bühne stecken, die frische Luft schaffte es aufgrund des fehlenden Durchzugs nur bis zu den ersten Stühlen. Viele Theater sind wie Glühwürmchen: Bei Tageslicht besehen, sind sie nicht sehr schön. Sie wirken etwas schäbig, abgestoßene Ecken und durchgesessene Polster kommen zum Vorschein, der Staub wird sichtbar, die Farben sind viel blasser als im Scheinwerferlicht. Deshalb bleiben viele Bühnen eigentlich auch bei Tag lieber im Dunkeln.

Jedes Jahr finde ich mich mit drei anderen Würzburger Kabarettisten zusammen, um gemeinsam ein Open-Air-Comedy-Stück zu produzieren, das wir fünf Wochen lang hoch über der Stadt in einem Biergarten aufführen. Das Schreiben und Inszenieren ist sehr aufwendig und findet meist unter großem Zeitdruck statt. In diesem Jahr war die Hektik noch größer als sonst, denn statt wie sonst im Winter mit den Vorbereitungen zu beginnen, konnten wir nur sporadisch an dem neuen Stück arbeiten, da ich ja die meiste Zeit in München war, um Andrea zu unterstützen. Manchmal hatten wir unsere Texte via Skype besprochen, damit ich nicht extra von München nach Würzburg fahren musste. Ich saß dann in Andreas Wohnung oder an einem kleinen Tisch im Krankenhausgang, immer mit einem Ohr lauschend, ob mit ihr alles in Ordnung war, während wir die Ideen hin und her sandten. Es war fantastisch, mit welcher Ruhe und Geduld meine Kollegen mich unterstützt hatten. Jetzt im Mai wurde es allerdings dringend Zeit, dass wir ernsthaft vorankamen. Und so trafen wir uns schon wenige Tage nach Andreas Tod, um an dem Stück zu arbeiten. Ich wusste nicht, ob ich fähig sein würde, überhaupt einen klaren Gedanken zu fassen. Aber ich wollte mich dringend mit etwas anderem als mit Krankheit und Tod beschäftigen.

Ich kam als Erster in das kleine Theater, das wir schon lange als Probebühne nutzen durften. Das war ungewöhnlich, ich neige zu Verspätungen, aber an diesen Tagen war ohnehin vieles ungewöhnlich. Ich schlief wesentlich weniger als früher, weshalb ich zwar unausgeschlafen, aber immerhin pünktlich war. Ich nutzte die Zeit, um etwas frischen Wind in den Raum zu bringen; ich lehnte mich zum Fenster hinaus, um noch etwas von der frühsommerlichen Wärme mitzubekommen. Frau Sch. ist draußen auf der Terrasse, dachte ich. Sie hat es gut, sie kann die Sonne genießen.

»Boh, der Verkehr ist mal wieder der Hammer!« Birgit, meine Kollegin und langjährige Freundin, stürmte, mit Taschen und Klamotten überladen, in den Zuschauerraum und riss mich aus meinen Gedanken. Im Nu verteilte sie ihren Krempel auf die letzten zwei Stuhlreihen. »Ich weiß nicht, wann sie diese verschissene Baustelle endlich fertigkriegen ...«

Erst jetzt sah sie mich und hielt erschrocken inne. »Och du ...«, sagte sie etwas hilflos, kam zu mir herüber und nahm mich in den Arm. Seit Andreas Tod hatten wir bisher nur kurz telefoniert. Sie schüttelte ihre schwarzen Locken, schaute mich an und sagte den einen Satz, den ich inzwischen schon sehr oft gehört habe: »Ich weiß gar nicht, was ich sagen soll.«

Ja, es gibt halt nicht wirklich viel zu sagen, wenn es um das Unfassbare geht. Viele versuchten, ihrer Trauer schriftlich Ausdruck zu verleihen. Manches davon war sehr bewegend. Zum Beispiel dann, wenn die Freunde sich ihre Begegnungen mit Andrea in Erinnerung riefen und diese mit mir teilten. Nicht so gelungen war es für mich, wenn jemand versuchte, große Worte zu machen. Wenn ich zum Beispiel eine Karte bekam, auf der etwas von »aufrichtigem Beileid« stand. Ja, was denn sonst?, dachte ich dann immer. Unaufrichtiges Beileid? Bei mir erzeugte die besondere Betonung der Aufrichtigkeit eher Zweifel an derselben.

Auch gut gemeinte Einsichten wie »Jede Katastrophe kann uns helfen, zu wachsen und zu lernen«, kamen bei mir nicht gut an. Auf die Lektion hätte ich gern verzichtet, dachte ich dann bockig. Ich wäre lieber dumm geblieben und dafür weiter mit Andrea zusammen. Für eine Weile machte mich der Anblick alter Ehepaare auf der Straße wütend. Wieso durften die zusammen alt werden und wir nicht? Umso weniger wollte ich mich belehren lassen, wie wichtig so ein Verlust für die Persönlichkeitsentwicklung sein konnte.

Ich fand es gut, dass Birgit jetzt gar nichts sagte. Und mich stattdessen umarmte. Birgits schöne dunkle Augen füllten sich mit Tränen. »Wie geht's dir?«, fragte sie. Mit dürren Worten versuchte ich, das Chaos in meinem Kopf zu beschreiben. Zum Glück blieb kaum Zeit für lange Erklärungen, da nun auch die beiden anderen Kollegen eintrafen – Florian und Heike. Zusammen machten sie sich im Foyer an der Kaffeemaschine zu schaffen, die schon bald, empört über die frühe Störung, zu fauchen begann. Heike übertönte mit ihrer bühnengestählten Stimme das Getöse mühelos. »Können wir noch mal über den Titel reden?«

»Oh nee, bitte, dieses Wochenende muss das Plakat in Druck!«, hörte ich Florian stöhnen. »Und wenn wir den Infotext nicht rausschicken, verpassen wir die Deadlines von den Monatsmagazinen. Und überhaupt, was ist denn schlecht an dem Titel: *Drachengold*?«

Mit einer Kaffeetasse in der Hand kam Florian in den Zuschauerraum. Wieder ein Stutzen – »Oh, hallo!« –, wieder eine

Umarmung. »Hey, hab deinen Mittelalter-Rap gelesen. Finde ich echt gut. Wann in aller Welt hast du denn noch Zeit gefunden, den zu schreiben?«

Ich zuckte mit den Achseln.

Es waren nur noch zwei Monate, eigentlich sogar nur noch ein Monat und siebenundzwanzig Tage bis zur Premiere, rechneten wir nach. Und nicht nur die Titelfrage war noch offen, auch vom Stück stand bisher wenig. Nach unseren Skype-Konferenzen war weniges ausgearbeitet, das meiste passte vorn und hinten nicht zusammen. »Wir haben noch keinen Schluss!«, war in den Produktionen der letzten Jahre immer ein interner Running Gag gewesen, der bereits im Herbst scherzhaft ausgerufen wurde. Dieses Jahr hatten wir nicht nur keinen Schluss, wir hatten auch keinen Beginn und wussten nicht, was in der Mitte passieren sollte.

Irgendwas mit Nibelungen, so war die grobe Idee. Je länger wir daran arbeiteten, desto deutlicher stellte sich heraus, wie vielschichtig und weitverzweigt die Geschichte war. Und wie schwierig es war, die Vorlage für eine leichte Sommerkomödie zu benutzen. Wäre ich nicht so müde und emotional erschöpft gewesen, ich hätte mir vermutlich eine fette Panikattacke gegönnt.

»Die Leute sterben hier ja echt wie die Fliegen«, sagte Heike und blätterte etwas verzweifelt im Reclam-Bändchen »Die Nibelungen«. Dann fiel ihr auf, was sie gerade gesagt hatte, und sie schaute erschrocken zu mir herüber. »Sorry!« Ich winkte nur ab.

Während die anderen bei unserer Probe aufgeregt weiterplapperten – »Was denkt ihr denn, wie das Bühnenbild aussehen soll?« – »Keine Ahnung, müssen wir das denn jetzt schon entscheiden?« –, schaute ich aus dem Fenster und hoffte, dass Andrea irgendwo da draußen wäre. Vielleicht konnte sie ja die eine oder andere Eingebung für uns veranlassen?

Am Ende der Probe zückten wir alle die Kalender. »Wann treffen wir uns wieder? Wie sieht's aus mit morgen?«

»Von mir aus. Ich hab Zeit«, antwortete ich und spürte eine große Erleichterung. Ich konnte einfach in Würzburg bleiben und meine Verabredungen treffen. Keine Hetzerei von der Bühne zum Krankenhaus und zurück, keine endlosen Auto- und Zugfahrten mehr. Keine peinlichen Anrufe, um schon wieder eine Verabredung abzusagen, weil bei Andrea irgendein Notfall eingetreten war. Außerdem konnten wir jetzt alle Notfallpläne für den Sommer begraben. Für den Fall, dass ich weiterhin in München hätte bleiben und Andrea pflegen müssen, hatten meine Kollegen angeboten, dass ich hauptsächlich als Autor mitarbeiten könnte und als solcher an den Einnahmen beteiligt sein würde, während ein Ersatzschauspieler für mich auf der Bühne stände. Das war nun alles nicht nötig.

Natürlich meldete sich sofort mein schlechtes Gewissen. Darf man nach dem Tod seiner Frau eine solche Erleichterung spüren, fragte ich mich. Und war im selben Moment sicher, dass Andrea vom Liegestuhl auf ihrer Terrasse lässig abwinken würde: »Geschenkt, Liebster, das hast du dir verdient.«

Am nächsten Morgen in Bouxwiller überlege ich, ob ich die Urne doch in einer anderen Tasche unterbringen, ob ich sie nicht sozusagen umsetzen sollte. Vorn in der Lenkertasche ist sie mir ein bisschen zu schwer, sie dengelt da so herum, macht viel Lärm und droht herauszufallen, wenn ich meine Sonnenbrille suche oder ein paar Nüsse. Ich beschließe, sie auf dem Boden der rechten hinteren Tasche zu verstauen, unter den Unterhosen und T-Shirts. Vielleicht etwas pietätlos, aber sicherer. Wenn die Taschen Trauer tragen, denke ich in Anlehnung an einen berühmten Filmtitel und schließe den Deckel.

Dann studiere ich die Karte. Es ist frustrierend zu sehen, dass ich laut Tacho »erst« 340 Kilometer zurückgelegt habe, eine Strecke, die man mit dem Auto in knapp vier Stunden schafft. So etwas fahre ich manchmal nur für einen Auftritt. Mit dem Rad bin ich jetzt schon fünf Tage unterwegs, weshalb es sich so anfühlt, als wäre ich schon viel weiter von zu Hause entfernt. Die Tatsache, dass ich mich in einem fremden Land befinde, vergrößert die gefühlte Distanz noch zusätzlich. Der Übergang ist subtil (statt Geld tauscht man nur noch die SIM-Karte), aber spürbar.

Auch wenn hier herzlich wenig los ist, scheinen mir plötzlich die Ortschaften wesentlich pittoresker und bemerkenswerter, als es die deutschen Dörfer auf der anderen Seite der Grenze gewesen sind. Hier liegen die menschenleeren Orte in herrlich südländischer Siesta, während ich in Deutschland die Ruhe einfach nur spießig und langweilig fand. Hier sind die Ortschaften noch authentisch, denke ich, während sie in Deutschland bloß heruntergekommen gewirkt haben. Da müsste mal was gemacht werden. Und in Phalsbourg sitze ich auf dem Kirchplatz, esse ein paar Nüsse und sehe mit großem Interesse den Einwohnern zu, wie sie ziemlich rausgeputzt ins Wahllokal gehen, um an der Europawahl teilzunehmen. Aha, so wählen sie hier also, denke ich interessiert, als wäre das ein exotischer Akt. In Deutschland hätte ich den Vorgang vermutlich mit keinem Blick gewürdigt.

Das alles wirkt fremd und beachtenswert, obwohl ich noch gar nicht weit gekommen bin. Ich befinde mich immer noch nördlich von Freiburg und östlich von Aachen, weshalb ich mich nach einer kurzen Rast weiterzukommen beeile. Es liegt noch so viel Strecke vor mir.

Das Radfahren selbst macht mir nach wie vor viel Spaß. Aber mein Sattel fängt an, mich ernsthaft zu nerven. Schon bald tut mir mein Hintern wieder weh. Das war schon die ganzen letzten Tage so. Spätestens ab dem Mittag ist es nicht mehr sehr gemütlich auf dem Sattel. Ich bin nicht wund, aber irgendwie erzeugt der Sattel ernsthafte Muskel- oder Knochenschmerzen oder sonst was in der Richtung. Gut, es war sicher nicht allzu klug, einen neuen Sattel zu kaufen und damit uneingeritten auf Tour zu gehen. Das ist, wie wenn man mit nagelneuen Wanderschuhen auf dem Jakobsweg wandern würde. Aber irgendwie hatte ich gedacht, ich würde mich an den Sattel schon gewöhnen, und der Fahrradhändler hatte ihn mir auch wärmstens empfohlen. War ja teuer genug, das gute Stück – da wäre ich als Händler auch enthusiastisch gewesen.

Dabei hätte ich es besser wissen müssen. Ich hatte mich bei einer früheren Radtour schon von Andrea überzeugen lassen, einen sündhaft teuren Brooks-Ledersattel zu kaufen. Sie war total begeistert gewesen und schwor auf den bockelharten Sitz. Angeblich sollte der sich nach einer Einfahrzeit meiner Anatomie genau anpassen und dann superbequem sein. Leider fuhr sich bei mir nichts ein. Nach einer sehr schmerzhaften Alpenüberquerung wanderte der Ledersattel in meinen Keller, und dort hängt er seitdem und fängt Staub.

Auch jetzt will sich mein Hintern nicht an den Sattel anpassen. Stattdessen verbringe ich immer längere Strecken im Stehen. Das nächste Mal setze ich mich durch, schwöre ich mir. Dann nehme ich auf einem weichen Gelsattel Platz, ganz egal, was die Fahrradhändler sagen.

Vorläufig nutze ich jede noch so kleine Abfahrt, um meinen Po zu entlasten. Manchmal schlafen auch meine Zehen ein, der Sattel drückt auf irgendeinen Nerv im Oberschenkel. Kein Grund zur Beunruhigung, denke ich und erinnere mich an die Panik, die Andrea geschoben hat, als im weiteren Fortschritt der Krankheit ihr Bein anfing, taub zu werden. Wie oft habe ich ihr im Stile eines Fußballmasseurs die Beine gerieben, bis sie wieder ein Gefühl in ihnen bekam. Jetzt reibt bei mir niemand. Hin und wieder schüttele ich das Bein, und das hilft auch ein bisschen. Aber wenn ich mich auf den Sattel setze, kommt die Taubheit wieder.

Ich habe in den letzten zwei Tagen versucht, mir alles Mögliche unterzulegen, um das Elend im Zaum zu halten: meine Fleece-Jacke, eine Straßenkarte oder mein aufblasbares Kopfkissen. Auch eine zweite Unterhose habe ich angezogen, in der Hoffnung auf etwas mehr Komfort. Alles erfolglos. Kurzzeitig überlege ich sogar, ob ich einen der großen Camemberts nutzen könnte, die hier überall auf den Märkten angeboten werden. Die sehen wirklich sehr komfortabel aus ...

Irgendwann kommt mir eine bessere Idee: Ich polstere den Sattel mit einem Teil der Schaumstoff-Sitzmatte aus, mit der ich mich eigentlich bei Pausen vor zu kaltem oder hartem Untergrund schützen wollte. Schnell ist die Sattelform mit dem Taschenmesser ausgeschnitten und mit Gaffa-Tape aufgeklebt. Sieht zwar schlimm aus, bringt aber etwas Erleichterung.

Am späten Nachmittag schlage ich mein Zelt auf dem Campingplatz in Blâmont auf. Es sind nur ein paar Plätze belegt, aber diesmal gehe ich kein Risiko ein. Ich lade mein Handy am nächsten Wohnwagen-Hook-up auf, während ich mich danebensetze und die Zeit nutze, mir die Nägel zu schneiden und dreimal sorgfältig die Vorder- und Rückseite des Campingplatzflyers zu studieren. Später rolle ich in den Ort, um zu Abend zu essen. Was soll ich über Blâmont sagen? Gut, ich bin hier in keiner Großstadt, aber mehr als ein einziges offenes Restaurant, in dem ich dann ganz allein herumsitze, hätte ich schon erwartet.

Es stellt sich das ungute Gefühl ein, das Andrea und mich schon vor fünfzehn Jahren auf unserer Frankreichtour des Öfteren befiel, wenn wir ein Restaurant betraten: Wir störten, und der Besitzer war froh, wenn wir endlich gingen. Besonders ein Abend in den französischen Alpen fällt mir wieder ein. Schon als wir in jenem kleinen und recht alten Hotel über die erschöpften Treppen, deren knarzender Protest von einem fadenscheinigen Teppich gedämpft wurde, zu unserem Zimmer aufstiegen, schwante uns nichts Gutes. Die Dame an der Rezeption hatte uns praktisch wortlos bedient, und auch sonst war es arg still in dem Hotel. Eine Alternative hatte es in dem Dorf nicht gegeben, keinen Campingplatz, keine andere Herberge. Nur diesen alten Schuppen. Es war ja nur für eine Nacht, dachten wir. Als wir knapp eine Stunde später wieder vom Zimmer herunterkamen, um nach einem Abendessen zu fragen, fanden wir uns allein im Haus wieder. Und die Tür nach draußen war verschlossen.

Natürlich versuchten wir, auf uns aufmerksam zu machen – ergebnislos. Außer uns war offensichtlich niemand da. Um

20:30 Uhr! Vielleicht pflegte man in diesem Ort ja eine besonders lange Siesta, die selbst einem Spanier den Neid in die Augen getrieben hätte? Vielleicht war der Koch noch auf dem Weg zur Arbeit und würde gleich erscheinen, um uns wortreich das Menü des Abends zu präsentieren?

Nach zwanzig weiteren Minuten erlosch auch dieses spärliche Fünkchen Hoffnung. Wir machten uns auf die Suche und entdeckten in der Küche ein großes Schlüsselboard, und nach zehn Minuten und dreißig Schlüsseln fand ich tatsächlich einen, der uns die Vordertür des Hotels öffnete.

Ich schloss sorgfältig hinter uns ab, immerhin waren ja unsere Räder im Hotel. Aber ein kurzer Rundgang durch den Ort zeigte: Es gab kein anderes Restaurant. Nur zwei Bars, und die waren geschlossen. Endlich trafen wir ein älteres Ehepaar auf der Straße, das uns bestätigte: Außer dem Hotel-Restaurant gab es kein Angebot im Ort. Wir könnten natürlich auch die paar Hundert Höhenmeter zum Nachbarort herunterfahren, möglicherweise habe dort das Hotel noch geöffnet.

»Möglicherweise?«, schnaubte Andrea, als die beiden Alten wieder verschwunden waren. Wir gingen in das Hotel zurück, das ja ganz uns gehörte, und bald begann Andrea die Küche zu durchstöbern. Erst wollte ich sie aufhalten, »das können wir doch nicht machen«, aber sie rollte nur mit den Augen. »Sieh lieber zu, ob du an dem Schlüsselboard einen Schlüssel für den Kühlschrank findest.« Großartig! Bald schon brutzelten ein paar Eier in einer halbwegs sauberen Pfanne. Wir fanden auch ein paar Tomaten sowie ein nicht ganz frisches, aber sonst unversehrtes Baguette und genossen am Ende ein ziemlich nahrhaftes Abendessen, zwar wie so oft allein im Speisesaal, aber diesmal zumindest ohne missmutigen Kellner. Wir öffneten eine Flasche Wein, spülten nachher unser Geschirr ab und legten etwas Geld auf die Theke. Am nächsten Morgen schien die Bedienung nichts zu wissen. Neue Schicht. Unsere Versuche zu erklären, was vorgefallen war, gaben wir bald auf.

Ob ich noch eine Kaffee wolle, reißt mich der Garçon in Blâmont aus meinen Erinnerungen. Seine Körpersprache macht ziemlich unmissverständlich klar, dass er eigentlich keinen Kaffee mehr machen will. Ist mir recht. Wenn ich schon mit der (zugegebenermaßen sehr spät) untergehenden Sonne ins Bett gehe, will ich mir nicht mit einem Koffeinschuss den Schlaf versauen. Aus Gewichtsgründen habe ich ja auch kein Buch dabei, mit dem ich mich hätte einschläfern können. Ich lehne deshalb dankend ab, zahle schnell und rolle durch den schweigenden Ort Richtung Campingplatz.

Fernsehen war keine gute Idee. Egal, was lief – nachdem Andrea gegangen war, musste ich fast immer weinen. Mich rührte alles. Ich heulte mit den Kandidaten von Castingshows, genauso wie mit dem Ehemann in einem Krimi, der seine Liebste verloren hatte. Bilder von Hawaii ließen mich aufschluchzen, genauso wie eine Dokumentation über einen Wettbewerb von Betriebschören.

Lesen war keine Alternative. Selbst der Sportteil der »Süddeutschen«: ein Minenfeld. Ein Interview mit dem Trainer des 1. FC Nürnberg, mitten drin der Satz: »Wir sind nur kurz auf dieser Welt, diese Zeit muss man nutzen« – und schon war alles zu spät.

Und Bücher waren auch nicht wirklich geeignet, mich abzulenken. Irgendwann starb fast immer jemand oder trauerte wer um einen Verstorbenen. In Krimis sowieso. Aber auch sonst. Und das konnte ich echt nicht gebrauchen. Liebesgeschichten sind ebenfalls nicht ideal, wenn man gerade seine Liebe verloren hat. Von einem wohlmeinenden Freund bekam ich ein Buch über Steve McQueen geschenkt. Der war auch an Lungenkrebs gestorben. Na super! Eigentlich wollte ich das Buch schon weglegen, dann blätterte ich darin herum, schaute die Bilder an – schließlich las ich es doch. Seine Frau beschreibt seinen Leidensweg. Das war natürlich starker Tobak für mich.

Als McQueen die Diagnose »unheilbar« bekam, fragte er seine Frau: »Willst du, dass wir (noch ein bisschen) durchs Land reisen und Spaß haben, oder soll ich versuchen, gesund zu werden?«

Der Satz haute mich um. Das war genau die Frage, vor der wir auch gestanden hatten. Viele Filmszenen sausten mir durch den Kopf, von Leuten, die unheilbar krank waren und noch diese oder jene Reise unternahmen, dabei wichtige Sachen sagten und wichtige Erkenntnisse gewannen, die sie den Zuschauern mit unterlegter Geigenmusik kundtaten. Und dann, nach Verwirklichung des Traums, wurde friedlich im Kreise der Lieben bei Sonnenuntergang gestorben. Andrea und mir wurde schnell klar: Wir mussten nicht hektisch aufbrechen und irgendwelche Dinge nachholen, die wir bisher versäumt hatten. Nicht, dass wir keine Pläne mehr gehabt hätten. Aber wir hatten unsere gemeinsame Zeit intensiv genutzt. Wenn Andrea und ich irgendwas gut konnten, dann zusammen reisen. Und das haben wir auch ausgiebig getan. Außerdem hatten wir beide Jobs, die uns so viel Freude machten, dass die Grenze zwischen Arbeit und Freizeit fließend war.

Wir haben das gemacht, was uns zum jeweiligen Zeitpunkt wichtig war. Viel mehr hätten wir in den zweiundzwanzig Jahren, die wir zusammen waren, nicht unterbringen können. Als die Diagnose kam, gab es also keine Panik: Oh Gott, ich hab ja noch dieses und jenes nicht. Und diese Erkenntnis war großartig. Großartig und furchtbar traurig, ein ganzes Paket Tempotaschentücher wert. Weil sie plötzlich vorbei war, diese Art zu leben, weil ich plötzlich ohne diesen wunderbaren Menschen war, mit dem das alles möglich gewesen ist. Und dennoch war da auch Zufriedenheit. Mann, wir haben viel erlebt zusammen! Es war schön, wir haben nichts ausgelassen. In gewisser Weise erleben wir mit dieser Radtour sogar noch eine letzte Reise zusammen ...

Und dann am nächsten Vormittag: zum ersten Mal Pilger! Komisch: Seit Haguenau zeigt mein Vorderrad ziemlich exakt nach Westen, ich werde also erst vor Dijon wieder auf den Jakobsweg stoßen. Und trotzdem treffe ich hier, im Camino-Niemandsland, die ersten Pilger. Und auch noch Radler!

Die Gruppe wartet an einer Kreuzung in einem Dorf irgendwo südwestlich von Blâmont. Muscheln an den Radtaschen lassen keinen Zweifel über ihr Ziel. Ich bremse erfreut. Ein Rad steht auf dem Kopf – das sieht nach einer Panne aus. Nach den ersten vorsichtigen *Bonjours* und *How-are-yous* stellt sich heraus: Die drei stammen aus Nürnberg. Eine gerissene Kette hat sie zum Anhalten gezwungen. Ob ich helfen kann, frage ich, aber sie schütteln lächelnd die Köpfe. Und im nächsten Moment rücken auch schon ein paar hilfsbereite Einheimische an und machen sich mit passendem Werkzeug an dem Rad zu schaffen.

Während die Reparatur der Kette unter französischer Führung vorangeht, haben zwei von den drei Radlern Zeit, sich mit mir zu unterhalten. Sie erklären, dass sie sich vier Monate Zeit genommen haben für die Strecke bis Santiago. Einer drückt mir einen Zettel mit der Adresse ihrer Webseite in die Hand. Irgendwas mit Fahrradpilgern – langsam Pilgern auf dem Jakobsweg. Mein erster Gedanke ist: Na klar pilgern die langsam – sind ja Franken. Aber das sage ich lieber nicht. Tatsächlich sind sie schon drei Wochen länger als ich unterwegs, für eine um hundert Kilometer längere Strecke. Das ist wirklich langsam! Zwei aus ihrer Gruppe haben sie schon verloren, die sind wieder zurück nach Nürnberg, einer hat schon in Rothenburg aufgegeben – nach einhundert Kilometern. War ihm zu anstrengend. Erneut unterdrücke ich den Impuls, ein paar lustige Bemerkungen über den Fitnesszustand der Franken zu machen. Aber dann stellt sich mir ernsthaft die Frage: Wenn schon langsam, warum dann nicht gleich laufen? Warum überhaupt ein Fahrrad mitnehmen, wenn man sowieso im Schritttempo fährt? Und wie in aller Welt haben sie es dann geschafft, ihre Fahrradkette zu zerreißen?

Ich komme nicht dazu, meine Fragen zu stellen. Denn was ihnen vielleicht an Reisetempo fehlt, machen sie mit großem Enthusiasmus beim Erzählen wett. Mit glänzenden Augen berichten sie mir, wie sie jede Nacht bei Bauern oder anderen Einheimischen übernachten und dabei ganz tolle Erfahrungen machen. Immer werde ihnen geholfen, erklären sie fröhlich und zeigen auf die vor uns knienden französischen Mechaniker. Das klingt toll, finde ich. Mangels entsprechender Französischkenntnisse bleibt mir diese Option wohl verschlossen.

Nachdem ich mich verabschiedet habe, radele ich etwas nachdenklich weiter. Pilgere ich zu schnell? Mit meinen sechzig bis hundert Kilometern am Tag? Müsste ich mir mehr Zeit nehmen? Kann man falsch pilgern? Bin ich überhaupt ein Pilger? In gewisser Weise fühle ich mich ja nur als ausführendes Organ, als Stand-in für die eigentliche Akteurin. Ich pilgere für jemand anderes, denke ich und weiß gleichzeitig, dass das Quatsch ist. Diese Reise ist längst auch mein persönlicher Trip.

Angesichts der fröhlich naiven Radlergruppe, die ich gerade verlassen habe, fühle ich mich plötzlich ziemlich allein. Ich brauche dringend etwas für die Seele. Mein Magen meldet sich knurrend, und mir ist klar: Ich will ein paar Rühreier. Die haben mir schon in allen Lebenslagen geholfen. Das ist so eine Art *Soulfood* für mich. Am liebsten sollten Bratkartoffeln dabei sein, aber ich wage nicht, darauf zu hoffen.

Bald sitze ich also beim Lunch im Straßenrestaurant des ganz ansehnlichen Städtchens Lunéville. Westwärts scheine ich allmählich in etwas freundlichere Gegenden zu kommen. Sogar ein ziemlich imposantes Schloss kann man hier besichtigen. Wohl deshalb gibt es auch ein paar offene Cafés, in denen tatsächlich Leute sitzen. Ohne große Schwierigkeiten bestelle ich ein Omelett. Bei Rührei gibt es keine Sprachbarrieren. Sogar Kartoffeln gibt's – *merveilleux!* Mit Appetit mache ich mich ans Essen. Und plötzlich habe ich das Gefühl, die drei anderen Stühle an meinem Tisch wären besetzt. Vielleicht von dem Treffen mit den schleichenden Nürnbergern inspiriert, sehe ich plötzlich jene drei Reisepartner vor mir, mit denen ich so viele Touren zusammen gemacht habe: Andrea, Saci und Sean.

Andrea und Saci hatten sich Mitte der Neunzigerjahre während unseres zweijährigen San-Francisco-Aufenthaltes kennengelernt und den Kontakt seitdem nie verloren. Im Gegenteil: Sie waren beste Freundinnen geworden. Aber auch zu viert verstanden wir uns hervorragend. Gemeinsam haben wir zweimal die Alpen überquert, haben Korsika unsicher gemacht und sind durch Schottland geradelt. Sean, positiv, unermüdlich, erfinderisch, immer hilfsbereit, ein Veganer, so kraftstrotzend, dass er jedes Klischee über blutleere Pflanzenesser über den Haufen wirft. Links daneben Saci, seine Frau, immer gesprächig und neugierig, sie würde jetzt ihren dicken roten Zopf streicheln und mich fragen, ob ich manchmal auch was anderes essen würde als Eier. Andrea, gelassen und ironisch, seitlich in den Stuhl gelehnt, würde sagen: Nie! Gestern hat er sogar Ei mit Mayonnaise gegessen, bloß weil man das in Frankreich als Vorspeise bekommt. Widerlich!

Resigniert würde sie sich dem Kartenstudium widmen, um die Route für den Nachmittag festzulegen. Dem Mann ist sowieso nicht zu helfen! Sean dagegen würde mich verteidigen – wenn's ihm doch schmeckt! –, obwohl er selbst gar keine Eier isst. Er würde fragen, wie das Omelett sei, und den Kellner mit seinen geringen Französischkenntnissen in ein Gespräch über den Kaffee verwickeln, obwohl er selbst nur Tee trinkt. Das Bild von den dreien ist so lebhaft, dass ich nicht einmal sicher bin, ob ich sie vermisse. Wie denn, sie sitzen ja mit mir am Tisch. Ich bin amüsiert von ihren Sprüchen, unterhalten von der Vision, glücklich bei dem Gedanken an meine Freunde. Lächelnd gebe ich dem Kellner ein viel zu großes Trinkgeld. Ist halt für vier Gäste.

DER GEIST DES PILGERNS

Dearest Georg,
auch nach drei Monaten kann ich nicht glauben, dass Andrea
nicht mehr bei uns ist. Es bleibt unfassbar für mich. Wie Du
weißt, habe ich in den Wochen, die ich in München bei Euch
verbracht habe, Tagebuch geführt. Nachdem wir am Telefon
darüber gesprochen haben, habe ich zum ersten Mal seit
ihrem Abschied reingeschaut. Habe sehr viel geweint dabei.
Also überleg Dir gut, ob Du die Aufzeichnungen lesen willst.
Vielleicht ist es jetzt noch zu schmerzhaft für Dich. Aber viel-
leicht helfen sie Dir irgendwann bei Deiner Trauerarbeit.
Saci

Dreimal war Saci zwischen Oktober und Februar von San Francisco nach München geflogen, zunächst, um Andrea bei einigen Kursen zu unterstützen, für die sie sich allein nicht mehr
stark genug fühlte; im Dezember dann, um einfach für sie da
zu sein und um mich ein bisschen zu entlasten; und schließlich
im Februar das letzte Treffen der beiden.

Im Oktober, als sie zum ersten Mal da war, waren die beiden
in eine Art *healing frenzy* verfallen. Saci – selbst Homöopathin
und Physiotherapeutin – und Andrea entwickelten ein eng-
maschiges Netz von Behandlungen, die sie mit großer Ernst-
haftigkeit und Sorgfalt ausführten. Alle zehn Minuten wurden Akupressurpunkte massiert, regelmäßig antikarzinogene
Nahrungsergänzungsmittel eingenommen, es wurden ausgeklügelte Essenspläne entworfen, Tees getrunken, Smoothies
zubereitet. Die beiden wirkten dabei so eingespielt und syn-
chron, dass ich mich manchmal etwas außen vor fühlte, als das
dritte Rad am Fahrrad. Eines Morgens, nach einer unruhigen
Nacht, an deren Ende ich unser gemeinsames Bett verlassen

hatte, um Andrea in ihrem mühsam erkämpften Schlaf nicht zu stören, fand ich die beiden fröhlich plappernd gemeinsam in unserem Bett vor. Saci musste irgendwann am frühen Morgen zu ihr unter die Decke geschlüpft sein und hatte sich gemütlich auf meiner Seite eingerichtet.

Über Tage kämpfte ich mit der Eifersucht. Wer war der bessere Heiler? Wer kümmerte sich liebevoller um Andrea? Wem war sie näher? Und gleichzeitig ärgerte ich mich über mein kleinliches Gefühl, ich schämte mich für meinen verletzten Stolz, wo wir doch jede Unterstützung gebrauchen konnten. Und Unterstützung bekamen wir. Im Dezember war Saci zum zweiten Mal da.

14. Dezember. Harter Tag heute. Ihr war schlecht und schwindelig. Immerhin, wir sind etwas gelaufen. Nur wenig gesprochen. Erst am Abend hatte sie mehr Worte. Ich erinnere mich nicht genau, was sie sagte, aber es ging darum, dass sie Angst vor dem Sterben hat. Sie fragte mich, ob ich mich auch davor fürchte. Ich gab zu, dass ich auch Angst habe. Dann fiel mir nur der übliche Sermon ein: dass wir nicht aus unserem Körper bestehen, dass wir in Wahrheit allein Spirit sind, und unser Körper ist wie ein Auto, und ihres brauche eine ernsthafte Reparatur. Blah, blah, blah. Ich weiß wirklich nicht, ob ihr das in irgendeiner Weise geholfen hat. Sie hat danach nicht mehr viel gesagt. Ich wünschte, ich hätte mehr zugehört und weniger geredet.

Besonders der letzte Aufenthalt im Februar war intensiv. Eigentlich war Saci nur gekommen, um Andrea zu Hause für zehn Tage Gesellschaft zu leisten, während ich eine Vielzahl von Auftritten und Proben terminiert hatte. Sie verbrachte stattdessen die ganze Zeit im Krankenhaus, in das Andrea eingeliefert werden musste, während ich mit neununddreißig Grad Fieber zu Hause lag und nicht wagte, mit meiner Grippe Andrea nahezukommen. Von München oder den schneebedeckten Bergen hat Saci nichts zu sehen bekommen.

20. Februar. Wir hatten eine schöne Unterhaltung. Wir
sprachen darüber, wie wir zusammen unterrichten würden.
Ich würde für vierzehn Tage nach Deutschland kommen, und
wir würden zwei Wochenenden zusammen unterrichten und
dann drei Monate später dasselbe noch mal. Vielleicht würde
ich auch ein paar Patienten behandeln, während ich hier
wäre. Es fühlte sich so gut an, uns diese Dinge auszumalen.
Um halb neun ist sie eingeschlafen. Um halb zwei ist sie auf-
gewacht und hat sich wiederholt ziemlich heftig erbrochen.
Am Morgen sagte sie, dass sie sterben wolle, während sie sich
erbrach. Sie habe diesen Kampf so satt. Die Leute würden
auch ohne sie klarkommen. Ich habe diese Unterhaltung
nicht weiterverfolgt.

Ich fand es unglaublich, mit wie viel Einsatz von Geld und Zeit
Saci sich um Andrea kümmerte. Man sagt immer, Amerikaner
wären so oberflächlich. Sie und Sean sind das lebende Gegen-
beispiel.

25. Februar. Habe Andrea auf die Stirn geküsst. Ich habe ihr
gesagt, dass sie gesund werden wird. Ich habe ihr gesagt,
dass ich jetzt meine Sachen nehmen und das Krankenzimmer
verlassen werde. Georg war auch da. Sie weinte die ganze
Zeit, während ich sprach. Ich hörte sie noch weinen, als
ich die Tür hinter mir geschlossen hatte. Es ist so unwahr-
scheinlich hart, sie jetzt zu verlassen, wo sie so hilflos ist, so
schwach und krank.

Sacis und Seans Leben haben nach Andreas Tod ziemlich ent-
scheidende Wendungen genommen. Saci hatte sich immer mit
Händen und Füßen dagegen gewehrt, ihre Kenntnisse weiter-
zugeben, Kurse zu leiten, zu unterrichten. Nur zur Nothilfe-
assistentin für Andrea hatte sie sich breitschlagen lassen. Sie
sei keine Lehrerin, hatte sie immer behauptet. Zu chaotisch, zu
wenig analytisch fand sie sich. Schweren Herzens hatte Andrea
daraufhin die Kursreihe aufgegeben, die sie im Sommer noch

begonnen hatte und von der sie gehofft hatte, Saci könne sie weiterführen. Nach ihrem Tod aber trommelte Saci in Zusammenarbeit mit einer deutschen Freundin die Teilnehmer erneut zusammen und nahm die abgebrochenen Kurse wieder auf. Sie fühlte plötzlich die Verpflichtung, Andreas Arbeit weiterzuführen, erklärte sie mir. Andreas *Spirit* helfe ihr bei den Kursen, wann immer sie nicht mehr weiterwisse.

Sean wiederum hat seinen ganz eigenen Schluss aus Andreas Tod gezogen. Er hat seinen Job gekündigt, eine gut bezahlte Stelle als Office Manager in einem Finanzunternehmen in San Francisco. Jahrelang war er aus vielfältigen Gründen unglücklich gewesen und hatte aus ebenso vielfältigen Gründen an der Arbeit festgehalten. Oft hatten wir auf unseren Reisen darüber gesprochen, nie fand sich eine für ihn befriedigende Lösung. Nach Andreas Tod schien es ihm nicht mehr möglich, weiter mit dieser Situation zu leben. »Wenn ich so plötzlich sterben würde wie sie und hätte immer noch diesen Job, ich würde mir das nicht verzeihen.« Seitdem kriegt er sein Lächeln nicht mehr aus dem Gesicht.

Die Tage beginnen, sich zu gleichen. Ich stehe auf, packe meine Siebensachen zusammen, fahre los, mache irgendwo Pause, komme abends irgendwo an und stelle fest, dass ich immer noch sehr weit weg bin von Santiago. Auch die Landschaft hinterlässt wenig Spuren in meiner Erinnerung. Nicht, dass sie total langweilig wäre, aber es ist schwer, für die vielen kleinen Eindrücke des Tages einen Platz im Langzeitgedächtnis zu finden, bevor sie am nächsten Tag von der Flut neuer kleiner Ereignisse aus dem Kurzzeitspeicher gespült werden. All die verschiedenen Strecken, all die überraschenden Steigungen. Hier eine entspannte Fahrt an einem Kanal entlang, da eine stressige Ortsdurchfahrt. All die vielen, meist sehr einsamen Dörfer mit ihren kaum erwähnenswerten Details: ein offener Kuhstall, ein seltsamer Kanaldeckel, eine schöne alte Haustür.

Es gelingt mir nicht, ein Bild von jeder Ortschaft in meinem Kopf zu speichern, geschweige denn den Namen.

Die Fotos, die ich mache, sind mir keine große Hilfe, da ich die Linse hauptsächlich auf den Asphalt richte. Mir ist aufgefallen, dass in den verschiedenen Ortschaften, die ich durchquere, ganz unterschiedliche Piktogramme den Radweg markieren. Die Symbole stellen stilisierte Fahrräder dar, mal mit, mal ohne Fahrer, manche nagelneu, als wären sie erst gestern auf die Straße gepinselt worden, manche alt, abgefahren und fast nicht mehr erkennbar. Und diese Symbole fotografiere ich. Vielleicht lässt sich daraus ja mal eine Collage machen? Es bleibt nicht lange bei den Fahrradsymbolen. Wenn man den ganzen Tag vom Lenker aus auf die Landstraße starrt, fallen einem langsam auch andere Malereien auf. Weiße Quadrate, Kreise und Pfeile, kryptische Zeichen, mit denen Ingenieure ihren Straßenarbeitern Bauaufträge erteilen. Überbleibsel alter Markierungen, die auf Straßenrennen, Feste oder Umleitungen hinweisen. Alles nicht sehr aufregend, aber eine willkommene Abwechslung im grauen Asphaltalltag eines Soloradlers. Aus der Nähe fotografiert, wirken diese Malereien oft wie Kunstwerke, und so kommt es immer wieder vor, dass ich plötzlich unvermittelt bremse, absteige und meine Kamera auf den Boden richte. In solchen Momenten bin ich froh, allein zu sein. Jeder Mitradler würde mich bald entnervt zurücklassen.

Bei all dem habe ich manchmal einen ganzen Tag lang keinen einzigen profunden Gedanken, keine weltbewegende Erkenntnis. Meistens radle ich einfach nur unbeschwert vor mich hin. Von meinen anfänglichen Zweifeln, ob die Radtour nach Santiago für mich überhaupt das Richtige wäre, gibt es fast keine Spur mehr. Manchmal jauchze ich tatsächlich laut auf oder singe vor mich hin. Einfach weil ich lebe und die Kraft habe, es zu tun.

Einmal komme ich aus dem Sattel heraus mit Radlern aus der Gegend ins Gespräch. Plötzlich sind sie neben mir. Mann und Frau, so Ende fünfzig vielleicht. Sie begleiten mich auf dem

Radweg nach Toul. Wir radeln eine Weile im selben Tempo, und er macht den Reiseführer, obwohl er nur Französisch spricht und ich fast nichts verstehe. Besonders das topfhässliche riesige Ungetüm von einem Drahtwerk hat es ihm angetan, immer wieder weist er darauf hin, als wir an den schier endlosen Maschendrahtzäunen vorbeiradeln, die das Gelände schützen sollen. Dass von hier aus auch Ferrari beliefert würde, erklärt er mir, Ferrari, das müsse man sich mal vorstellen. Ich nicke anerkennend. Als uns der Gesprächsstoff ausgeht, ziehen sie plötzlich ein bisschen an, ich lasse mich zurückfallen, und schon bin ich wieder allein. Ganz zwanglos und ohne großen Abschied.

Abends liege ich dann allein im Zelt und kann trotz müder Beine nicht gleich einschlafen. An dem zu aufregenden Nachtleben in Toul kann es nicht liegen. Um neun Uhr machen wie auf Befehl alle Bars am Platze zu. So finde ich mich sehr früh im Zelt wieder. Die Isomatte federt nur notdürftig den harten Boden ab und gleicht kaum die größten Unebenheiten aus. Und immer wieder rolle ich halb von ihr herunter. Dabei hatte ich das Alleinschlafen schon so oft geübt. Während ihrer Krankheit. Zuerst aus Rücksicht, später aus Selbstschutz bin ich immer öfter aus unserem gemeinsamen Bett aufs Sofa ausgewichen oder habe mich der Einfachheit halber auf den Fußboden neben ihr Bett gelegt, um schneller zur Stelle zu sein, wenn es galt, eine Panikattacke abzufedern, die Nahrungszufuhr zu kontrollieren oder NaCl-Lösung nachzulegen. Damals habe ich auf derselben Isomatte gelegen wie jetzt. Und meistens nicht gut geschlafen. Die vielen Aufgaben, die es zu jonglieren gab, gepaart mit der großen Sorge, der ich so wenig Platz wie möglich zu geben suchte, hielten mich oft wach, trotz großer Erschöpfung. Da meinte ich nachts in meiner Brust ein Schwungrad zu spüren, das in kein Getriebe eingekuppelt war, das von keinem Treibriemen gezügelt wurde, das deshalb keinen Widerstand fand.

Die Erinnerung an jene Nächte ist nicht gerade schlaffördernd. Leicht genervt drehe ich mich auf die andere Seite. Ich habe einfach zu viel Platz. Meine Isomatte bedeckt nur einen Teil des gelben Zeltbodens. Wenn man zwei Isomatten nebeneinanderlegt und die Schlafsäcke zusammenkoppelt, hat man ein ganz annehmbares Doppelbett. Zu zweit aneinandergekuschelt, haben wir eigentlich immer sehr gut geschlafen. Allein ist es kälter. Es gibt niemanden, an den man heranrücken, dessen Nähe man genießen kann.

Es ist nicht ganz einfach, sich zu lieben, wenn sich zwei Plastikschläuche an verschiedenen Stellen aus dem Torso deiner Liebsten herausschlängeln, wenn ihre Glieder bei jeder Bewegung schmerzhaft protestieren, wenn sie unaufhörlich und herzzerreißend weint, weil sie sich unattraktiv fühlt, so dünn und eingefallen, wie sie ist. Das sind keine Bedingungen, die in Kamasutra-Büchern empfohlen werden. Und dennoch war das letzte Mal (und wir wussten ja nicht, dass es das letzte Mal sein würde, wir hofften ja immer noch auf Besserung) einer der intensivsten Momente in unserer langen Beziehung. Voller Verzweiflung, Liebe, Hoffnung und Trauer, voller Nähe und unendlicher Vertrautheit. Meine ängstliche Vorsicht, ihr nicht wehzutun, wurde zur hauchhaften Zärtlichkeit, ihre Tränen trockneten auf sich rötenden Wangen, ihre Angst vor den Schmerzen wich langsam der Lust. Lange lagen wir hinterher in inniger Umarmung, wortlos, ruhig, die Größe unserer Liebe spürend, bis ein schriller Warnton die Stille zerriss. Die Nährlösung am Infusionsgerät war aufgebraucht. Genervt sprang ich auf und zog den Stecker raus. Während ich wieder neben sie unter die Decke kroch, überlegte ich, wie lange die Schläuche so ungespült bleiben konnten, bevor sie eintrockneten. Ich war wieder der Krankenpfleger. Der Zauber war verflogen.

Der nächste Tag ist ein richtiger Pilgertag. Alles ist mühsam, eine rechte Plackerei. Ein Tag, der einen daran erinnert: Wir sind doch nicht zum Spaß hier!

Nachdem ich nicht so gut geschlafen habe, beginne ich den Tag nur mäßig motiviert. Ich steige in den Sattel und fahre ohne große Freude dahin. Ich schleppe mich einige lange, zähe Anstiege hinauf. Ich starre auf den Asphalt, um nicht zu sehen, wie weit sich die Straße vor mir noch den Berg hinaufzieht.

Das Wetter ist schlecht, den ganzen Tag über nieselt es. Die vielen Windräder auf den Hügeln um mich herum stechen im schnellen Stakkato ihre Flügelspitzen in die tief hängenden Wolken. Den Besitzern dieser Stromanlagen winken Sonderausschüttungen, so emsig wie sich die Mühlen heute drehen. Leider kommt der Wind aus der falschen Richtung, nämlich fast immer von vorn, weshalb auch die Abfahrten keine große Erholung sind. Gemeinsam reißen Fahrt- und Gegenwind an meiner leichten Funktionsjacke, die wie ein Segel im Wind knattert. Würde ich jetzt singen, ich könnte meine eigenen Töne nicht hören. Aber ich singe eh nicht.

Am Nachmittag, bei einem besonders fiesen lang währenden Anstieg, den ich mit Regencape fahre, weil sich der Nebel zu einem fetten Regen ausgewachsen hat, erwischt es mich einmal mehr. Ich muss an unsere Schottlandreise denken, die letzte Radtour, die wir gemacht haben, wie ich jetzt weiß. Dort hatten wir mit vielen Wetterumschwüngen zu tun und sind viel in der vollen Regenausrüstung geradelt. Deshalb sitzen auch jetzt alle Handgriffe beim Umziehen am Straßenrand, und ich weiß aus Erfahrung, es ist zwar nicht unbedingt ein Spaß, bei Regen zu fahren, aber es geht, ich bin einigermaßen geschützt. Plötzlich habe ich das Bild von Andrea vor Augen, wie sie fluchend und grummelnd ihre Regenklamotten anzieht, wie sie dann mit vorgeschobener Unterlippe grimmig weiterfährt. Ich sehe, wie sie manchmal vor mir in den Wind geht, um mir etwas Erholung bei der Führung zu gönnen, ich sehe sie bei einer Steigung neben mir einen viel höheren Gang treten als ich, um sich mit bewundernswerter Hartnäckigkeit auch die steilsten Pässe hinaufzuschrauben.

Mit derselben stoischen Ruhe hatte sie die unendlichen Blutabnahmen, das schmerzhafte Legen der Zugänge und das unangenehme Schlucken der Kontrastmittel ertragen. Mir fehlt ihr Schimpfen auf die Wegführung, ihr Fluchen auf die Lastwagen, ihr Schnaufen in den Steigungen. Ein kraftvolles, vielleicht wütendes, vielleicht müdes, aber jedenfalls gesundes Schnaufen, nicht zu vergleichen mit dem, das ihren Tod einleitete. Mir fehlt ihr zufriedenes Lächeln am Abend, wenn bei einem schönen Dinner all die Schwierigkeiten des Tages eine amüsante Erinnerung geworden sind.

Ihre Widerstandskraft, ihr Kämpfergeist hat mir immer gefallen. Sie war *tough*, es schien, als wäre sie einfach nicht kleinzukriegen. Deshalb sind ja auch alle davon ausgegangen, dass sie es schaffen würde. Aber diesen Sturm hat sie nicht überstanden. Ich weine und trete. Für einige Kilometer vergesse ich, wo ich bin, und rolle einfach weiter. Was ist auch sonst zu tun bei diesem Sauwetter? Es ist wie in allen miesen Lebenssituationen. Man legt die Regenausrüstung an und steigt in die Pedale ...

Vielleicht ist das ja das Wesen des Jakobswegs, denke ich: Was immer passiert ist, was immer gerade geschieht – man geht irgendwie weiter. Schritt für Schritt, Tritt für Tritt. Und hier in dieser recht verlassenen Gegend, im nicht enden wollenden Nieselregen, auf diesen ermüdenden Steigungen, da spüre ich also zum ersten Mal so etwas wie Pilgerspirit.

ICH TÖTE WIEDER AMEISEN

In Joinville nehme ich wegen des schlechten Wetters ein Hotel. Ich nutze die Gelegenheit und rolle mein Zelt zum Trocknen aus. Wegen des feuchten Morgens musste ich alles nass zusammenpacken. Nun bemerke ich einige Ameisen und einen Ohrenkneifer in einer Falte des Zeltbodens. Die müssen vom letzten Zeltplatz mitgereist sein. Mit einem Finger schnippe ich sie durch die offene Terrassentür nach draußen. Achtzig Kilometer von ihrer Heimat entfernt, versuchen sie sich wuselnd zu orientieren. Werden sie wie ausgesetzte Katzen wieder heimfinden, schließen sie sich dem nächstbesten lokalen Ameisenvolk an, oder kommen sie ins Ameisenasylantenheim? Keine Ahnung. Jedenfalls können sie froh sein, dass sie sich überhaupt noch darüber Gedanken machen können.

Irgendwann im Sommer fing ich wieder an, Ameisen zu töten. Ich stand auf meinem Balkon, sah ihnen einen Weile zu, wie sie auf der Brüstung eine Straße einrichteten, und plötzlich erdrückte ich die Erstbeste mit meinem Daumen. Dann die Nächste und die Nächste … Jahrelang hatte ich toleriert, wie sich die kleinen schwarzen Krabbler auf meinem Balkon breitgemacht und auf meinem Hibiskus eine Blattläusefarm angelegt hatten. Ich hatte irgendwo gelesen, dass buddhistische Mönche nicht das kleinste Tier töten, das sei schlecht fürs Karma. Schon der geringste Insektenmord könne sich negativ aufs nächste oder gar auf alle weiteren Leben auswirken. Ich hatte keine Ahnung, ob da was dran war – wie auch? –, aber ich fand, es war einen Versuch wert. Es hatte mich auch nicht wirklich gestört, das bisschen Gekrabbel auf meinen Balkonbrettern, und es war ja auch nicht so, dass die Läuse mir meine lebenswichtige Nahrung wegfraßen. Und vielleicht nutzte es einem ja wirklich, wenn man sie verschonte, wer wusste das schon? Nun, das Experiment war gescheitert. Irgendjemand hat seine Seite der Abmachung nicht eingehalten, fand ich. Während ich lange brav die Ameisen verschont hatte, hatte es mich und mein Umfeld ganz schön erwischt. Also wollte ich jetzt nichts hören. Das letzte Jahr war eine Katastrophe gewesen, da müsste ich eigentlich ein fettes Guthaben auf dem Karmakonto haben, so meine Rechnung. Dafür kann ich jetzt auch ein paar Ameisen nachstellen. Und die Blattläuse mussten gleich mit dran glauben, das müsste mein Schicksalssaldo doch locker hergeben. Mücken wurden plötzlich wieder gnadenlos verfolgt, Lebensmittelmotten an die Wand geklatscht, selbst harmlose Weberknechte bekamen keine Chance. Es war ein regelrechtes Gemetzel. Erst nach einigen Monaten, nach einem mörderischen Sommer, fand ich mich Insekten gegenüber wieder etwas milder gestimmt. Die können ja auch nichts dafür, dachte ich.

Plötzlich ist ihr Bild weg. Mitten auf der Straße mache ich eine Vollbremsung. Das gibt's doch gar nicht! Hektisch fummele ich die Straßenkarte aus der Klarsichthülle, die meine Lenkertasche ziert. Genau dort befand sich bisher auch immer ihr Foto. So hatte ich, im Sattel sitzend, immer die Route im Blick und konnte gleichzeitig ihr Bild anschauen. Leider verdeckte das Foto manchmal den Straßenverlauf, sodass ich mich gezwungen sah, es in diesen Momenten unter der Karte zu verstauen.

Aber dort ist es jetzt nicht mehr. Es muss mir am Morgen herausgefallen sein, als ich die Karte für den Tag neu gefaltet habe. Verzweifelt suche ich noch einmal alles durch. Ich schelte mich selbst für meine Schludrigkeit. Kurz überlege ich, die dreißig Kilometer nach Joinville zurückzufahren. Das würde mich einen ganzen Reisetag kosten. Wegen eines Fotos, das ich zu Hause jederzeit ersetzen kann? Hinzu kommt, dass es sicher nicht mehr in allzu gutem Zustand sein wird, wenn es bei den feuchten Bedingungen stundenlang auf der Straße gelegen hat.

Ziemlich verzweifelt stehe ich am Rand einer ruhigen Landstraße. Und plötzlich sagt eine Stimme in mir – und sie muss in mir sein, denn ich bin ja der einzige Mensch weit und breit–: »Ist das nicht der Zweck der ganzen Reise? Dass du dich Pedalumdrehung für Pedalumdrehung löst von der Vergangenheit, von den schlimmen Erfahrungen, die du gemacht hast?« »Ja, aber doch nicht so!«, protestiere ich.

Dennoch spüre ich eine gewisse Beruhigung. Der Verlust des Bildes ist tatsächlich ein Ereignis, das, ähnlich wie der Verlust des Telefons, zu dieser Reise passt. Natürlich bin ich nicht froh darüber, dass ich das Foto verloren habe. Ich will ja die Erinnerung an Andrea nicht auslöschen. Aber grummelnd mache ich zumindest meinen Frieden mit der neuen Situation.

Vorsichtshalber will ich noch einmal checken, ob wenigstens die Urne noch da ist. »Verdammt, in welche Tasche habe ich sie jetzt getan?« Ich werde sofort panisch. »Es muss doch eine der vorderen gewesen sein, oder?«

Minutenlang wühle ich meine vier Radtaschen durch. Diese dunklen wasserdichten Säcke können regelrechte Universen sein, in denen sich ein kleines Objekt wie die Urne dann vollständig verliert. Ich bin kurz vor dem Ausrasten. Das gibt es doch nicht! »Denk nach!«, fährt es mir durch den Kopf. Das war Andreas Standardsatz gewesen, den sie mir hinwarf, wenn ich mal wieder meinen Autoschlüssel suchte, meinen Geldbeutel oder meine Lesebrille. »Wo hast du ihn das letzte Mal gesehen? Was hattest du an? Was hast du gelesen?«

Natürlich hatte sie recht. Das wäre das Vernünftigste gewesen, innezuhalten und nachzudenken. Und natürlich habe ich sie stets ignoriert. Das war vielleicht eine Säule unserer Beziehung. Dass ich ihre Hinweise ignorierte, ihre Befehle nicht befolgte. »Ich hab's ja gleich«, würde ich sagen und emsig weitersuchen. »Nicht suchen, nachdenken!«, würde sie rufen, und ich: »Nerv mich nicht mit deinen Vorträgen. Hilf mir lieber suchen!« – »Das bringt doch nichts, wenn wir beide wie zwei aufgescheuchte Hühner herumrennen. Überleg lieber...« – »Ich hab keine Zeit!« Und so weiter.

Manchmal hatte ich scherzhaft vorgeschlagen, wir könnten doch unseren wiederkehrenden Konversationen und Auseinandersetzungen einfach Nummern geben und uns die Arbeit der tatsächlichen Diskussion ersparen. Wir würden einfach »Nummer 125« sagen, und wir wüssten: die Suchdebatte. Oder wir riefen »34!«, und es wäre klar, wir sparen uns die folgende Morgenunterhaltung:

»Wieso willst du noch einen Kaffee trinken? Du hattest doch schon zwei.«

»Na und?«

»Das tut dir nicht gut. Nachher musst du wieder aufs Klo.«

»Das ist ja wohl mein Problem.«

»Ist es nicht, weil ich dann auf dich warten muss.«

»Aber nicht so lange wie ich, während du dir die Handschuhe anziehst.«

Oder die Nummer 87:

»Du solltest mal wieder deinen Schreibtisch aufräumen.«

»Warum?«

»Weil man in dem Chaos nicht vernünftig arbeiten kann.«

»Ich bin jetzt XY Jahre alt geworden (aktuell zutreffende Zahl einsetzen) und habe immer meinen Lebensunterhalt selbstständig verdient. Es scheint doch zu gehen.«

»Wir passen einfach nicht zusammen.«

Eine solche Durchnummerierung käme vor allem ihr zugute, wo sie doch manchmal sehr wortkarg sei, argumentierte ich. Da könne sie eine Menge Wörter sparen. Andrea vertrat die Theorie, sie habe pro Tag nur eine bestimmte Menge Wörter zur Verfügung, weshalb sie, wenn sie über den Tag sehr viel habe sprechen müssen, abends keine Worte mehr im Reservoir habe. Sie war denn »leer geredet«.

Unsere abendlichen Telefongespräche verliefen dann etwa so:

»Bin jetzt, glaube ich, nicht mehr so gesprächig, habe keine Worte mehr.«

»Ich auch nicht, will noch was schreiben.«

»Dann schlaf mal schön.«

»Du auch.«

Das war unsere Unterhaltung Nummer 1.

Was übrigens nicht heißt, dass wir nicht gesprochen hätten. Im Gegenteil. Es heißt ja, dass Paare ungefähr zwanzig Minuten pro Tag miteinander reden. Wir haben das locker übertroffen, obwohl wir die zweiundzwanzig Jahre unseres Zusammenseins fast ausschließlich in Fernbeziehung lebten. Wir redeten halt geballt an den zwei Tagen in der Woche, an denen wir uns sahen. Beim Wandern, in der Sauna, beim Wein. Da konnte es schon mal sein, dass ich die volle Tagesration ihrer Worte abbekam. Plus vielleicht einer kleinen Anleihe auf den nächsten Tag. Ich liebte diese langen, etwas ziellosen und ergebnisoffenen Gespräche.

Während ich planlos weiter nach der Urne suche, muss ich lächeln. Ich stelle fest: Ich vermisse sogar ihr Missfallen. Ich würde viel darum geben, wenn sie jetzt hinter mir stünde und »Denk nach!« riefe.

Endlich spüre ich mit der Hand tief in einer der hinteren Taschen das kalte Metall der Urne. Erleichtert packe ich die Sachen wieder zusammen. Es ist noch nicht alles verloren.

ZUGFAHRTEN

Am nächsten Tag sitze ich im Zug. Nach fünfzig Kilometern auf dem Rad bin ich am Nachmittag in Chaumont in den Regionalexpress gestiegen. So spare ich mir hundert Kilometer und bin am Abend in Dijon. Um in meinem Zeitplan zu bleiben, hätte ich weiterhin jeden Tag achtzig bis hundert Kilometer fahren müssen, ohne Ruhetag, und das schien mir dann doch ein bisschen viel. Besonders für meinen Hintern und meine Schultern. Mit der eingeschobenen Zugfahrt wird der Reiseplan nun etwas realistischer.

Natürlich habe ich ein schlechtes Gewissen. Ich komme mir ein bisschen vor wie ein Betrüger. Hoffentlich sieht mich keiner, denke ich. Nachdem ich bis jetzt kaum Pilger getroffen habe, wird mir aber nicht ausgerechnet im Zug einer über den Weg laufen. Und überhaupt: Der würde dann ja selbst bescheißen ...

Bis ich mich zu der Entscheidung durchgerungen habe, hat es allerdings gedauert. Ich konnte mich ewig nicht für eine Route entscheiden, habe deshalb am vergangenen Abend nicht richtig einschlafen können, und das will was heißen mit fast hundert Kilometern in den Beinen. Sollte ich weiter auf der nördlichen Route nach Vézelay fahren und dann der etwas nördlich verlaufenden *Via Lemovicensis* folgen, einer der vier Hauptrouten des französischen Jakobswegnetzes? Oder sollte ich mich eher an mein bisheriges Motto halten: Der Jakobsweg ist überall, sofern man nach Santiago zieht? Ich könnte mich dann pfeilgerade nach Süden wenden, bei Freunden von Freunden in der Auvergne vorbeischauen, dort einen Ruhetag einlegen und erst weiter im Süden wieder auf den Jakobsweg stoßen und der *Via Podiensis* folgen. Das versprach landschaftlich schöner zu sein, sagten jedenfalls die einschlägigen Führer. Die Strecke wäre allerdings auch ein bisschen länger.

So viele Möglichkeiten und niemand, mit dem ich es hätte besprechen können. Andrea hätte vielleicht eine ganz andere Idee gehabt, auf die ich allein noch gar nicht gekommen bin. Aber immerhin, jetzt im Zug finde ich, dass diese pragmatische Lösung auch von ihr hätte stammen können: Ich nehme die längere, südliche Route, aber kürze sie mit dieser Zugfahrt etwas ab. Pilgerstolz hin oder her.

Außerdem, denke ich etwas arrogant: Warum sich die Mühe machen und unbedingt die ganze Strecke auf dem Rad abreißen, wenn die Landschaft seit Tagen schon aussieht wie bei uns zu Hause – wie im Werntal oder im Guttenberger Forst in der Nähe von Würzburg? Manchmal erinnern flachere Abschnitte auch ans Münsterland, wo ich geboren bin; einige Hügel lassen ans englische Cornwall denken, ein paar vorwitzige Felsen wiederum an die Fränkische Schweiz. Ganz hübsch, aber alles schon mal da gewesen. Ich habe nicht das Gefühl, dass ich durch die Zugfahrt so wahnsinnig viel verpasse.

Dabei sind die Beine eigentlich super heute. Die fünfzig Kilometer, die ich am Vormittag am schönen alten Canal entre Champagne et Bourgogne entlanggefahren bin, waren fast wie Erholungsurlaub, eine willkommene Abwechslung zum ewigen Auf und Ab der letzten Tage. Der Kanal hat eine große Ruhe ausgestrahlt. Ich bin über knirschende Kieswege gerollt, immer am stillen Wasser entlang, kein einziges Auto den ganzen Tag, und das hat mir gefallen. Es wäre perfekt gewesen, hätten mich nicht nach fünfzehn Kilometern die körperlichen Zipperlein vom Vortag wieder eingeholt. Plötzlich zogen die Schultern, schliefen mir die Hände ein, besonders aber tat mir der Hintern weh. Vielleicht gibt es ja bei Sätteln einen Zusammenhang zwischen Preis und Schmerzen. Je teurer der Sattel, desto mehr erinnert er dich unangenehm an seine Existenz? Mein wehleidiger Körper hat jedenfalls bei der Abstimmung über den einzuschlagenden Weg lautstark fürs Zugfahren gestimmt – sehr zur Enttäuschung der stolzen Beine.

Am Zugfenster zieht Dorf um Dorf an mir vorbei. Jedes wird von einem Kirchturm gekrönt. Alles Gotteshäuser, die nun ohne eine Besichtigung meinerseits auskommen müssen. Nach wie vor halte ich immer wieder an, um kurz in eine Dorfkirche zu schauen und eine Kerze anzuzünden. In den meisten Gotteshäusern bleibe ich ausgeglichen und ruhig, aber manchmal gibt es Kirchen, die mich zu Tränen rühren, bevor ich eine Kerze auch nur angefasst habe.

So auch in Chaumont, wo ich vor der Abfahrt meines Zuges noch Zeit für einen Kirchenbesuch hatte. Die Basilika Saint-Jean-Baptiste ist ein ziemlicher Brocken mitten in einem eng bebauten alten Wohngebiet. Drinnen ließ mich der Anblick zweier fast lebensgroßer Figuren losheulen, kaum dass ich sie entdeckt hatte. Ich habe keine Ahnung, warum eigentlich. Die Figuren waren nur mäßig professionell getöpfert und standen ziemlich unauffällig links zwischen den Kirchenbänken und der Wand. Es gab keinen Alkoven, keine Sockel. Als sollten die Figuren im nächsten Moment von einem Umzugsunternehmen abgeholt und in den Keller gestellt werden. So wie sie dastanden, vermutete ich zunächst, sie symbolisieren eine Segnung. Beide Figuren waren bärtige junge Männer, einer von ihnen hätte durchaus Jesus sein können. Aber wer wäre dann der andere? Segnete Jesus hier jemanden, oder empfing er selbst ein Sakrament?

Jedenfalls haute mich der Anblick dieser Figuren ziemlich um. Vielleicht war es die stille Geste dessen, den ich tendenziell eher für Jesus hielt, der geneigte Kopf, seine Demut. Vielleicht war es auch nur die etwas krude Machart der Figuren, die ihnen eine verletzliche Aura verlieh.

Momente wie diese sind für mich nicht ausschließlich schrecklich. Ich fühle nicht nur meinen Verlust, das Alleinsein, sondern ich bin gleichzeitig von einer großen und universellen Liebe erfüllt, die weit über meine Gefühle für Andrea hinausgeht. Ich weiß plötzlich, sie wird immer bei mir sein, wenn ich das zulasse, genauso wie sie vor ihrem Tod immer bei mir gewesen ist, auch wenn wir uns die Woche über nicht gesehen haben. Das Wissen um ihre Existenz hat auch damals schon ausgereicht. Vielleicht ist es ja das, was mich an den Figuren so rührt. Sie stehen einen Schritt voneinander entfernt, ohne gemeinsamen Sockel oder Erker, und dennoch strahlen sie eine enge Verbindung aus. So wie wir es in unserer langjährigen Fernbeziehung erlebt hatten.

Ich wische mir mit dem Handrücken die Tränen aus dem Gesicht. Mein Unglück hat genauso abrupt nachgelassen, wie es gekommen ist. Es lässt mich in einem seltsamen Frieden zurück. Ein kleines bisschen Trauer ist auf den steinernen Kirchenboden getropft. Zumindest dieses Stück muss ich jetzt nicht mehr mitschleppen.

Plötzlich steht ein alter Mann neben mir. Ich hatte ihm beim Hereingehen die Tür aufgehalten, anschließend hatte er lange in einer Seitenkapelle gesessen, offensichtlich betend, während ich durch den Hauptgang gestreift war. Wieso trägt er einen so unpassenden alten Trenchcoat, wundere ich mich jetzt. Hat ihm niemand gesagt, dass es eigentlich viel zu warm ist für dieses Kleidungsstück? Hat er vielleicht auch seine Frau verloren? Ich weiß nicht, ob er meine Tränen gesehen hat, aber er spricht mich an und erklärt mir wortreich die Bedeutung der beiden Statuen, die ich so lange angestarrt habe. Leider in Französisch, weshalb sich auch jetzt das Geheimnis für mich nicht aufklärt. Ich nicke trotzdem. Seine Fürsorge rührt mich. Er zeigt mir die weiteren Kunstschätze der Kirche und redet dabei ununterbrochen auf Französisch auf mich ein. Seine freundliche ruhige Art ist tröstlich. Was immer er mir erklären mag, bei mir kommt an: Es ist okay, du bist jung, du schaffst das schon.

Er fordert mich auf, Fotos von der Kirche zu machen, und obwohl mein Rad schon eine ganze Weile unabgeschlossen vor der Kirchentür steht und ich etwas nervös bin, nehme ich mir die Zeit. Der Mann redet ununterbrochen weiter. Ich habe das Gefühl, er ist inzwischen weit über die reine Erklärung der Sehenswürdigkeiten hinaus. Vielleicht ahnt er ja, warum ich hereingekommen bin und eine Kerze anzünden wollte? Vielleicht spürt er, dass uns mehr verbindet als unsere Begeisterung für die beiden Gipsfiguren? Irgendwann bemerkt er meine unruhigen Blicke zum Ausgang und hebt entschuldigend die

Hände. Aber ich winke ab: War mir ein Vergnügen. Wir verabschieden uns herzlich.

Während ich draußen meinen Helm aufsetze, schaue ich ihm nach, wie er mit vorsichtigen Schritten die Kirchentreppe hinuntertrippelt. Vielleicht muss ich mein Bild von Frankreich doch etwas revidieren, denke ich. Ich treffe einfach zu viele nette Leute. Es ist immer noch ein sehr stilles Land, einsam manchmal, aber viel freundlicher, als ich es von meinen letzten Frankreichaufenthalten in Erinnerung hatte. Niemand schaut mich schräg an, weil ich kein Französisch verstehe. Entweder sie kramen klaglos ihre gar nicht so schlechten Englischkenntnisse hervor, oder sie plappern fröhlich auf Französisch los – wie zum Beispiel der Feldarbeiter, den ich mitten in der Pampa an einem geschlossenen Gatter traf und der mir erklärte, dass ich zwei Kilometer in eine Sackgasse gefahren sei. Ich lieh ihm unter großem Gelächter seiner Kollegen meine Lesebrille, damit er mir auf der Karte zeigen konnte, wo ich war.

Oder die Küsterin einer Dorfkirche, die mir meine Wasserflaschen auffüllte und mir dann mit Händen und Füßen erklärte, dass sie schon mal in Deutschland gewesen sei. Oder der Bauer, in dessen Scheune ich vor einem Wolkenbruch Schutz suchte und der mit einer Schnapsflasche und zwei Gläsern aus seinem Haus herübereilte, um mich aufzuwärmen und mir mit ein paar Anekdoten die Wartezeit zu verkürzen. Und auch wenn ich die Details meist nicht verstehe, irgendwie kommt die Message trotzdem rüber.

Lächelnd blicke ich aus dem Zugfenster auf ein Land, das ich allmählich mit anderen Augen sehe.

»Hier ist Heinrich. Deiner Mutter geht es nicht gut.« Die ruhige Stimme, mit der der zweite Mann meiner Mutter (»Stiefvater« schien mir und meinen Brüdern immer eine völlig unpassende Bezeichnung, so spät, wie die beiden geheiratet hatten) seine Nachricht auf meinem Anrufbeantworter hinterlassen hatte, verriet nur durch ein kaum wahrnehmbares Zittern seinen emotionalen Zustand. Ein kurzer Rückruf bestätigte die Dramatik der Situation. Nach mehreren völlig überraschenden Schlaganfällen, die zu multiplem Organversagen geführt hatten, war meine Mutter zum Sterben aus dem Krankenhaus nach Hause entlassen worden.

Er habe mich nicht beunruhigen wollen, ich hätte ja nun wirklich genug am Hals, deshalb melde er sich erst jetzt. »Wenn du sie noch mal lebend sehen willst, dann musst du allerdings dieses Wochenende kommen«, sagte Heinrich scheinbar unbeteiligt. Ich legte auf und schaute Andrea an, die neben mir im Krankenhausbett das Telefonat verschlafen hatte. Ich schlich mich aus dem Zimmer, rannte aus dem Krankenhaus auf die Straße, in den benachbarten Park und sah mich um. Niemand war zu sehen an diesem regnerischen Apriltag. Gut so. Endlich konnte ich schreien.

Was denn noch, dachte ich. Was ist das hier? Eine zynische Prüfung von Gott, dem Universum oder wem auch immer? Schauen wir mal, was Georg so alles aushält? Ich fluchte wie ein Kesselflicker. Ich trat gegen Bäume, kickte Tannenzapfen durch die Gegend, auch die sich gerade erst vom nassen Boden erhebenden Krokusse bekamen von meinen Schuhspitzen die Härte des Lebens gezeigt. Meine Fäuste flogen gen Himmel. Nur langsam beruhigte ich mich. Danach ging ich zurück ins Zimmer, machte die nötigen Arrangements, um die Betreuung Andreas zu sichern, cancelte einen Auftritt in Erlangen und saß einen Tag später im Zug von München nach Osnabrück.

Fünfundzwanzig Sekunden sind verdammt lang. Wenn jemand diese ganze Zeit nicht atmet. Ganz ruhig lag meine Mutter da, das faltige Gesicht eingefallen, die Lippen verschwanden fast im gebisslosen Mund. Bei den ersten Atemaussetzern, denen ich beiwohnte, war ich jedes Mal sicher, ich hätte soeben ihrem Tod beigewohnt, bis sie nach endlosen Sekunden erschrocken das Atmen wieder aufnahm, fast als hätte jemand sie geweckt. Dann nahm sie mehrere schnelle Atemzüge, schlug die Augen auf, sah sich um, lächelte und sagte: »Wo müssen wir jetzt hin?« Oder auch: »Schön, dass ihr alle da seid. Ich bin die glücklichste Frau der Welt.« Um nach nur kurzer Zeit das Atmen für fast eine halbe Minute wieder zu vergessen.

Manchmal konnte sie denjenigen beim Namen nennen, der gerade bei ihr im Zimmer war, manchmal lag sie daneben. Zwei Tage lang saß ich am Bett meiner Mutter, zusammen mit meinen Brüdern und einigen von Heinrichs Söhnen oder mit zwei Schwägerinnen, die, beide in Pflegeberufen tätig, sich rührend um meine Mutter kümmerten. Immer wieder schien es, als habe sie ihren letzten Atemzug getan, immer wieder belehrte sie uns eines Besseren. Zwischendurch fanden wir uns in verschiedenen Konstellationen im Wohnzimmer oder in der Küche wieder, wir machten Pause vom Wachesitzen im Krankenzimmer, wir aßen zusammen, führten Gespräche mit gedämpfter Stimme, tauschten Neuigkeiten aus, lachten auch. Die Atmosphäre war melancholisch, aber entspannt. Wir waren uns alle sehr nahe.

Als ich mich am Sonntag verabschiedete, führte meine Mutter immer noch diesen aussichtslosen Kampf. Erst am Montag, als die meisten ihrer Lieben wieder abgereist waren, schlief sie endgültig ein. Da saß ich schon wieder am Bett der anderen Kämpferin. Aber im Zug, auf der Rückfahrt von Osnabrück nach München, hatte ich viel Zeit zum Nachdenken. Ich war eigentlich wesentlich ruhiger als auf der Hinfahrt. Die schöne Atmosphäre im Haus meiner Mutter, ihre gute Laune während ihrer Wachphasen, das Zusammengehörigkeitsgefühl unter den Anwesenden hatten dem Tod ein bisschen den Stachel genommen.

Angesichts des offensichtlich unmittelbar bevorstehenden Todes meiner Mutter schien mir zum ersten Mal auch Andreas Schicksal besiegelt. Und ich gab ihr im Geiste die Erlaubnis zu gehen. Sie sollte nicht bleiben müssen, weil sie dachte, dass ich ohne sie nicht leben könnte. Während wir mit zweihundertfünfzig Sachen Richtung Süden brausten, schwor ich mir, dass ich, falls ich recht hätte und Andrea sterben sollte, für sie auf den Jakobsweg gehen würde. Ich hatte sie immer wieder bestärkt in ihrem Plan, nach Santiago zu laufen. Ihr immer wieder gesagt, dass sie wieder gesund werden könne. Und dass ich, wenn sie wolle, mitgehen würde.

Wenn man krank ist, braucht man Ziele, Visionen, für die es sich lohnt, wieder gesund zu werden. Wann immer mich jemand fragte, was er tun könne, habe ich gesagt: Wenn ihr uns unterstützen wollt, dann *visualisiert*, dann stellt euch vor, wie sie in voller Gesundheit den Jakobsweg geht. Manche haben verstanden, was ich damit erreichen wollte. Meine Mutter hingegen hatte etwas ratlos geschnaubt. Sie hatte sich nicht vorstellen können, dass jemand freiwillig eine solche Wanderung unternehmen würde. Dass die Vorstellung, den Pilgerpfad zu gehen, etwas Positives war, für das man wieder gesund werden wollte. In ihren Augen wäre so eine Reise eher ein Grund gewesen, dauerhaft im Bett zu bleiben. Dennoch hatte sie grummelnd versprochen, bei der Verwirklichung des Ziels zu helfen und uns ihre positiven Gedanken zu senden. Sie konnte ja nicht wissen, dass sie Andrea um drei Wochen vorausgehen würde.

Jedenfalls saß ich im Zug von Osnabrück nach München und hatte das Gefühl, dass ich nicht mehr rauskam aus der Sache. Und so war nach ihrem Tod schnell klar, dass ich diese Reise für sie noch machen musste. Ich wollte mich mit einem kleinen unscheinbaren Teil ihrer Asche sozusagen auf die letzte gemeinsame Fahrt begeben, um über diesen Pilgerpfad zu etwas Neuem aufbrechen zu können. Ein zweitausendfünfhundert Kilometer langer Abschied sozusagen.

DIE JAHRESZEITEN DER TRAUER

Ich radle in einem Tempo durch Frankreich, als wäre jemand hinter mir her. Es wird mir aber auch einfach gemacht. Nach einigen Kilometern durch anspruchsvoll hügeliges Gelände geht es südlich von Dijon am Canal du Centre entlang nach Paray-le-Monial. Wie schon am Vortag genieße ich die Fahrt auf den alten Treidelpfaden sehr. Das Terrain entlang einer solchen künstlichen Wasserstraße ist naturgemäß vollkommen eben, da kann man in einem der höheren Gänge auch über längere Zeit richtig Gas geben. Ich komme auf einen Schnitt von über siebzehn Stundenkilometern, verrät mir mein Tacho und macht mich stolz – zumal ich ja fünfundzwanzig Kilogramm Gepäck dabeihabe. In der Nähe der Vogesen gab es Tage, da fuhr ich im Durchschnitt kaum mehr als dreizehn Stundenkilometer. Und obwohl ich eigentlich lieber auf Berge fahre, mir Aussichten erkämpfe, wilde Abfahrten genieße, macht das Geradeausfahren in der Ebene für eine Weile nun richtig Spaß. Zumal ich über Stunden kein einziges Mal in die Karte schauen muss. Der Kanal ist Wegweiser genug.

Jedem Reisejournalisten ist es verboten, das Wort »malerisch« auch nur zu denken, aber was soll ich machen? Diese schöne Wasserallee ist genau das: malerisch. Die Abwesenheit jeglichen Autoverkehrs, das satte Grün der Bäume, überall Wasservögel, die nur widerwillig vor meinen knirschenden Rädern auffliegen oder ins Wasser gleiten, die alten Boote, die von Schleuse zu Schleuse tuckern, die Schleusenwärter, die mit jeder Bootsbesatzung ein Schwätzchen halten und auch dem Radler einen Kaffee anbieten – das alles ist so bezaubernd, da will ich gar nicht wieder weg.

Aber ich kann nicht bleiben, ich muss ja nach Spanien. Und ich fühle mich sehr stark. Die letzten Tage haben mich ganz schön trainiert. Ich habe ein bisschen am Lenker herumgeschraubt, weshalb sich meine Schultern jetzt sehr okay anfühlen, und der Schmerz am Hintern ist auch erträglich, seit ich den Sattel mit doppelter Polsterung ausgestattet habe. Das sieht zwar noch schlimmer aus als vorher, aber die Versuche, mir das aufblasbare, bananenförmige Schlafkissen in die Hose zustecken, das man von Langstreckenflügen kennt und das ich im Zelt als Kopfkissen benutze, waren am Morgen nach nur wenigen Kilometern gescheitert. Entweder es war gar keine Polsterung spürbar, oder ich konnte – bei zu viel Luft im Kissen – das Fahrrad nicht mehr sicher steuern. Außerdem hatte ich das Gefühl, mit vollen Windeln durch die Gegend zu strampeln. Beschluss des Tages: Ich werde mir bei Gelegenheit einen neuen Sattel kaufen – und zwar einen ganz billigen!

Ansonsten bringt der Tag keine besonderen Einsichten. Während ich an einer Schleuse stehe und der Bootsbesatzung beim Einfahren zuschaue, denke ich: Ich radele hauptsächlich wegen der Landschaft, weil ich nämlich gern draußen bin. Nicht gerade ein Gedanke, dessentwegen man mich fortan zu den großen Philosophen zählen wird. Wenn das so weitergeht, komme ich total ungeläutert wieder heim. Was soll ich dann den Leuten erzählen? Außerdem wollte ich doch mindestens zehn geniale Ideen für unser neues Kabarettprogramm entwickeln – und ich habe noch keine einzige.

Irgendwie komme ich nicht zum Nachdenken. Stattdessen bin ich von morgens bis abends beschäftigt: Zelt abbauen, Route festlegen, Kette ölen, Sattel verkleben, losfahren, Route ändern, Lebensmittelladen suchen, Restaurant suchen, beides nicht finden, Route auf die erste Version zurückstellen, festgelegte Route auf den Verkehrsschildern suchen, Handy befragen, ob ich noch richtig bin, endlich ein Restaurant finden, das richtige Mittagessen auswählen, in der nächsten Kathedrale eine Kerze anzünden, die Landschaft angucken, Schiffe beim Einfahren in die Schleuse beobachten, weiterfahren, Luft in den Hinterreifen pumpen, Fotos machen, Wasser nachfüllen, Nüsse essen, die Auskünfte der freundlichen

Einheimischen zu verstehen versuchen, den Zeltplatz suchen, auf dem Zeltplatz einchecken, Zelt aufbauen, duschen, beim Umziehen schauen, ob die Urne noch zwischen den Socken liegt, schnell essen gehen, sonst macht wieder alles dicht, ganz schnell essen, sonst bin ich wieder der Letzte im Restaurant, zum Zelt zurückfahren und erschöpft in den Schlafsack kriechen. Die Augen schließen. Einschlafen. Wie soll man da noch einen klaren Gedanken fassen? Aber Spaß macht es trotzdem.

Natürlich stoße ich auch auf echte Herausforderungen. Besonders die Routenfindung gestaltet sich immer wieder ziemlich problematisch. Landkarten zu lesen macht mir eigentlich keine großen Schwierigkeiten. Im Gegenteil, ich finde mich sehr gut zurecht. Aber in Frankreich stoße ich an meine Grenzen. Wenn zum Beispiel eine Etappe von Saint-Alban-sur-Limagnole nach Saint-Chély-d'Aubrac (nicht zu verwechseln mit Saint-Privat-d'Allier) geht – das ist eine verzwickte Sache für einen Ortsnamenlegastheniker wie mich. Andrea hatte sich immer lustig gemacht, dass ich mir auf unseren Touren oft nur die Anfangsbuchstaben der relevanten Orte merkte. Jetzt, ohne sie, mache ich einen ordentlichen Umweg, weil ich statt nach Saint-Germain-des-Fossés nach Saint-Gérand-le-Puy fahre. Ich hatte mir halt gemerkt, dass ich in Richtung Saint-G-Ort abbiegen muss. »Sankt-Kruzi-de-Fix!«, fluche ich.

Ich sehne mich nach Deutschland, wo die Orte maximal »Bietigheim-Bissingen« heißen oder »Furth im Wald« und manchmal wunderbar kurze Namen tragen wie Leer, Aha oder Oy. Stattdessen heißen die Orte hier: Entraygues-sur-Truyère oder Le Monastier-sur-Gazeille. Keinen Schimmer, wie man das ausspricht. Nachdem ich eines Abends wieder stundenlang über der Karte gebrütet habe, um die Route für den nächsten Tag festzulegen, träume ich nachts von monströsen Ortsnamen wie Saint-Chély-d'Apcher-Puy-en-Velay-Pont-à-Mousson, die auf riesigen Verkehrsschildern geschrieben stehen. Langsam beginnen sie, sich aus ihren Verankerungen zu reißen, sie

kopulieren miteinander und bilden noch längere Schlangen-
namen, die mich verfolgen und zu erschlagen versuchen.

Wahrscheinlich gehe ich in Frankreich einfach verloren,
befürchte ich, irgendwo zwischen Domrémy-La-Pucelle und
Villers-les-Bois. Oder ich lande im Irrenhaus von Chassey-
Beaupré (nördlich von Arzacq-Arraziguet, das liegt ja bekannt-
lich zwischen Aire-sur-l'Adour und Arthez-de-Béarn, wo ich bis
ans Ende meiner Tage erfolglos versuche, französische Ortsnamen zu memorieren und korrekt auszusprechen

Aber es gibt auch Ausnahmen. An einem der vergangenen
Tage bin ich an einem Zeltplatz mit dem Namen »Le Pech« vor-
beigeradelt und später an einem, der sich »La Plage« nannte.
Das waren zur Abwechslung mal leicht zu merkende Namen.
Aber für mein deutsch geprägtes Auge hatten beide doch eine
so negative Färbung, dass ich lieber weiterradelte. Wer will
schon auf einem Campingplatz übernachten, der »Plage« oder
»Pech« heißt?

Komisch: Auch lange nach Andreas Tod hielt ich in ihrer Wohnung immer noch ihre Regeln ein. Ich verließ die Wohnung
immer so, dass sie sich wohlfühlen würde, falls sie unange-
meldet hereinkäme. Ich wischte die Dusche mit einem Handtuch aus, weil Andrea immer Angst hatte, die Kunststofffugen
würden sonst anfangen zu schimmeln. Während ich in meiner
Wohnung in Würzburg ständig alle Fenster offen ließ, schloss
ich sie in ihrer sorgfältig, bevor ich ging, obwohl mich niemand
mehr zurechtweisen konnte. Sie hatte immer Sorge gehabt, es
würde hereinregnen.

Gleichzeitig räumte ich, wann immer ich in München war,
ein paar von ihren Dingen weg. Das hatte ich mir als Aufgabe
gestellt: Zumindest einen Gegenstand pro Besuch wollte ich
der Altkleidersammlung, E-Bay oder dem Mülleimer übergeben und so ganz langsam Platz für Neues schaffen, was
immer das auch sein würde. Die Kleider waren relativ schnell

verschwunden, es fanden sich viele Abnehmer aus dem Freundeskreis, die mit einem oder mehreren Kleidungsstücken von Andrea die Erinnerung an sie wach halten wollten. Der Rest wanderte irgendwann in ein Sozialkaufhaus. Auch Toilettengegenstände, ihr Kulturbeutel sowie für mich bedeutungslose Souvenirs von ihren Reisen hielten sich nicht ganz so lange. Die »Get well«-Geschenke, die Freunde und Verwandte während Andreas Krankheit mitgebracht hatten, fanden überhaupt keine Gnade vor meinem Auge. Sie hatten leider ihre Aufgabe nicht erfüllt, jetzt mussten sie gehen.

Aber es gelang mir nicht, die Lücken zu schließen, die diese Gegenstände in der Wohnung hinterließen. Ein halb leerer Toilettenschrank, nur mäßig gefüllte Regale, mir fiel nichts ein, was ich dort hätte hineinstellen können. Das war symbolisch. Ich verabschiedete mich Stück für Stück von meinem alten und vertrauten Leben, ohne dass sich ein Ersatz fand, eine Aussicht auf etwas Neues. Ich lebte dasselbe Leben wie vorher, nur ohne Andrea.

Bei den Aufräumungsarbeiten stieß ich auch auf den Küchenschrank, voll mit Nahrungsergänzungsmitteln. All diese Döschen, Fläschchen und Plastikcontainer sollten helfen, Andreas Widerstandskraft zu stärken und sie wieder aufzubauen. Sie hatten ein Vermögen gekostet. Jetzt standen sie da, noch von ihr in Reih und Glied gestellt, kläglich in ihrer ganzen Nutzlosigkeit, und warteten darauf, dass jemand ihrer Existenz wieder einen Sinn gab. Ich nahm mir einen ganzen Nachmittag Zeit und inspizierte jeden Behälter einzeln auf seinen Inhalt, die Zusammensetzung und das Haltbarkeitsdatum und recherchierte im Netz die Anwendungsgebiete. Manche Produkte waren eher hormoneller Natur, die stellte ich wieder zurück, vorläufig, wie ich mir versicherte. Einige Nahrungsergänzungsmittel hingegen klangen gut, und ich begann, sie zu konsumieren. Das Risiko unkontrollierter Nebenwirkungen schien mir bei gepressten Gerstenkeimlingen und Omega-3-Dragees relativ gering. Im Gegenteil: Bald bildete ich mir ein, dass sie mich tatsächlich stärkten.

Im Schrank unter dem Waschbecken fand ich eine Menge Schachteln mit Tampons und Slipeinlagen. Der Anblick ließ mich mit einem Seufzer auf den Badezimmerboden sinken. Was sollte ich denn damit machen? Das Zeug war ja auch nicht billig, das wusste ich. Insofern wäre es schade gewesen, die Sammlung einfach wegzuwerfen. Aber wem konnte ich die vermachen? Mit welcher Frau war ich denn so vertraut, dass ich sie fragen konnte: »Hör mal, wie ist eigentlich deine Tampongröße? Ich habe da welche in M und S, meinst du, die würden dir passen?«

Irgendwann erlöste mich Saci bei einem ihrer Deutschlandaufenthalte von dem Problem, indem sie in einer missglückten Waschaktion das Bad unter Wasser setzte und einen großen Teil der Chose unterm Waschbecken nachhaltig befeuchtete. Die auf diese Weise vorzeitig aufgeblähten Damenprodukte gingen also den Weg alles Irdischen und ersparten mir damit einige peinliche Fragen.

Irgendwann verstopfte der Abfluss in der Dusche. Mit dem Schraubenzieher puhlte ich Haarbündel, Schleim und Dreck heraus. Eine eklige Arbeit. Langsam realisierte ich, dass es sehr lange Haare waren, die sich verknotet und festgesetzt hatten. Es mussten noch ihre Haare sein. Während Andrea selbst schon eingeäschert worden war, fanden sich an den unmöglichsten Stellen noch Spuren von ihr. Etwas später entdeckte ich ihre Kotzschüssel unter dem Bett. Die Putzfrau hatte sie offensichtlich nie gefunden oder einfach weiter unters Bett geschoben. Ich sollte sie feuern, dachte ich. Die Schüssel zeigte noch weißliche Spuren ihrer Spucke und einige kleine Teilchen, deren Ursprung ich lieber nicht so genau untersuchen wollte. Schnell stellte ich sie in die Dusche und weichte sie ein. Die letzten Reste ihrer DNA gingen durch den Abfluss, ihren Haaren nach.

So viele Dinge, die ihr wichtig waren, erschienen nach ihrem Tod sinnlos, vergebliche Liebesmüh. Warum sich gesund ernähren, fragte ich mich, wenn man dann doch viel zu früh an Krebs stirbt? Ungerecht natürlich, weil so viele Menschen mit einer entsprechenden Diät ihren Zustand verbessern, ja sogar geheilt werden können. Und Andrea hatte es ja geschmeckt, sie musste sich nicht verbiegen. Trotzdem. Ich fühle mich heute nicht mehr so schlecht, wenn ich einen Tag lang nichts Grünes gegessen habe. Und ich jogge nicht für die Zukunft, für die Gesundheit, für ein lebenswertes Alter. Ich jogge, weil ich Hummeln im Hintern habe und mich bewegen muss, weil ich hier und jetzt Spaß daran habe. Ich esse Salat, wenn ich Hunger auf Salat habe, und nur dann.

Und ich radele nicht für die Gesundheit oder um alt zu werden, sondern weil es mir jetzt taugt.

In Épinac verbringe ich die Nacht auf dem einsamsten Campingplatz der Welt. Während ich am späten Nachmittag mein Zelt aufbaue, scheint mir, dass ich der Einzige bin auf dem riesigen, schön an einem Fluss gelegenen Gelände, auf dem Hunderte von Zelten meiner Größe Platz fänden. Ein einzelnes Auto mit deutschem Nummernschild, das ich bei einem Rundgang vor einer Hütte geparkt sehe, lehrt mich später eines Besseren. Dennoch fühle ich mich auf dem weitläufigen Areal ziemlich einsam. Langsam geht mir das Alleinreisen doch etwas auf die Nerven.

Zum Glück ist die Campingplatzkneipe, in die ich zum Essen gehe, der Treffpunkt des Ortes, so habe ich am Abend etwas Unterhaltung. Ich bin inzwischen in Burgund angelangt, hier scheint es etwas lebhafter zuzugehen als in den bisher von mir durchradelten Gegenden. In dem engen, etwas provisorischen Imbiss ist an diesem späten Sonntagnachmittag jedenfalls mehr los als im ganzen Elsass zusammen. Es geht laut zu, es wird viel geredet und gescherzt, Familien mischen sich mit Gruppen Jugendlicher. Das ständige Kommen und Gehen führt zu einem Tsunami an Begrüßungsgesten. Die Münchener Bussi-Bussi-Gesellschaft ist eine Trauerveranstaltung gegen das, was die Franzosen anstellen, wenn sie sich treffen. Sobald eine ankommende Gruppe eine andere Gruppe sieht, gibt es ein buntes Gemisch an einfach geschüttelten Händen, coolen Handshakes und Unmengen von Bussis, manchmal zwei, manchmal drei. Jeder küsst jeden, oft dauert es ewig, bis man sich wieder setzen kann. Wie praktisch scheint mir da das in Franken verbreitete Auf-den-Tisch-Klopfen, mit dem jeder Neuankömmling in einer Gaststätte die schon Sitzenden begrüßt.

Wer hier was kriegt, wie viele Bussis und warum, ist von außen nicht zu erkennen, hat aber sicher mit dem Bekanntheits- oder Verwandtschaftsgrad zu tun, mit der Zugehörigkeit zu einem Fußballklub oder einem gemeinsamen Arbeitsplatz. Oder auch nur mit dem Aftershave. Jedenfalls herrscht den ganzen Abend Bewegung in der Menge. Etwas versöhnt mit dem einsamen Campingplatz, trotte ich später zu meinem Zelt.

Am Morgen bin ich dann für meine Begriffe wahnsinnig früh dran. Ich will heute ein bisschen was schaffen. Außerdem verspricht das Wetter sehr heiß zu werden, und ich will die kühleren Morgenstunden nutzen. Ziemlich verschlafen sitze ich auf meinem Miniklapphöckerchen, dem einzigen Komfort, der in eine Radeltasche passt, und mampfe langsam mein Müsli. Vom sonntäglichen Trubel im Café drüben ist nichts mehr übrig geblieben. Ganz verwaist liegt es da. So kann ich der Stille auf dem Campingplatz lauschen und der so oft gescholtenen und mittags peinlich gemiedenen Sonne zuschauen, wie sie sich langsam hinter den Bäumen erhebt und die ersten goldenen Flecken auf das noch feuchte Gras wirft. Die Vögel produzieren eine lautstarke Begleitmusik. Das erinnert mich an jenen Morgen im Garten des Krankenhauses, als die Vögel ebenso fröhlich lärmten, die Sonne ebenso gekonnt aufging und ich auf der Bank sitzend der Stille lauschte, die aus dem Fenster des ebenerdigen Zimmers drang, in dem Andrea soeben ihren letzten Atemzug getan hatte.

In dem parkähnlichen Innenhof der Palliativstation herrschte damals dieselbe morgendliche Kühle. Zwar lag alles noch im Schatten, aber die Sonnenstrahlen würden nicht mehr lange brauchen, um sich um die Häuserecke herumzuarbeiten. Fröstelnd setzte ich mich auf eine Bank. Ich hatte die Nachricht von Andreas Ableben in Umlauf gesetzt, Andreas Eltern waren von Nördlingen unterwegs, auch ein paar Freunde, die in der Nähe wohnten, hatten sich spontan angeboten zu kommen. Immer wieder leuchtete mein stumm geschaltetes Handy auf und kündete von Beileids-SMS. Für einen Moment aber schenkte ich ihnen keine Beachtung. Ich sah die Blumen auf der Wiese, die gerade erst zu blühen begonnen hatten, die Gräser, die sich durch den Schotter der Wege drängten, die jungen Blätter der Bäume, die noch nicht vollständig die Sicht auf den Himmel versperrten. Ich hörte die Vögel singen, während aus dem geöffneten Fenster ihres Zimmers nur gespenstische Stille drang. Unbändiges Leben um mich herum. Wie konnte man da sterben? Emotional und körperlich völlig erschöpft, saß ich da, erstaunt, wie sich das Leben hier mit aller Kraft entfaltete, während drinnen gerade eines erloschen war. Irgendwo im kräftigen, aber noch durchlässigen Grün der austreibenden Kastanien sauste das Eichhörnchen herum, das mir schon in den letzten Tagen aufgefallen war, weil es unermüdlich vor unserem Zimmerfenster hin und her geeilt war und emsig in einer Astgabel sein Nest gebaut hatte. Es hatte offensichtlich einen unerschütterlichen Glauben an die Zukunft, der mir in diesen Tagen abhandengekommen war.

Jetzt, ein Jahr nach Andreas Tod, sorgt der Mai mit seinen frühen Sonnenaufgängen, seinem hellen Licht und dem satten Grün dafür, dass diese Tage vor meinem inneren Auge noch einmal vorbeiziehen. Mir fällt das Gedicht wieder ein, das ich unmittelbar nach ihrem Tod (aus irgendeinem Grund in Englisch) geschrieben habe.

Each and every day
takes a little grain away
from my mountain of grief and sorrow
I'm looking forward to tomorrow

Leider geht es nicht so einfach, wie ich mir das damals vorgestellt habe. Es ist nicht so, dass man sich einfach nur linear von einem schmerzhaften Ereignis wegbewegen muss, und schon wird es Tag für Tag besser. Stattdessen gibt es immer wieder Bergstürze, die Unmengen weiteren Gerölls liefern, das es ebenfalls abzubauen gilt. Das ist manchmal überwältigend. Seltsamerweise schüttelt mich die Erinnerung an manche Momente ihrer Krankheit heftiger durch, als das zu dem jeweiligen Zeitpunkt der Fall war. Damals musste ich schnell reagieren, funktionieren, sie bei Laune halten. Und ich hatte ja noch die im Nachhinein verrückt scheinende Hoffnung, dass wir das irgendwie hinkriegen würden. Im Rückblick wird mir meine Hilflosigkeit viel klarer, das Vergebliche all unserer Bemühungen. Das tut mir manchmal mehr weh als direkt nach ihrem Weggang.

Irgendwie macht das Trauerjahr Sinn, denke ich, während ich langsam meine Ausrüstung zusammenpacke. Man durchlebt alle Jahreszeiten, alle Wetterbedingungen, alle Feiertage zum ersten Mal allein, ohne den, der gegangen ist. Man denkt an Ereignisse, die im Jahr zuvor um dieselbe Zeit stattfanden. Besonders die sich ändernden Lichtverhältnisse im Laufe eines Jahres werfen mir immer neue Bilder auf die Erinnerungsleinwand.

Im Sommer haben die Sonnenuntergänge mich an unseren letzten Urlaub in den Dolomiten erinnert, als wir noch nicht ahnten, dass es der letzte sein würde, und in dem Andrea trotz großer Atemnot noch Klettersteige gemacht hatte. Die grauen Herbstnebel riefen die Zeit der Diagnose hervor, das Gefühl von Schock und Verwirrung. Im dunklen Winter ließen herunterbrennende Weihnachtskerzen mich an die schwachen Hoffnungsschimmer denken, die um diese Zeit immer mal wieder aufflackerten, um schnell wieder zu verlöschen. Und die derzeitige morgendliche Frühjahrsstimmung ist unauslöschlich mit ihrem Ende verbunden.

Ich beeile mich, aufs Rad zukommen. Vielleicht bleiben ein paar der schlimmsten Erinnerungen ja hier auf dem friedlichen Campingplatz zurück. Und ich hoffe, dass die Bilder beim zweiten Jahresdurchlauf bereits ein wenig verblasst sind.

ÜBERLEBENSKÜNSTLER

Es war einer dieser Auftritte, die ich alles andere als gern mache. Man hatte mich für eine Einlage auf einem fünfzigsten Geburtstag engagiert. Die Frau des Geburtstagskinds hatte mich als Überraschung für ihren Mann eingeladen – ich sollte eine Dreiviertelstunde lang zwischen Hauptgang und Dessert ein paar Späße machen.

Solche Gigs sind ziemlich knifflig. Das Publikum weiß nichts von seinem Glück, ist vielleicht nicht gekommen, um sich eine Stunde volllabern zu lassen, und ganz sicher hat sich niemand bewusst für den Auftritt entschieden und dafür Geld bezahlt. Wenn man Glück hat, ist die Stimmung ausgelassen. Dann könnte man auch einfach die Zunge herausstrecken, und die Leute würden sich kaputtlachen. Häufiger trifft man als Performer bei diesen Anlässen allerdings auf Indifferenz, Desinteresse, manchmal sogar offene Ablehnung. Nicht selten sind die Gäste schon etwas angetrunken, was zu hemmungslosem Frohsinn führen kann oder auch dazu, dass die Leute sich während der Show unterhalten, dazwischenrufen, aufstehen. Jeder Kabarettist kann von solchen missglückten Auftritten berichten; die meisten machen diese »Galas« nur ungern, fast alle lassen sie sich mit einem deftigen Schmerzensgeld bezahlen.

In diesem Fall waren mir die beiden Gastgeber blöderweise vom Klettern bekannt, da konnte ich nicht so dreist abkassieren. Die technischen Bedingungen waren wie so oft schwierig: Ich stand zu ebener Erde vor den vielleicht siebzig Gästen, ohne Verstärkung, nur von meiner treuen Boombox begleitet. Wie befürchtet, waren einige schon ziemlich angetrunken, und zwei Kinder quatschten einfach lauthals dazwischen, ohne dass sie von ihren Eltern im Zaum gehalten wurden. Bald versuchten sie, den Lärmpegel einer Stadiondurchsage zu übertreffen.

Natürlich habe ich mir wie viele andere Kabarettisten auch für solche Falle eine Art Repertoire erarbeitet, lustige Bemerkungen, die die Krachmacher zum Schweigen bringen und den Rest amüsieren sollen. Bei Kindern ist das aber nur sehr bedingt wirksam, da man mit allzu treffgenau platzierten Scherzen die Eltern und den Rest des Publikums schnell gegen sich aufbringt. Wie kann er nur, das sind doch noch Kinder.

An diesem Abend jedenfalls konnte ich keine Ruhe in den Laden bringen. Die Geschichte schien ziemlich gegen die Wand zu fahren. Plötzlich erinnerte ich mich an ein Gespräch, das Andrea mit Saci geführt hatte, als diese zu Beginn der Krankheit für ein paar Seminare aus den USA herüberkam. Saci war am Vorabend des ersten Kurstages ziemlich nervös gewesen. Wenn es irgendwie unruhig würde unter den Teilnehmern, erklärte Andrea ihr in ihrer gelassenen, dezidierten Art, dann solle sie einfach aufhören zu reden, still stehen bleiben und warten, bis alle wieder aufmerksam seien. Das funktioniere sehr gut, erklärte sie Saci damals. Aus irgendeinem Grund fiel mir auf dem fünfzigsten Geburtstag nun diese Bemerkung wieder ein. Und weil all meine Scherze und Tricks nicht geholfen hatten, versuchte ich es eben mit genau dieser Methode.

Ich stand einfach da und blickte freundlich in die Runde. Und wartete ab. Das fühlte sich zunächst sehr komisch an, aber ich hatte zunehmend das Gefühl, dass ich nicht mehr allein war da vorn. Bald war ich mir sicher, dass Andrea neben mir stand und mit ihrer natürlichen Autorität für Ruhe sorgte. Das gab mir zusätzlich Sicherheit. Es dauerte tatsächlich nicht lange, und die ersten Zuschauer drehten sich nach den Störenfrieden um, und schließlich stand jemand auf und redete mit ihnen, bis endlich der Groschen fiel und die Eltern mit den unterbeschäftigten Kindern auf den Spielplatz vor der Gaststätte gingen. »Wo war ich?« Mit einem stillen Dankeschön an Andrea nahm ich den Faden wieder auf. Es wurde dann doch noch ein ganz annehmbarer Abend.

Aufgrrrund intensiven Karrrrtenstudiums und meinerrrr herrr-
rausrrrragenden Navigationsfähigkeiten ist es mirrrr gelun-
gen, unwiderrrrrrstehlich bis Vichy vorrrrzudrrrringen! Als
ich in die Stadt einrolle, muss ich an ihre etwas unrühmliche
Rolle während der Besatzung Frankreichs durch die deutschen
Truppen denken, und ich verfalle im Geiste in die Propaganda-
sprache der deutschen »Wochenschau«. Trotz der großen Hitze
habe ich mich an diesem Tag neunzig Kilometer vorgearbeitet, gegen den hartnäckigen Widerstand einiger gegnerischer
Hügel. Dabei lag ich, was die Route anging, den ganzen Tag mit
meinen elektronischen Geräten überkreuz. Ständig wollte das
Navigationsgerät mich auf irgendwelche Umwege schicken, ich
dagegen habe dann mit meinen deutschen Karten und mit meinem eisernen Willen die richtige Mischung aus möglichst kurzem Weg und noch vertretbarer Steigung gefunden. Mit derartigen Feinheiten ist so ein Navi wohl überfordert. Jedenfalls
habe ich heute absolute Füührrrerrrr..., ich meine natürlich
Führungsqualität bewiesen.

Ich rolle durch die sehenswerte Stadt. Vor einer Kirche
mache ich halt. Ich habe heute noch gar keine Kerze angezündet. Außerdem freue ich mich auf die angenehme Kühle
im Gotteshaus. Über einem Seitenaltar entdecke ich eine
Madonnenstatue, deren Gesicht mich an Andrea erinnert. Sie
schaut genauso besorgt wie Andrea bei einer steilen Abfahrt.
Nachdem ich meiner obligatorischen Kerze stumm dabei zuschaue, wie sie erst ein vorsichtiges Flämmchen produziert,
um dann bewegungslos in der kühlen Luft zu stehen, merke
ich, wie still es ist. Es scheint, dass ich der einzige Mensch in
der ganzen Kirche bin. Ein kurzer Blick in die kleinen Kapel-
len hinter dem Altar bestätigt meinen Eindruck. Ich bin allein
und unbeobachtet. Und ich kann nicht widerstehen. Ich fange
an zu singen. Ganz leise summe ich vor mich hin. Das habe
ich schon ewig nicht mehr gemacht – in einer Kirche zu singen. In den 1970er-Jahren war das eine ganz beliebte Übung
von einem Freund und mir gewesen. Wir rauchten damals
nach der Schule manchmal einen Joint, setzten uns in die

Kirche unserer Wahl, und wenn wir allein waren, fingen wir an zu singen – oder eher: Geräusche zu machen. Wir summten, brummten, produzierten lang gezogene Laute, die durch das Hauptschiff waberten, sich in den Seitenschiffen verfingen, sich faszinierend lange in dem Kirchengebäude hielten und sich mit dem nächsten Ton verwoben, den wir ausschickten. So bauten sich richtige Klanggebäude auf, die erst in sich zusammenbrachen, wenn jemand das Gotteshaus betrat. Oft arbeiteten wir wie ein kleines Orchester. Ich legte kurze Stakkatoklänge unter die eher langen Töne meines Freundes, einen rhythmischen Teppich, der seine Melodien trug. So kreierten wir regelrechte Musikstücke, die uns bekifft genial erschienen. Und auch wenn wir unvernebelt sangen, genossen wir den sphärischen Zauber unserer Stimmen.

Und jetzt, etwa vierzig Jahre später, fällt mir diese Gewohnheit wieder ein. Ich schaue mich sicherheitshalber noch einmal um, bevor ich zunächst noch ganz leise ein paar vorsichtige Töne summe. Tatsächlich bleiben sie auch hier in dieser Kirche lange stehen. Gleich schicke ich ein paar kräftige Laute hinterher, es entsteht eine Melodie, und schon bald schwebt eine vielschichtige Komposition durch die alten Gänge. Wie schön das ist – und wie befreiend. Dieses Lied ist für dich, denke ich, mich im Kreis drehend und meiner eigenen Stimme nachlauschend, und mir laufen schon wieder die Tränen die Wangen herunter. Ich singe und singe. Irgendwann kündet eine knarrende Tür von der Ankunft anderer Besucher, und etwas beschämt setze ich mich in eine Bank. Aber die Musik schwingt noch nach in mir. Und vielleicht, wenn ich etwas warte, finde ich noch einmal die Gelegenheit, etwas zu singen?

Es sind ein paar Pilger, wie mir scheint, die mich unterbrechen. Jedenfalls tragen sie schwere Schuhe und leichte Rucksäcke. Schweigend gehen sie den Mittelgang entlang, bekreuzigen sich, betrachten den Altar und lassen sich dann ebenfalls in den Bänken nieder, offensichtlich um zu beten. In diesem Moment beneide ich sie um ihren Glauben – vermutlich gibt er ihnen eine gewisse Sicherheit, die mir manchmal fehlt. Sie können annehmen, dass, was immer ihnen in ihrem Leben zustößt, aus einem gewissen höheren Plan heraus passiert. Gott wird schon wissen, warum er das macht.

Mir fehlt diese Gewissheit. Das war nicht fair, dass Andrea gehen musste, habe ich oft gedacht. Wieso musste sie sterben, während andere noch leben dürfen? Sie war doch nun wirklich noch nicht an der Reihe. Wieso darf das alte Mütterchen, das mir eben etwas Obst verkauft hat, so alt werden? Oder das alte Paar, das ich gestern Händchen haltend durch einen Ort habe laufen sehen?

In solchen Situationen ist es sicher eine große Hilfe, wenn man einen Glauben hat, die Hoffnung, dass auch dieses schreckliche Ereignis für irgendetwas gut sein mag. Der Gedanke wird helfen, um sich mit einer schweren Situation abzufinden. Ich hingegen schaue mich ratlos in der Kirche um. Gott thront golden hoch auf dem Altar. Ich frage ihn: Was ist eigentlich, wenn auch Du keinen Plan hast? Was, wenn wir nur denken, Du hättest alles im Griff, und in Wahrheit versuchst auch Du nur, dich irgendwie durchzuwursteln?

Natürlich bekomme ich keine Antwort. Hinter ihm, auf dem etwas verblichenen Deckengemälde, meine ich, so etwas wie die Schöpfungsgeschichte zu entdecken. Was, wenn es einen höheren Plan nie gegeben hat? Oder vielleicht hat es ihn gegeben, aber Gott konnte ihn nicht verwirklichen? Und musste schon bei der Erschaffung der Welt improvisieren? Wer sagt denn, dass Gott die Welt ganz genau so wollte, wie wir sie jetzt sehen? Wer sagt, dass er bei der ganzen Schöpfung nicht genau wie jeder Häuslebauer ständig Abstriche von seinen Plänen machen und Kompromisse eingehen musste? Das würde jedenfalls einiges erklären.

Und während die Sonne helle Felder auf den Kirchenfußboden malt, setze ich dem Gott oben auf dem Altar im Geiste einen weißen Bauarbeiterhelm auf und stelle mir vor, wie es bei der Erschaffung der Welt wirklich zugegangen sein mag und wie Gott als Bauleiter der Schöpfung in sein Telefon spricht:

»Hallo? Ja, Gott hier … Ja, genau, Gott persönlich. Hören Sie, ich habe bei Ihnen zwei Sonnen bestellt, und eine leuchtet jetzt nicht … Die Bestellnummer? Hören Sie, mein guter Name muss doch reichen. … Gott … G-O-T-T … Nein, kein Vorname … Ja, und eine der beiden Sonnen ist beschädigt hier angekommen, die hat nicht eine Minute geleuchtet. … Natürlich habe ich sie eingesteckt, halten Sie mich für völlig verblödet? … Was? Ja, danke, ich warte …«

Unruhig trommelt Gott auf der Lehne seines Thrones herum, plötzlich richtet er sich auf, man hat ihn weiterverbunden.

»Ja, Gott hier, Sie haben mir … Gott … G-O-T-T, ohne Vorname. Sie haben mir eine Sonne geliefert, und die ist kaputt … Ja, ja, mit Doppel-T, jawoll … Ja, das weiß ich doch nicht, deshalb rufe ich ja … Wie bitte? … Ja, bitte.«

Wieder muss Gott warten.

Petrus kommt hinzu und fragt vorsichtig: »Äh, Gott, da ist …«

Aber Gott winkt nur ab. Er hat wieder jemanden in der Leitung.

»Ja, hören Sie, ich rufe an wegen der zweiten Sonne, und Ihr Kollege hat gesagt … Nein, Gott, nicht Pott, und für Sie immer noch Herr Gott … Genau, Ihre Sonne geht nicht … Wann kann ich denn mit der Ersatzsonne rechnen? … Zehn Millionen Jahre? Hören Sie, so lange kann ich nicht warten. Was glauben Sie, was hier los ist? Ich muss die ganze Welt in sieben Tagen hochziehen!« Gott legt auf und schaut grimmig auf die total eingerüstete Erde.

Petrus sieht seine Chance gekommen: »Gott, draußen ist der Vertreter für Fjorde, Buchten und Lagunen.«

Gott winkt wieder ab: »Soll morgen wiederkommen. Ich habe jetzt keine Zeit für so einen Schönkram.« Stattdessen drückt er einen Knopf auf seinem in die Thronlehne eingelassenen Intercom: »Helios, hör zu, wir haben ein Problem mit der zweiten Sonne. Du musst die eine Sonne, die wir haben, auf eine Schubkarre laden und immer um die Erde herum-

fahren. Sag nichts, ich weiß, das ist 'ne Arbeit für Blöde, aber ist ja nicht für lange, nur für ein paar Millionen Jahre.«

Helios' Stimme krächzt aus dem Intercom: »Aber Gott, da ist es ja auf der einen Seite der Erde immer dunkel.«

»Ja, ich weiß, aber was soll ich machen? Ich werde auch mit der PR-Abteilung sprechen, wir nennen das ›Tag und Nacht‹, und dann denken alle, das soll so sein.«

Gott hebt den Finger von der Sprechtaste und seufzt schwer. Ein Problem weniger. Aber schon taucht Petrus wieder auf: »Äh, Gott, hättest du 'nen Augenblick? Draußen ist der Vertreter für Zecken, der war schon dreimal da.«

»Zecken? Sind die für irgendwas gut?«

»Nicht wirklich, aber sie sind billig.«

»O. k.«, seufzt Gott, »er soll ein paar zur Ansicht dalassen.«

Schon wieder klingelt das Telefon. Genervt greift Gott zum Hörer. »Gott hier. Ja ... Wo die Eisenvorkommen hinsollen? Keine Ahnung ... Nein, für Eisen, Kohle, Uran und Eisenerz ist der Erzengel zuständig.« Genervt legt Gott auf.

Wieder kommt Petrus aus dem Vorzimmer: »Gott, draußen ist der Chefdesigner mit den neuesten Tierentwürfen.«

Gott seufzt erneut erschöpft, entschließt sich dann aber: »Soll reinkommen.« Der Chefdesigner eilt mit seiner Mustermappe herbei: »Also, ich habe hier Bilder von den neuesten Prototypen.«

Gott springt aus seinem Thron: »Lassen Sie seh'n!« Ungeduldig blättert er durch die Bilder von Modelltieren. »Nein, nein, nein!« Nur wenige Tiere finden sein Wohlwollen. »Den Hasen können wir so machen. Der Adler ist auch okay, aber ...« – Gott stutzt beim nächsten Entwurfsblatt –, »sagen Sie mal, die Hyäne sieht ja furchtbar aus.«

Der Designer verbeugt sich entschuldigend: »Ja, da waren wir etwas knapp mit Kostümen, der haben wir einfach eine Fußmatte übergeworfen.«

Gott hat nur halb zugehört und schon weitergeblättert. »Und dem Pavian haben Sie den Hintern aber so was von verhunzt.«

»Dafür kann ich nichts. Das haben die in der Arschgießerei vermasselt.«

»Wie heißt der hier?« Gott hebt ein Foto hoch.

»Das ist der Pinguin.«

Gott runzelt nachdenklich die Stirn. »Pinguin, Pinguin ... Sollte der Pinguin nicht eigentlich so lange Reiherbeine kriegen?«

»Jaja«, antwortet der Designer eifrig, »aber dann hat der Zulieferer für Beine Pleite gemacht, da haben wir die Füße einfach an den Körper drangeklebt.«

Gott schaut den Pinguin skeptisch an. »Also, der sieht wirklich komisch aus mit diesen Stummelbeinen, wenn das jemand sieht, das fällt ja auf mich zurück. Am besten, wir packen den Pinguin an den Südpol, da sieht ihn keiner. Und stutz ihm die Flügel, damit er nicht wegfliegt.«

Ich schrecke auf vom gedämpften Lärm einer Schulklasse, die in die Kirche hineingeführt wird. Hastig schaue ich mich um. Wie lange sitze ich hier schon? Die hellen Flecken auf dem Kirchenboden sind ein ganz schönes Stück weitergewandert. Die Pilger wohl auch, sie sind jedenfalls nicht mehr zu sehen. Schnell springe ich auf, nehme meine Lenkertasche und meinen Helm und eile nach draußen. Hoffentlich steht mein Fahrrad noch vor der Tür.

Geblendet von der tief stehenden Sonne, erkenne ich sofort: Ob Gott nun einen Plan hat oder nicht, mein Fahrrad soll wohl noch eine Weile bei mir bleiben. Erleichtert mache ich ein Kreuzzeichen. Noch etwas, das ich seit vierzig Jahren nicht mehr gemacht habe.

Eigentlich bin ich kein großer Träumer. Also tagsüber schon, ein Tagträumer, aber nachts? Da tut sich gar nichts. Jedenfalls kann ich mich am Morgen an nichts erinnern, und wenn tatsächlich etwas übrig bleibt, dann ist es wenig aufregend. Einmal habe ich geträumt, wie ich im Traum einschlafe – so aufregend geht es nachts bei mir im Kopf zu.

Vielleicht liegt es ja daran, dass ich oft nachts nicht bei mir bin sozusagen: Ich bin offensichtlich so eine Art Traumwandler. Mir erzählen immer wieder Leute, dass sie von mir geträumt haben. Ich höre das stets mit großem Interesse, komisch ist dabei nur: Wieso weiß ich nichts davon? Warum merkt man eigentlich nicht, wenn man in den Träumen anderer Leute herumgeistert? Da sollte einem doch zumindest die Nase jucken, man sollte aufwachen, oder noch besser: Man sollte im Schlaf auf einem Monitor seine außersomnambulen Tätigkeiten mitverfolgen können. Außerdem sollten die Leute dafür zahlen, wenn ich nachts in ihren Köpfen herumspuke. Darum sollte sich die GEMA mal kümmern.

Was mich irritiert hat, ist, dass ich auch von Andrea lange Zeit nicht geträumt habe. Die ersten Monate nach ihrem Tod kein einziges Mal. Nichts, *nada*. Währenddessen häuften sich die Berichte von Freunden, dass sie regelmäßig von ihr träumten.

Eine alte Schulfreundin von Andrea schrieb mir eine Mail: »Von Zeit zu Zeit besucht Andrea mich im Traum. Sie ist dann immer gut drauf und gesund, und wenn ich mich wundere, sagt sie, es gebe mehr Dinge zwischen Himmel und Erde, als wir wüssten ...«

Eine andere sehr enge Freundin berichtete, Andrea sei ihr ganz in Weiß gekleidet erschienen und habe sehr glücklich gewirkt. Die Freundin war in ihrem Traum allerdings etwas angefressen, als sie erfuhr, dass Andrea schon wochenlang wieder da war, sie aber erst am letzten Tag ihres Aufenthaltes besucht hatte. Und jetzt müsse sie leider gleich wieder gehen, sagte Andrea.

Andere erzählten, dass sie auch tagsüber ihre Präsenz gespürt hätten, dass sie sicher seien, Andrea habe sie besucht. Kirsten zum Beispiel, die nicht beleidigt ist, wenn man sie als »Hexe« bezeichnet, sagte: Manchmal komme Andrea zwar vorbei, sie sei aber nicht redseliger geworden als zuvor im richtigen Leben. Ich solle mir keine Sorgen machen, Andrea sei im Licht. Der Übergang in die andere Welt sei ihr gut gelungen.

Die zunehmende Zahl dieser Berichte machte mich allmählich traurig. Was ist denn eigentlich mit mir, habe ich mich gefragt mit Blick ... tja ... in den Himmel. Wie wäre es denn mal mit einer Erscheinung bei mir, liebe Andrea, wenn du überall sonst auch vorbeischaust?

Etwa ein halbes Jahr nach ihrem Tod kamen dann doch vereinzelt Träume, die zumindest mit ihr zu tun hatten. Allerdings handelten sie davon, dass Andrea nicht da war. Einmal bin ich im Traum auf einer Party, ohne sie, aber ich suche sie den ganzen Abend, und sie fehlt mir ganz schrecklich.

Als ich aufwachte, war ich erbost: So weit ist es schon, dass ich sie sogar im Traum vermisse, na vielen Dank! Dafür brauche ich echt nicht einzuschlafen.

Ein anderes Mal sah ich sie ganz entfernt vor mir auf einem Waldweg abbiegen, ich rannte ihr nach (na ja, wie immer im Traum kam ich beim Rennen praktisch nicht voran, ich bewegte mich träge wie in dickem Öl), kam zu der Biegung, schaute mich um, und sie war nicht da. Lange habe ich in dem Traum noch herumgesucht, und noch im Wachwerden fragte ich mich, was ich wohl falsch gemacht hatte, wo in der Vision ich eine falsche Abzweigung genommen habe, wo ich mich verträumt hatte.

Nie gab es in meinen Träumen vernünftigen Sichtkontakt oder gar Interaktionen, schon gar keine wichtigen Nachrichten von ihrer Seite.

Erst viel später, in einer der letzten Nächte vor meiner Abreise, sprach Andrea mit mir – was allerdings nicht unbedingt erfreulich war. Plötzlich tauchte sie in meiner Wohnung auf. Im Traum war sie immer noch sehr dünn und schwach, aber sie erklärte mir, dass sie geheilt sei, dass es jetzt bergauf gehe. Dank eines mexikanischen Heilers, bei dem sie das letzte Jahr zugebracht habe. Auf meine Frage, wieso sie sich denn nie gemeldet habe, wo ich doch gedacht hätte, sie sei tot, und wo ich doch so unglücklich gewesen sei, antwortete sie kühl, das sei die Bedingung des Heilers gewesen. Sie habe niemandem sagen dürfen, wo sie sei. In diesem Moment spürte ich eine große Wut in mir aufkommen, einen heiligen Zorn. Was sie denn denke, was hier los gewesen sei, rief ich. Ob sie eine Ahnung habe, was ich alles erledigen musste, von dem Papierkram beim Beerdigungsinstitut (das war tatsächlich das Erste, was mir im Traum einfiel) über lästige Erbschaftsangelegenheiten bis hin zur Trauerwanderung. Und wie beschissen es mir die ganze Zeit gegangen sei, ob sie sich das überhaupt vorstellen könne. Sie antwortete nicht und saß nur unbeteiligt auf meinem Bett, mit einem mitleidigen Blick. Dabei merkte ich, dass ich langsam aufzuwachen drohte. Der Traum wollte mir entgleiten. Aber ich hielt ihn am Schlafittchen fest, ich zwang mich weiterzuschlafen, ein seltenes Kunststück, aber es gab ja noch so vieles zu sagen, nur gerade wusste ich nicht mehr genau, was das war. Was sie sich gedacht habe, wie es mir ginge – rief ich etwas hilflos, wiederholte sicherheitshalber noch einmal den ganzen Sermon.

Es tat so gut, mich aufzuregen, wo sich doch im wachen Zustand niemand finden ließ, dem ich die Schuld an Andreas Tod anhängen konnte. Irgendwann war meine Wut verraucht, und der Traum entzog sich immer mehr meinem festen Griff. Endlich wachte ich auf. Während ich noch benommen dalag, spürte ich erstaunt dem im Traum vorherrschenden Gefühl nach: Sie könne doch nach einem Jahr nicht einfach zurückkommen und erwarten, dass alles noch wie vorher sei. *Things have changed, baby. Ich* hatte mich verändert, und da hatte ich die Pilgerreise noch gar nicht begonnen.

DEM HIMMEL NAHE

Endlich ein Pass! Ich liebe dieses schweißtreibende Sich-berg-auf-Schleichen, dieses graduelle An-Höhe-Gewinnen, diese selbst erarbeiteten Aussichten auf das, was alles unter und hinter mir liegt. Kein Vergleich zu den entnervenden Hügeln, die ich in den letzten Tagen zu bewältigen hatte, die einen viel Kraft kosten, ohne ein verwertbares Ergebnis. Sie stehen nur im Weg, ohne wirklich lohnend zu sein. Wenn wenigstens auf jeder dieser Kuppen ein Schild stehen würde, auf dem der Name des gerade überwundenen Huppels mit Höhenangabe stünde, dann könnte man sich abends brüsten: Ich habe heute fünf Pässe überwunden, wer macht das nach? Stattdessen halten die Hügel einen nur auf. Aber das wird jetzt anders. Ich befinde mich auf dem Anstieg auf den Col de la Vazèze, süd-westlich von Issoire, dem ersten wirklich ernst zu nehmenden Pass der Reise. Es geht auf immerhin fast eintausendzweihundert Höhenmeter. Eigentlich wäre es ja vernünftiger gewesen, direkt nach Süden zu fahren, am Fluss Allier entlang, um mög-lichst bald in Le Puy en ... Dings, na, jedenfalls auf den Start-punkt für den südlichen Zweig des französischen Jakobsweges zu stoßen. Denn ich will doch endlich wieder auf den »rich-tigen« Jakobsweg, oder? Endlich andere Pilger treffen. Und selbst ordnungsgemäß pilgern!

Aber vorher habe ich noch in der Nähe von Issoire einen Ruhetag eingelegt bei Freunden von Freunden. Die hatten von der Reise gehört und mich eingeladen, bei ihnen Station zu machen. Ich habe mich bekochen lassen, bin ein bisschen spa-zieren gegangen, habe lange im Garten gesessen, am Nachmit-tag ein Bier getrunken und viel geschlafen. Komisch: Ich bin an einem normalen Radeltag eigentlich nie so müde, dass ich zwi-schendurch schlafen müsste, erschöpft vielleicht, aber nicht halb so müde wie nach zwei Stunden auf dem Markt im Städtchen Billom. Total kaputt, musste ich mich anschließend erst mal hinlegen.

Andrea haben solche Ruhetage immer sehr gefallen. Sosehr sie auch die intensive körperliche Betätigung auf dem Rad liebte, so sehr konnte sie es genießen, einen Tag zu verbummeln. Das hieß hauptsächlich herumzusitzen und »dumm zu schauen«, wie sie das nannte. Vielleicht würden wir einen kleinen Spaziergang machen, später zusammen ins Bett gehen, vielleicht etwas schreiben, dann Dinner mit einem Glas Wein und früh schlafen. Und so ähnlich verlief auch mein Tag, mit einer bestimmten Ausnahme natürlich.

Zugleich habe ich die Zeit genutzt und ein bisschen auf meine Karten geschaut und dabei festgestellt, dass es ein paar sehr reizvolle Straßen in den vulkanischen Bergen der Auvergne gibt und das berühmte Massif Central praktisch nahtlos nach Südwesten anschließt. Das sah ziemlich interessant aus, fand ich. Enge weiße Serpentinen wanden sich auf grünem Grund die Höhenlinien hinauf. Und meine Gastgeber, Klaus und Helga, priesen beim Abendessen noch einmal die landschaftliche Schönheit der Gegend. Ich fürchtete zunächst, dass der Trip in die Berge zu viel Zeit kosten könnte. Ich verkündete deshalb sogar, dass ich beschlossen hätte, die Berge mit der Bahn zu durchfahren. Das sei wahrscheinlich das Vernünftigste, stimmten meine Freunde zu und räumten die Teller unter der schon ausgebreiteten Karte weg. Ich überhörte den enttäuschten Unterton in ihren Stimmen. Aber am Morgen kann ich doch nicht widerstehen.

Ich will endlich Pässe fahren! Genug an Kanälen und Flüssen entlanggegondelt! Genug sinnloses Hügelhoppeln! Und wird es nicht auch Zeit, meine inzwischen antrainierten Muskeln mal richtig zu testen? Wenn mir später die Zeit wegläuft, kann ich ja immer noch einen Zug nehmen.

Während ich losradele, bin ich mir sicher, dass Andrea genauso entschieden hätte. Überhaupt muss ich im Laufe des Tages immer wieder an sie denken. Ein paarmal sehe ich mich während des Anstieges um, weil ich mir sicher bin, dass jemand hinter mir ist. So wie sie so oft hinter mir die steilen Berge hinaufgeschlichen ist. Schwitzend und schnaufend, aber unbeirrbar.

An den besonders steilen Passagen würde sie mich unterstützen beim Fluchen über die völlig unwillkommenen Begleiter: Immer wenn ich gezwungenermaßen langsam fahre, kommen die Fliegen. Und zwar von der Sorte der kleinen stechenden Quälgeister, die ganz offensichtlich eine besondere Vorliebe haben für verschwitzte Nasenlöcher, Ohren und Augenlider. Bei ihren Angriffen nutzen sie meine relative Wehrlosigkeit schamlos aus. Ich muss, um Kraft auf die Pedale zu kriegen, beide Hände am Lenker lassen. So bleiben mir nur ein ungezieltes Schnaufen und ein lahmes Kopfschütteln, um die kleinen Quälgeister zu verscheuchen. Erst als ich wieder etwas Tempo aufnehmen kann, bleiben sie zurück.

Ich weiß, dass Andrea wie ich die letzten Kilometer nach dem ersten Pass etwas entnervt gestöhnt hätte, weil sie, genau wie ich, eine herrliche Abfahrt hinunter zum Tagesziel erwartet hätte, nicht diese endlos einsame Höhenstraße, die dem Anstieg folgt und auf der man im stürmischen Gegenwind zu einem weiteren Pass fahren muss. Ich stelle mir vor, wie sie mit der ihr eigenen grimmigen Entschlossenheit die Unterlippe vorschieben und weitertreten würde. Und ich weiß, dass sie, am Abend endlich im Quartier angekommen, genau wie ich hungrig in ihren Salat stechen und sagen würde: »Das war wieder ein schöner Radeltag!«

Und dann, als ich endlich ganz oben bin, auf dem ersten Pass der Tour, bin ich ihr ganz besonders nahe. Das ist wohl das, was der hohe Standpunkt mit einem macht. Seit biblischen Zeiten fühlt man sich halt auf den Gipfeln dem Himmel näher. Das Szenario um mich herum verstärkt das unwirkliche Gefühl noch. Ein stürmischer Wind treibt Unmengen ängstlicher Wolken vor sich her, unentschlossen wellt sich die Landschaft, nicht sicher, ob sie noch höher aufsteigen oder sich lieber ins Tal stürzen soll. Endlose Wiesen decken einen grünen Mantel des Schweigens über diese Wellen, von ein paar trotzigen Schafen und Kühen betupft. Bäume und Menschen sind keine zu sehen. Das Ganze erinnert eher an das sturmumtoste schottische Hochland und hat nur wenig mit meinem bisherigen Südfrankreichbild zu tun.

Fast wie Moses stehe ich hier oben auf dem zugigen Pass und ergebe mich. Ein bisschen wie Antennen breite ich meine Arme aus und versuche, eine Botschaft zu empfangen. Ich bekomme zwar keine Zehn Gebote, aber der Wind, der geräuschvoll an meiner Funktionsjacke zaust, bringt Kunde von Andrea. Ich bin mir sicher, es geht ihr gut. Sie teilt die Freude mit mir, den Pass erreicht zu haben, das Hochgefühl, es geschafft zu haben. Das waren schon immer unsere Momente, wir würden uns umarmen, uns küssen und uns lachend umschauen, und das ist auch jetzt noch ein Moment, an dem wir uns sehr nahe sind. Ich brauche vor nichts Angst zu haben, ich muss um nichts kämpfen. Ich kann einfach: sein.

Zur Ablenkung versuche ich einen Scherz. Ich frage eine gleich neben mir am Zaun stehende Kuh, warum die Pässe in Frankreich *Col d'irgendwas* heißen. Ratlos guckt sie mich an. »Na, weil es hier oben aufm Pass immer sau-kold ist, deshalb!« Die Kuh schaut mich weiterhin unverwandt an. Sie hat wohl noch nie einen so vollgepackten Radler hier oben gesehen, der zu allem Überfluss auch noch schlechte Witze macht. Wer ist denn so bekloppt, sich mit all dem Kram hier hinaufzuquälen? Ratlos wendet sie sich ab. Nur mein Fahrrad kann sich vor Lachen nicht halten und knallt auf die Straße. Aber vielleicht hab ich auch nur den Ständer nicht richtig ausgeklappt.

Im Sommer – Andrea war erst wenige Monate gegangen – traf ich nach einer Vorstellung auf Claire. Die Freundin einer Freundin. Wir hatten uns gelegentlich bei Festen oder Auftritten gesehen, uns dann aber für eine Weile aus den Augen verloren. Ihr Lebenspartner war an Bauchspeicheldrüsenkrebs gestorben. Ich hatte davon über ein paar Ecken gehört, sie aber seitdem nicht getroffen. Das musste damals unheimlich schnell gegangen sein. Sein Kampf hatte nur wenige Monate gedauert, jetzt standen wir plötzlich voreinander, wir hatten beide eine Liebe verloren, aber sie hatte mir zwei Jahre voraus. Sie war in meinen Augen schon so etwas wie ein Trauerprofi, wohingegen ich mich als blutiger Anfänger fühlte. Sie nahm meine Hand, schaute mich an, mitfühlend ohne Mitleid, traurig ohne Wehleidigkeit. Das Wissen um die Katastrophe im Leben des anderen brachte uns mit einem Schlag und ohne große Worte zusammen. Wir nahmen uns lange in den Arm. »Ich habe heute Abend sehr viel Spaß gehabt«, sagte sie. »Es ist schön, dich so entspannt auf der Bühne zu sehen. Mach weiter so.«

»Manchmal denke ich, ich darf nicht solche Späße machen, wo ich doch so viel verloren habe«, gestand ich ihr. Aber sie schüttelte nur den Kopf. »Glaub mir: Es gibt keine richtige oder falsche Art zu trauern.«

Bald begegneten mir immer mehr Menschen, die wie ich ihren Partner verloren hatten. Der Kabarettveranstalter, dessen Freundin beim Badeurlaub in Afrika von einer Welle erwischt und mit gebrochenem Genick wieder an den Strand gespült wurde. Die Freundin eines Theaterregisseurs, den vor zehn Jahren ein Gehirntumor dahingerafft hat. Eine gute Bekannte, die ihre Partnerin bei dem großen Tsunami in Asien verloren hat. Und immer wieder Krebsopfer. Bei manchen ging es unheimlich schnell, wie bei der Tochter eines ehemaligen Nachbarn, die ich hatte aufwachsen sehen. Bei anderen war es ein langer zermürbender Kampf. Bei einigen hatte ich schon von ihrem Schicksal gehört, bei anderen erfuhr ich überraschend davon.

Diese häufigen Begegnungen mit den Schicksalsgenossen schienen mir kein Zufall zu sein. Wahrscheinlich waren meine Sinne für dieses Thema geschärft. Vielleicht gab es aber auch eine Art unsichtbare Verbindung zwischen uns. Ich sah diese Menschen plötzlich mit anderen Augen, und umgekehrt sahen auch sie mich mit neuem Interesse an. Und sie alle waren mir in ihrer Trauerarbeit weit voraus. Sie schienen die Hüter eines Wissens zu sein, das ich mir erst noch erarbeiten musste. Mit allen entstand sofort eine Vertrautheit, ein wortloses Verstehen. Da gab es kein »aufrichtiges Beileid«, kein Geplapper, mit dem das eigene Unwohlsein in der Situation verschleiert werden sollte. Ihre Blicke und Umarmungen sagten: Ich weiß, wo du gerade herkommst, ich weiß, es ist hart, denn mit dieser Sache bist du ziemlich allein, aber es wird besser, glaube mir, früher oder später, halte durch. Ich wünsche dir viel Glück.

Ich bekam das Gefühl, in eine verschworene Gemeinschaft aufgenommen worden zu sein. Hier bekam man kein Mitleid, aber es gab Mit-leid. Bei diesen Begegnungen fühlte ich mich erkannt, aufgehoben. Die Umarmungen waren lang, innig, aber auch ein bisschen kameradschaftlich. *Tough shit, my friend.* Während der andere Teil von uns sich irgendwo im Nirwana vergnügte, durften wir die Scherben auflesen und schauen, wie wir weiterlebten.

Wir erkannten uns in der Menge, bemerkten eine Anziehung, spürten uns auf wie Zombies, die sehen, was anderen verborgen bleibt. Und das waren wir ja auch: die Untoten, die Nichttoten, die Überlebenskünstler, die Zurückgebliebenen. Wir waren noch da, um von denjenigen zu berichten, die schon gegangen waren, der Club der Toten-Dichter. *The brotherhood of grief.*

Ich bin wieder offiziell auf dem Jakobsweg. Nach ein paar anstrengenden Tagen im Massif Central und abseits aller Pilgerpfade gelange ich auf wesentlich angenehmeren Straßen ins Städtchen Cahors, das schon am südlichen Arm des französischen Jakobsweges liegt. Ich wollte eigentlich noch ein bisschen weiter fahren, die hundert Kilometer voll machen, aber dann ist es am Nachmittag warm, sehr warm sogar, und der Ort scheint nett zu sein. Also greife ich in die Bremsen. Auf dem Campingplatz finde ich gleich mehrere Radler vor, die von der umsichtigen Rezeptionistin alle nebeneinander platziert worden sind.

Allerdings ist der Kontakt mit diesen Gleichgesinnten nicht leicht. Durch hohe Hecken voneinander getrennt, sitzen die drei anderen Männer in ihren grünen Einzelparzellen stumm vor ihren Zelten, kochen ein bisschen oder schreiben Tagebuch. Mit meinem Nachbarn auf der rechten Seite, einem Holländer, der sogar einen klappbaren Liegestuhl auf seinem Fahrrad durch die Lande fährt, komme ich ein wenig ins Gespräch. Belangloses zunächst – woher, wohin, wie lange schon unterwegs. Bevor wir etwas mehr in die Tiefe gehen können, ruft seine Frau an, und er dreht sich von mir weg, um eine längere Nacherzählung seiner heutigen Tour in sein Handy zu nuscheln.

Also verschwinde ich hinter meiner Hecke, setze mich wie die anderen vor mein Zelt und mache ein paar Notizen. Die Tour heute war einfach, aber schön, es ging immer durch das Tal des Flusses Lot. Ich bin an tollen Felsformationen vorbeigekommen, da hat es mir in den unterbeschäftigten Unterarmen gejuckt, das sah aus wie ein richtiges Kletterparadies. Den ganzen Tag schien die Sonne, und es war fast ein bisschen zu heiß zum Radeln.

Was für ein Gegensatz zu der Gebirgstour am Tag zuvor. Wenn man nur die Zahlen betrachtet, so habe ich dabei keine Bäume ausgerissen: siebzig Kilometer und achthundert Höhenmeter. Das ist zwar beachtlich, aber alles andere als rekordverdächtig. Der Pas de Peyrol im Zentralmassiv ist auch von der nordöstlichen Seite, von der ich ihn anfuhr, ganz gut machbar. Die letzten zwei Kilometer haben zwar durchschnittlich zehn Prozent Steigung, aber vorher geht es recht moderat zu, und mit eintausendfünfhundertachtzig Metern ist er auch bei Weitem nicht der höchste Pass, den ich je gefahren bin. Trotzdem hatte die Etappe es in sich.

Die Wetterbedingungen waren grenzwertig. Von dem Moment an, als ich in Allanche, einem Örtchen zwischen Issoire und Aurillac, losgefahren bin, hat es praktisch durchgeregnet. Je höher ich kam, desto stärker wurde der Regen, und der stürmische Wind kam meistens von vorn und trieb mir die Regentropfen waagerecht ins Gesicht. Das fühlte sich an, als wäre ich beim Sandstrahlen. Bald wünschte ich mir die lästigen kleinen Fliegen der letzten Tage zurück. Ich duckte mich tief zum Lenker hinunter und fuhr schon im kleinsten Gang, obwohl die Straße nur mäßig anstieg. Schnell waren meine Schuhe klitschnass, und ich verfluchte meinen Leichtsinn, aus Gewichtsgründen die Regengamaschen zu Hause gelassen zu haben. Ich fahre ja in den Süden, hatte ich beim Packen gedacht. Zumindest meine in Schottland erworbene Regenshell war jedoch, wie sich herausstellte, ihr Geld wert.

Die letzten dreihundert Höhenmeter waren dann so ziemlich das Härteste, was ich je auf dem Fahrrad erlebt habe. Plötzlich zog eine neue Welle von Wolken über den Pass und stürmte heran wie feindliche Kavallerie. Sie ergossen sich ins Tal, und in Minutenschnelle wurde die Szenerie total unwirklich. Die Sicht fiel auf vielleicht zehn Meter. Der sowieso schon heftige Wind wuchs sich zum Sturm aus und wurde völlig unberechenbar. Manchmal blieb ich praktisch stehen, weil der Wind von vorn kam, manchmal versuchte er, mich, von der Seite kommend, umzuwerfen, je nach Richtung der Serpentinen, auf denen ich mich im Schneckentempo nach oben bewegte. Viel zu selten schob er mich mal von hinten an. Wenn ich um eine Kurve bog, fasste mich immer wieder eine Böe von vorn und schüttelte mich durch. Zwischendurch blies es so arg, dass ich abstieg und schob, aus Angst, der Sturm könnte mich über die Leitplanke den steilen Abhang hinunterpusten. Gehend hatte ich das Gefühl, mein schweres Fahrrad wäre ein Anker, den kein Orkan von der Straße wehen könnte. So ging es nur unendlich langsam voran.

Irgendwann kroch ich an schmutzig grauen Schneefeldern vorbei. Die ganze Zeit war ich allein; während des gesamten Anstieges überholten mich nicht mehr als zwei, drei Autos. Ich fühlte mich wie ein Bergsteiger am Mount Everest, der, nur auf sich gestellt, durch den Höhensturm mühsam vorwärtsstapft. Immer wieder musste ich anhalten und nach Luft schnappen. Andrea, die sich für Höchstleistungen nie interessiert hat, hätte vielleicht eine Rückkehr eingefordert, zurück zu dem netten Café auf halber Höhe des Passes, in dem ich, obwohl es eigentlich Ruhetag hatte, kurz haltmachen und meinen eigenen Lunch essen durfte. Die nette Besitzerin hatte mir sogar einen Kaffee aus der Maschine gelassen. Im Haus gab es auch Gästezimmer, hätte mich Andrea jetzt sicher erinnert und meine Einwände, dass wir ja umdrehen müssten, um dorthin zu gelangen, vom Tisch gewischt wie der Sturm die abgerissenen Äste von der Straße.

Aber jetzt gab es keine Stimme der Vernunft, die mich zum Umkehren veranlasste. Sosehr ich am Vortag ihre Präsenz gespürt hatte, so sehr fühlte ich mich an diesem Tag allein. Komisch eigentlich. Fürchten die Seelen den Regen? War das hier ein Wetter, bei dem man nicht nur keinen Hund vor die Tür jagte, sondern auch keine Seelen? Vielleicht wehte der Sturm sie ja einfach vom Pass? Oder hat man bei so einem Sauwetter keinen Kontakt zur anderen Welt, so wie Handys bei dichten Wolken keinen Satellitenempfang haben?

Irgendwann – insgesamt habe ich für den Aufstieg über viereinhalb Stunden gebraucht – tauchte das Passhaus aus der dicken Suppe auf. Es lag still da, einer Berghütte ähnlich, nur wenig Licht drang aus den kleinen Fenstern. Erschöpft schloss ich mein Rad an einen der vereinsamten Biergartentische. Hoffentlich gibt's noch was Warmes zu essen, dachte ich, wo ich doch bei diesem Sauwetter wahrscheinlich der einzige Gast bin. Hungrig, nass und durchgefroren betrat ich das Gasthaus. Mir schlug ein Schwall von Hitze, Stimmengewirr und Essensgeruch entgegen. Ich fand die Gaststube vollbesetzt mit einem Bus französischer Senioren, die lärmend wie eine Schulklasse gerade den Nachtisch einnahmen. Ich zwängte mich durchs Gedränge, fand einen kleinen freien Tisch und fiel erschöpft auf einen Stuhl.

Eben noch war ich allein auf der Welt gewesen, jetzt gelang es mir kaum, mich bis zur Toilette durchzuschlagen oder dem Kellner meine Bestellung verständlich zu machen. Lange

Tischreihen voller Graulocken, die sich gegenseitig noch einmal ihre abenteuerliche Busfahrt nacherzählten, das Essen diskutierten oder beim Kellner einen fehlenden Nachtisch reklamierten. Eine Stunde verbrachte ich in diesem Trubel, wärmte mich auf und versuchte vor einem altertümlichen Gebläse und einem offenem Kamin meine triefenden Socken und Schuhe zu trocknen.

Höchstens halb trocken fuhr ich wieder los, und bei der folgenden Abfahrt aus den Bergen wurde ich dann noch einmal klitschnass. Aber immerhin: Mit abnehmender Höhe lichtete sich der Wolkennebel, und es wurde etwas wärmer.

Nach diesem nasskalten Tag fällt es mir recht leicht, die Hitze im Lottal zu tolerieren. Es scheint mir, als bräuchte mein Körper die Sonne, um die feuchte Kälte der Berge auszuschwitzen.

Dies ist übrigens der zweite Tag mit meinem neuen Zwanzig-Euro-Sattel, und ich bin sehr zufrieden. Nach den harten Bergetappen war es mit meiner Geduld mit dem »alten« einfach vorbei gewesen. Ich hatte mehrere Schichten der gestückelten Isomatte auf die Sitzfläche geklebt, aber das sah nicht nur albern aus, ich hatte die Polsterung auch bald wieder durchgesessen. In einem kleinen Radladen an der Strecke erstand ich meinen neuen Sitz – gegen den erbitterten Widerstand des Verkäufers, der mir mit Händen und Füßen von so einem billigen Teil abriet. Wenn ich ihn richtig verstand, drohten mir mit so einem Sattel Unmengen aufgeriebener Stellen, große Pein und gefühllose Beine. Nichts davon ist eingetreten. Klar, ich spüre meinen Po ein wenig, aber das ist nichts im Vergleich zu den Schmerzen, den der wesentlich teurere Vorgänger mir zugefügt hat. Den alten Sitz schleppe ich trotzdem noch mit mir herum, er thront, von Spanngurten gehalten, beleidigt hinten auf den Satteltaschen. Ich kann ihn ja nicht einfach wegwerfen, der hat zu viel Geld gekostet!

Cahors ist vielleicht das erste französische Städtchen, das mir richtig gut gefällt, stelle ich fest, als ich abends durch die engen Gassen rolle. Ich meine, maurische Einflüsse an den Fassaden der Häuser zu erkennen. Uralte Klinkerbauten mit seltsam verspielten Schnörkeln an den Fenstern, die mich an die Alhambra in Granada erinnern, begrünte Innenhöfe, in denen ich plätschernde Springbrunnen entdecke. Aber kann das sein? Die Mauren waren doch gar nicht so weit im Norden, oder? Haben sich da reisende Franzosen etwas aus dem Süden abgeguckt? Oder waren hier Handwerker aus Spaniens Süden am Werke? Überhaupt habe ich das Gefühl, mit dem Verlassen des Zentralmassivs in ein anderes Frankreich gekommen zu sein. Plötzlich sind die Häuser nicht mehr so grau, helle Farben herrschen vor, es gibt Schnörkel und Türmchen, auf den Anwesen sieht man nun den einen oder anderen Swimmingpool.

Zurück auf dem Campingplatz, packe ich meinen kleinen Tablet-Computer aus, den ich in der Satteltasche mitschleppe, und laufe zur Rezeption. Vielleicht kann ich ja etwas über den Ursprung von Cahors herausbekommen? Schon im Verlauf der Reise habe ich festgestellt: Wifi gibt es in der kleinsten Campinghütte. Man muss zwar oft nahe ans Büro heranrücken, aber dann hat man meist Empfang – selbst wenn die Rezeption schon lange geschlossen ist.

In meiner Inbox finde ich Mails von meiner Agentur vor. Wie denn nun das neue Programm heißen solle, das ich zusammen mit meinen beiden Kollegen für unsere Kabarettgruppe TBC schreibe, und ob es schon so etwas wie einen Infotext gebe? Die Anfrage könnte genauso gut vom Mond kommen. Neues Programm? Texte? Wissen die denn nicht, dass ich noch nicht einmal weiß, wo ich morgen übernachte? Wie soll ich da sagen können, was wir im nächsten Jahr spielen?

Aber ein bisschen habe ich doch ein schlechtes Gewissen. Ich hatte ja eigentlich vorgehabt, mir auf der Fahrt ein paar Gedanken zum neuen Programm zu machen. Bevor ich allerdings per Mail antworten kann, gesellt sich ein junges Pärchen zu mir auf die Treppe vor dem unbeleuchteten Büro. Auch sie versuchen, ein paar Internetwellen zu erhaschen. Ein ziemlich schlecht ausgerüstetes Paar, wie mir aufgefallen war, als sie am Abend spät auf dem Campingplatz ankamen. Ein Verhau aus unpassenden Satteltaschen auf zwei ältlichen Mountainbikes, Plastikflaschen in zu kleinen Halterungen. Das sind keine Deutschen, war ich mir sicher. Wir fahren doch alle mit Ortlieb-Taschen herum, mit Rohloff-Schaltung und Sigg-Flaschen.

Nun, wie sich jetzt herausstellt, sind es zwei Filmstudenten aus Köln, eine Deutsche und ein Pole. So viel zu meinen Vorurteilen. Für mich sind sie die ersten Pilger, mit denen ich ein längeres Gespräch führe. Allerdings sind die beiden zwar auf dem Rad unterwegs, aber sie pilgern nicht auf dem Jakobsweg, sondern auf den Spuren des polnischen Dichters Bobkowski. Ich nicke bei der Nennung des Namens, als hätte ich eine Ahnung, um wen es hier geht. Für sie ist dieser Bobkowski das ganz große Ding. Mit leuchtenden Augen erzählen sie, dass sie für ihr Filmprojekt über den Dichter ein kleines Stipendium bekommen haben, das es ihnen ermöglicht, drei Monate durch Frankreich zu radeln. Und natürlich berichten sie, sooft es geht, über diesen Trip im Internet, sagt der Pole und tippt fleißig in seinen Laptop.

Ich muss an die langsamen Nürnberger denken, die mir ihre Internetadresse mitgegeben haben, oder an meine Mitradler, die heute Abend vor ihren Zelten saßen. Es scheint, dass so ziemlich jeder, der unterwegs ist, sich im Netz mitteilt. Das Bedürfnis, seine Reiseerlebnisse zu teilen, ist wohl ziemlich universell. Ich bin da ja keine Ausnahme.

Dafür, dass die beiden so jung sind, geraten wir vor dem nächtlichen Campingbüro in ein ziemlich tiefsinniges Gespräch darüber, welches Leben man führen will. Sie würden am liebsten immer so weiterreisen, filmen und damit Geld verdienen. Ich wünsche ihnen, dass es gelingt. Als ich in meinen Schlafsack schlüpfe, denke ich wieder einmal daran, dass Andrea und ich die Zeitspanne, die uns zusammen zur Verfügung stand, so intensiv genutzt haben. Wir sind die Westküste der USA entlanggeradelt, wir haben viele weitere Radreisen gemacht, sind zu Fuß durch einen südafrikanischen Wildpark gelaufen und mit dem Auto durch Australien, wir haben unzählige Felsen in aller Welt beklettert, wir haben bei all dem eine Menge toller

Leute kennengelernt und eine Menge fantastischer Sonnenuntergänge erlebt. Andrea hat Einladungen zu Konferenzen und Vorträgen in viele Teile der Welt angenommen, und ich habe mir oft Zeit genommen mitzureisen, um »wie Joachim Sauer am Damenprogramm teilzunehmen«, wie wir immer scherzten.

In dieser Nacht schlafe ich mit einem Lächeln ein.

ES BLEIBT EINE NABE ZURÜCK

Eines musste man ihm lassen: Für einen Oberarzt in einem großen Krankenhaus nahm er sich ziemlich viel Zeit. Er müsse mal ein ernstes Wort mit mir reden, sagte er und berührte mich am Arm. Wir standen vor der Intensivstation. Drinnen lag Andrea, sie hatte eine furchtbare Nacht gehabt.

Seit gestern Nachmittag wurde sie von Attacken geplagt, die irgendwo zwischen epileptischem Anfall und spastischer Verkrampfung lagen. Ihre Augen verdrehten sich, die Lider schlossen sich nicht, sie starrte unfokussiert in die Ferne. Sie hörte mich nicht, sie konnte nicht reagieren, alle Muskeln im Körper verkrampften sich, minutenlang. Die Anfälle tauchten im Verlauf des Abends in immer schnellerer Folge auf, wurden länger und intensiver. Am Anfang war sie noch klar zwischen den Attacken, stellte Fragen, später konnte sie nur Unverständliches murmeln.

Als die ersten Anfälle kamen, war ich total erschrocken. Ich versuchte, sie mit allen möglichen improvisierten Weckmethoden wieder ins Diesseits zu holen, gab ihr sogar leichte Ohrfeigen. Das von mir alarmierte und irgendwann eintrudelnde Pflegepersonal war hilflos, sie sahen mir mehr oder weniger wortlos bei meinen Bemühungen zu. Im Grunde wussten auch die Stationsärzte nicht so recht, wie sie die Anfälle in den Griff kriegen sollten. Dieses oder jenes Medikament wurde verschrieben, ohne Erfolg.

Als es Nacht wurde, verlegte man Andrea in die Aufnahmestation, weil es dort einen Monitor für den Herzschlag gab und man sie unter ständiger Beobachtung haben würde. Als wir auf der Station ankamen, lagen schon vier Patienten in einem kleinen Zimmer, zusammen mit einer Unmenge technischer Geräte. Es piepten die Monitore, es brummten die Pumpen.

Es wurde geschnauft, gestöhnt, geröchelt. Andrea verlor wenig Zeit, kaum angekommen, erbrach sie sich ausgiebig über Bett und Monitorkabel, sehr zur Freude der offensichtlich sowieso schon ziemlich an der Leistungsgrenze arbeitenden Pfleger.

Es dauerte nicht lange, und wir wurden aus dieser Vorhölle wieder herausgeschoben. Es war schnell klar, die Monitore gaben nur wenig Aufschluss über Andreas sich immer weiter verschlechternden Zustand. Bloß vom Piepen und den vielen angeklebten Kabeln ging es ihr ja auch nicht besser. Und die erschöpften Pfleger auf der Beobachtungsstation wussten ohnehin nicht, was sie mit ihr anfangen sollten. So ging es bald einige Stockwerke höher. In die Intensivstation. Den Ärzten dort gelang es, Andrea so weit zu sedieren, dass die Anfälle nachließen. Am Morgen war sie sogar wieder ansprechbar. An die Anfälle konnte sie sich nicht erinnern.

Der Oberarzt sah mir direkt in die Augen. Wir waren uns in den zwei Wochen, die wir jetzt schon im Krankenhaus der Barmherzigen Brüder in München verbrachten, schon mehrmals begegnet. Andrea lag auf seiner Station. Er war groß, blond, trug einen lässigen Dreitagebart zu einer coolen schwarzen Brille und war mir bisher arrogant vorgekommen. Fragen hatte er immer nur sehr knapp und unverbindlich beantwortet. Auch jetzt sprach er ziemlich herablassend mit mir, fand ich. Mit meiner Frau gehe es zu Ende, erklärte er. Aber er habe den Eindruck, dass wir das noch gar nicht verstanden hätten. Ich antwortete, dass mir schon klar sei, dass es nicht gut aussehe, ich hätte mir aber ein kleines Fünkchen Hoffnung bewahrt, dass doch noch ein Wunder geschehen könne. Ich sah ihm an, dass er sich ein verächtliches Schnaufen verkneifen musste.

Tatsächlich war für mich fast bis zum Ende nicht vorstellbar, dass sie sterben könne. Bis zum Schluss habe ich ihr mehrmals täglich in einer noch von ihr genau festgelegten Reihenfolge homöopathische Medikamente verabreicht, ohne die Kenntnis der Ärzte natürlich, in der immer verzweifelteren Hoffnung, dass sich vielleicht noch etwas zum Guten wendet. Klar, Menschen sterben, aber doch nicht Andrea.

»Warum ist Ihnen das so wichtig, uns das Unausweichliche einzuhämmern?«, fragte ich ihn.

»Man muss den Tatsachen ins Auge schauen«, antwortete er.

»Aber richtig schädlich ist es auch nicht, ein bisschen zu hoffen, oder?«

»Na ja, Sie sollten sich halt vorbereiten«, erklärte er, »denken Sie doch nur ans Testament und so weiter.« Ich fand, das war ein ziemlich schwaches Argument, aber ich wollte andererseits auf dem Gang auch keine große theoretische Debatte anzetteln. Außerdem spürte ich etwas anderes hinter seiner kühlen Überlegenheit. Ihn schien unsere Haltung ernsthaft zu besorgen.

Er nutzte meine Denkpause und fragte mich, wieso wir so oft die Klinik gewechselt hätten. Er habe unsere Krankenakte gelesen. Gauting, Bogenhausen, Bad Aibling, Rot-Kreuz-Klinik und schließlich die Barmherzigen Brüder. Wieso wir nicht in Bogenhausen geblieben seien, dort gebe es doch anerkannte Spezialisten für Lungenkrebs. Da hätten wir uns viel Zeit und Ärger erspart, wenn wir uns einfach in deren Hände begeben hätten. Wir hätten die uns verbleibende Zeit sinnvoll nutzen können, statt hektisch von Arzt zu Arzt zu ziehen, von Behandlung zu Behandlung.

Was sollte ich da antworten? Was hätten Andrea und ich denn noch groß unternehmen sollen? Andrea war ja nicht einmal mehr reisefähig. Mit ihrer Atemnot hätte sie in kein Flugzeug steigen können, und weil sie immer wieder Punktionen brauchte, um das nachgelaufene Wasser aus der Lunge abzulassen, war sie sowieso ortsgebunden. Zudem war ihr oft schlecht, sie hat sich erbrochen, schon weit vor der Chemotherapie. Wir hatten auch nicht das Gefühl, irgendwas nachholen zu müssen. Uns schien es an der Zeit zu kämpfen. Was hätten wir auch anderes tun sollen? Wir wollten alles versuchen, was denkbar war. Wir haben dabei viele alternative Wege beschritten, aber auch immer wieder Versuche mit der Schulmedizin gemacht.

Und in manchen Kliniken haben wir uns eben weniger wohl gefühlt als in anderen, erklärte ich dem Oberarzt. In Gauting, wo man uns mit der Diagnose konfrontiert hatte, schien uns die ganze Atmosphäre zu technisch, zu wenig auf den Patienten gerichtet. Unvergesslich der Chefarzt, der uns ohne alle Umstände mit der vernichtenden Diagnose ins Wochenende geschickt hatte.

Das Krankenhaus Bogenhausen entpuppte sich auch sehr schnell als eine unterbesetzte Krankenhausfabrik. Ich erinnerte mich an den ersten Besuch, wir suchten die onkologische Abteilung und folgten der Beschilderung über eine große Freitreppe ins Kellergeschoss. Vor uns sammelte sich dort eine beeindruckende Bettenflotte. Dreißig oder vierzig Krankenhausbetten parkten in mehreren Reihen, wie Lkws auf einem Rastplatz. Der Anblick machte es mir von Anfang an nicht leicht, an eine individuelle Behandlung jedes einzelnen Patienten zu glauben. Die Schilder in Richtung Onkologie führten uns an der Abteilung für bildgebende Verfahren vorbei. Der Wartebereich war gefüllt mir Patienten, die sich in den unterschiedlichsten Krankheitsstadien befanden, manche waren in Zivil, manche saßen in Bademantel oder Schlafanzug herum. Manche lagen in ihren Betten. Umstandslos auf dem Gang geparkt. Als wir vorbeigingen, beschwerte sich einer, sich halb aufrichtend, dass er nun schon seit zwei Stunden dort herumliege, nur um geröntgt zu werden. Niemand hörte ihm zu.

Unterdessen fügten die für Hungerlöhne angeheuerten Schubkräfte aus aller Welt dem Chaos vor der Radiologie ungerührt weiter Bett auf Bett hinzu. Dabei taten die armen Bettenschieber ja auch nur, was man ihnen sagte. Wie Taxifahrer wurden sie von der Zentrale auf die Zimmer geschickt, um die Patienten abzuholen. »Solle fahren zu CT.« Warum, weiß der Bettenschieber natürlich nicht, wie lange es dauert, auch nicht. »Wenn fertig, Sie mich rufen an.« Ob man einen Arzt sehen wird, ob man nicht noch fünf Minuten mit seinem Besuch reden kann, weiß er alles nicht. Er hat nur seinen Zettel, und der sagt ihm, dass er jetzt dieses Bett in die Abteilung C24 schieben muss. Und damit beim Röntgen kein Leerlauf entsteht, werden die Patienten möglichst frühzeitig abgeholt. Wenn sie dann ein bisschen auf dem Gang herumstehen müssen, macht ja nichts, die haben ja Zeit. Nicht umsonst steckt im deutschen Wort »Patient« das lateinische Wort *patientia*, Geduld.

Irgendwo in meinem Hinterkopf regte sich mein Ingenieursverstand und fragte sich, ob man das Ganze nicht automatisieren könnte, nach dem Vorbild eines Hochregallagers: Alle Betten wären auf Schienen gelagert, die Fahrzeit vom Zimmer zu den verschiedenen Behandlungsstationen wäre genau bekannt, und je nach Andrang würden die Betten von einer zentralen Computersteuerung so in Bewegung gesetzt, dass sie genau dann ankommen würden, wenn sie dran wären. Technisch möglich wäre das vermutlich schon lange. Eine solche Zuteilung wäre zwar noch unpersönlicher als die Schieberei von Menschenhand, man könnte den Patienten aber viele unwürdige Stunden im Bett auf dem Krankenhausgang ersparen.

Eine andere Sache, die uns immer wieder von Neuem umgehauen hat: Das Essen in den meisten Krankenhäusern war eine Katastrophe. Wie man bei diesem Kantinenfraß gesund werden sollte, war uns schleierhaft. Der Sparzwang im Gesundheitswesen zauberte uns Tütensuppen, Fertigsoßen und Joghurt mit künstlichem Fruchtaroma auf die Plastiktabletts. Das war schon für einen Gesunden manchmal eine Herausforderung (und nur gelegentlich stocherte ich ein Stück Fleisch oder einen Löffel Kartoffelbrei unter den Plastikdeckeln hervor, bevor alles wieder weggefahren wurde), Andrea fand es schlicht ungenießbar. Und wenn man vegetarisches Essen bestellte, gab es mittags Germknödel oder Kaiserschmarrn. Deshalb habe ich immer frische Lebensmittel aus dem Biomarkt für sie besorgt, oder Freunde haben für Andrea gekocht und eine Art Essen auf Rädern organisiert. Was für ein Armutszeugnis für ein Krankenhaus.

Einiges von unseren Erfahrungen berichtete ich also dem Oberarzt vor der Intensivstation. Wie gesagt, er hat sich wirklich Zeit genommen. Er schien tatsächlich zuzuhören. Bei meinem Vorschlag für ein automatisches Transportsystem für

Krankenhausbetten musste er sogar lächeln. Ich hoffte, dass ich das Bild, dass wir einfach nur alternative Spinner wären, etwas geraderücken konnte. Und gleichzeitig ließ mich das Gespräch mit einer größeren Klarheit über die Lage zurück. Am Ende gaben wir uns fast herzlich die Hand.

Tssss-kchhhhhhhhhhhh ...! Was ist das denn für ein komisches Geräusch? Es ist spät am Nachmittag, ich habe fast hundert Kilometer in den Beinen und bin etwas genervt. Eigentlich bin ich den ganzen Tag lang gut unterwegs gewesen, ich habe ordentlich Kilometer gemacht, sogar eine nette Truppe von Kanadiern getroffen, die ebenfalls auf dem Rad Richtung Santiago fuhr. Sie hatten sich vorgenommen, heute noch bis zum Flecken Miradoux zu kommen und dort in einem *Gîte* zu übernachten – einer einfachen Herberge, in der sie reserviert hatten. Mit der Aussicht auf einen unterhaltsamen Abend war ich ihnen vorausgefahren, um ebenfalls noch einen Schlafplatz zu ergattern, doch ich musste feststellen, dass es in Miradoux für mich nichts mehr gab. Man sei ausgebucht, erklärte die Besitzerin der einzigen Unterkunft. Sie empfahl mir den nächsten Ort, Lectoure.

Ziemlich angefressen fahre ich weiter. Da trifft man endlich mal ein paar Fahrradpilger und dann das! Und dann macht es auch noch Tssss-kchhhhhhhhhhhh ..., jedes Mal, wenn ich bremse. Wahrscheinlich sind die Bremsklötze ziemlich runter, deshalb schleifen sie so laut. Das werde ich mir morgen früh genauer anschauen müssen, denke ich. Aber jetzt habe ich keine Zeit dafür, ich will endlich ankommen, die Sonne steht schon ziemlich schräg, und ich hab noch zehn Kilometer vor mir. Mit müden Beinen kämpfe ich mich über den nächsten Hügel. Als ich bei der Abfahrt bremsen muss, macht es plötzlich KLANK! – klack-klack-klack! Schlingernd komme ich zum Stehen. Ich inspiziere mein Hinterrad und sehe: Meine Felge ist aufgerissen! Als wäre sie mit einem Messer seitlich aufgeschlitzt worden, steht ein fünf Zentimeter langer Span ab, halb so breit wie die Felge selbst.

Offensichtlich hat sich ein Stein zwischen Bremsbacke und Felge geklemmt und so die Metallwand aufgeschlitzt. Wahrscheinlich war sie durch die unzähligen Bremsvorgänge der letzten zwanzig Jahre dünn geschliffen worden. Na super! Zunächst versuche ich, mit geöffneter Hinterradbremse ganz langsam weiterzurollen – vielleicht schaffe ich es ja so noch bis Lectoure? Aber nach einem weiteren Kilometer gibt auch der Reifen auf und verliert alle Luft.

Was soll ich jetzt tun? Seit einer gefühlten halben Stunde hat mich kein Auto mehr überholt, das ich hätte anhalten können. Ich schiebe mein Rad zu einer Stelle, die von Weitem wie eine kleine Asphaltausbuchtung aussieht, vielleicht eine Bushaltestelle. Dort will ich es auf den Kopf stellen und schauen, was ich machen kann. Beim Näherkommen erweist sich die Ausbuchtung als die Einfahrt zu einer *Ferme*, einem Bauernhof mit Campingplatz. Ein verblichenes Schild weist darauf hin.

Ebenso verblichen wie das Schild wirkt das Gelände, das ich nach hundert Meter Feldweg schiebend erreiche. Links ein kleiner, menschen- und zeltleerer Campingplatz, rechts ein Gebäude, das laut selbst gemaltem Schild nicht nur Dusche und WC beherbergt, sondern auch *Chambres*. Geradeaus entdecke ich zwei kleine Hütten, die offensichtlich als Ferienchalets gedacht sind, aber eher aussehen wie die Geräteschuppen eines Schrebergartens. Alles nicht mehr ganz neu, um es vorsichtig auszudrücken. Trotzdem erscheint mir dieses seltsame Ensemble wie ein Geschenk des Himmels, so unerwartet hat es sich genau im richtigen Moment materialisiert.

Allerdings ist kein Mensch zu sehen. Nach einigem Suchen entdecke ich eine Glocke an einem Gartentor, das nur mühsam einen wild wuchernden Dschungel zurückhält, hinter dem sich ein kleines Landhaus versteckt. Tatsächlich gelingt es mir, eine vielleicht fünfundsechzigjährige Dame herauszubimmeln. Sie trägt weite Hosen, eine Weste über einem weißen Männerhemd und einen kleinen Strohhut. Freundlich lächelt sie mich an. Ich erläutere ihr mit Händen und Füßen meine Lage. Ob ich mein Zelt aufbauen dürfe, frage ich, und sie gibt mir mit einer weit ausladenden Geste zu verstehen, dass der ganze Campingplatz mir gehöre. Als ich mich erkundige, ob ich ein paar Lebensmittel von ihr erstehen könne oder vielleicht sogar ein Abendessen, zögert sie zunächst. Aber dann stimmt sie zu, mir etwas herzurichten. Es sei aber nichts Besonderes, winkt sie ab. Und es werde etwas dauern. Ein wenig beruhigter, beginne ich, mich einzurichten.

Es scheint, als sei ich der einzige Gast heute. Und das, obwohl es Freitagabend ist und das Gelände direkt am Jakobsweg liegt. Eine eingehende Inspektion des Rades ergibt, dass die Felge tatsächlich unrettbar verloren ist. Ich brauche ein neues Hinterrad. Das heißt, ich muss bis morgen Mittag einen gut sortierten Fahrradladen ausfindig machen und erreichen, bevor alles fürs Wochenende schließt. Das wird schwierig mit einem bewegungsunfähigen Fahrrad.

Als ich später auf dem Plastikstuhl vor einer der Hütten sitze und auf das Abendessen warte, bin ich doch ziemlich deprimiert. Der Wind, der mich den ganzen Tag gnädigerweise die Berge hinaufgeschoben hat, will auch jetzt bei Sonnenuntergang nicht abflauen und zerzaust die umstehenden Bäume. Ich muss die Weinkaraffe und meine Wasserflasche auf dem Tisch zurechtstellen, damit die alte Plastiktischdecke nicht davonfliegt. Ein Gewittersturm scheint aufzuziehen. Das passt zu meiner Stimmung.

Ich fühle mich hilflos. Diese kaputte Felge ist fast wie ein gebrochenes Bein bei einem Wanderer. Gut, das ist vielleicht etwas übertrieben. Aber das Vertrauen in mein Fahrrad ist tatsächlich erschüttert. Es ist auf meine Bedürfnisse maßgeschneidert worden und für damalige Verhältnisse sündhaft teuer gewesen, fast zwanzig Jahre hat es die schwersten Lasten getragen, mich ohne Klage über jeden Pass geschleppt. Aber jetzt scheint es aus Altersgründen ernsthaft schlappzumachen. Vielleicht ist es ja nur eine Frage der Zeit, bis sich auch die Vorderradfelge verabschiedet? Ohne verlässliches Bike fühle ich

mich, als hätte man mir den Boden unter den Füßen wegge-
zogen. Als dann noch das erste Donnergrollen zu hören ist,
glaube ich mich am Tiefpunkt der Reise.

Doch dann kommt die Gastgeberin an meinen Tisch. Sie
klebt einen kleinen Post-it-Zettel auf die Plastiktischdecke, auf
den sie handschriftlich die Menüfolge des Abends geschrieben
hat.

Menu
– Salade Composée
– Pâtes au Fromage
– Aiguillettes de Canard au Poivre Vert
– Fraises au Sucre
Bon Appétit!

Ich bin gerührt. Dafür, dass sie zuerst eher zurückhaltend
gewesen ist, klingt das ganz schön üppig. Ich frage sie, ob es
in der Gegend ein großes Taxi gebe, in das ich mein Fahrrad
laden könnte. »Taxi?«, wiederholt sie. »Mon dieux!« Sie schüttelt lächelnd den Kopf. Ich solle mir keine Sorgen machen,
beruhigt sie mich mit ein paar englischen Brocken, alles werde
sich finden. Kurz darauf bringt sie lächelnd den Salat. »Taxi!«,
wiederholt sie noch einmal kopfschüttelnd.

Während ich das köstliche Grünzeug in mich hineinschaufle –
ich habe gar nicht bemerkt, wie hungrig ich bin –, überlege ich
weiter, was zu tun ist. Ich bin auf mich allein gestellt, denke ich,
das ist meine Reise, ich muss dieses Problem lösen. Mein schi-
ckes neues Handy ist dabei allerdings kaum eine Hilfe. Wenn es
überhaupt Netz hat, ist die Verbindung quälend langsam und
bricht immer wieder zusammen. Und selbst wenn ich damit
einen Fahrradladen in der Umgebung ausfindig machen würde,
wie sollte ich bei meinen Sprachkenntnissen am Telefon herausbekommen, ob dort eine Felge in meiner Größe vorrätig ist?

Madame scheint meine Unruhe zu spüren. Ich solle mir keine
Sorgen machen, wiederholt sie, stellt den zweiten Gang auf
den Tisch und rückt ihren Strohhut zurecht. Leichter gesagt

als getan. Während des folgenden, sehr schmackhaften Essens richte ich mich auf ein langes Wochenende hier am Ende der Welt ein sowie auf eine lange Zugfahrt bis mindestens Toulouse, wo man meinem schwer humpelnden Rad vielleicht am Montag in einer Spezialklinik wird helfen können.

Nach dem Essen kommt die Patronin mit ihrem kahlköpfigen, kräftigen Mann an meinen Tisch. Es ist inzwischen fast dunkel geworden, deshalb untersucht er den stählernen Patienten mit der Taschenlampe. Weil er so wenig Englisch spricht wie ich Französisch, verständigen wir uns hauptsächlich mit skeptischen Kopfbewegungen, lang gezogenen Pfiffen und Kommentaren wie »Oh la la!« oder »Autsch!«. Seine Diagnose ist offensichtlich die gleiche wie meine: Totalschaden. Er notiert sich die Reifenmaße und bedeutet mir ebenfalls, ich solle mir keine Sorgen machen. Trotzdem habe ich eine ziemlich schlechte Nacht. Zwar hat sich das Gewitter verzogen, aber ich kann auch ohne Regentropfen nicht schlafen.

Am nächsten Morgen höre ich schon früh Schritte auf mein Zelt zukommen. Ich beeile mich, aus dem Schlafsack zu kriechen. Meine Gastgeberin bedeutet mir mitzukommen. Ihr Mann habe herumtelefoniert, erzählt sie, und schon im ersten Versuch habe er ein passendes Hinterrad in der Stadt Agen gefunden. Sie öffnet eine ziemlich verwitterte Scheune. Im Halbdunkel schlummert ein betagter Peugeot-Kleinwagen. Und Madame fährt mich jetzt die dreißig Kilometer nach Agen, verkündet sie. Widerspruch zwecklos. Ich solle jetzt bloß nicht wieder mit dem Taxi anfangen. Ich greife mir eine Banane und meinen Geldbeutel und springe in die rostige Dose. Frühstück und Zähneputzen müssen warten. Hoffentlich hält die Kiste durch, denke ich noch. Der kaputte Reifen hat mein Vertrauen in alle Technik erschüttert.

Man sollte ja eigentlich meinen, dass Madam, die mit ihren schätzungsweise fünfundsechzig Jahren an einem so stillen Ort lebt, die außerdem schon während der ersten fünf Kilometer ausführlich betont, wie sehr sie das Landleben liebt und wie wenig sie sich ein Leben in der hektischen Stadt vorstellen kann, dass Madame also bedächtig führe. Mitnichten. Sie fährt wie ein Henker. Sie quält ihren uralten Peugeot im dritten Gang auf hundert hoch und geigt mit hundertzwanzig über Straßen, die so schmal sind, dass sich niemand die Mühe gemacht hat, einen Mittelstreifen aufzumalen. Bald heizen wir eine pfeilgerade Landstraße entlang, über Kilometer sieht man im Voraus, wie sich das Asphaltband über die Hügel legt. Die Kuppen sind so steil, dass das Auto wie bei einer Achterbahn fast abhebt, als wir darüberdüsen. Krachend fangen die Federn den Aufprall beim Landen ab. Madame zuckt nicht mal mit der Wimper. »Yippieeeeeh!«, rufe ich während eines besonders langen Fluges, und sie lächelt.

In der Fahrradabteilung des großen Sportgeschäfts, das wir auf diese Weise viel schneller erreichen, als ich je gedacht hätte, bekomme ich tatsächlich ohne Schwierigkeiten ein neues Hinterrad. Der Umbau der Schaltkassette dauere allerdings zwanzig Minuten, erklärt der Mechaniker. Ob ich so lange warten wolle? Fragend schaue ich meine Retterin an. Ihrem Fahrstil nach zu urteilen, hat sie es an diesem Tag ungeheuer eilig. Aber sie schüttelt lächelnd den Kopf. Ich solle mir nur Zeit lassen, sagt sie. Und verschwindet schlendernd in der Schuhabteilung.

Als wir uns dreißig Minuten später an der Kasse wiedertreffen, hat sie die Gelegenheit genutzt, sich topfhässliche pinkfarbene Sportschuhe zu kaufen. Ich habe fast ein schlechtes Gewissen, dass ich mitverantwortlich bin für diese geschmackliche Entgleisung. Ich lobe trotzdem ihre Wahl.

Auf dem Rückweg kennt sie genauso wenig Zurückhaltung wie auf der Hinfahrt. Als fürchte sie, mein Fahrrad könnte verbluten, wenn wir nicht bald mit dem lebensrettenden Hinterrad auf den Hof rollen, wird das Gaspedal wieder bis aufs Bodenblech durchgedrückt. Wieder schießen wir über die Kuppen, als wollte sie zu einem Langstreckenflug ansetzen. Wieder stöhnen die Stoßdämpfer. Währenddessen versucht sie, mir in ihrem kaum existierenden Englisch zu erklären, dass dieser schnurgerade Asphaltstreifen eine alte Römerstraße sei, auf der schon vor zweitausend Jahren Ochsenkarren dahingezogen

seien. Ich nicke und versuche, mich am Handgriff der heraus-
fallenden Seitenverkleidung festzuhalten. Ich hoffe, dass nicht
gerade jetzt ein Ochsenkarren aus einer der Ausfahrten hervor-
kommt.

Und gleichzeitig könnte ich weinen vor Glück. Während
Madame ihren rostigen Peugeot bis an den Rand des Nerven-
zusammenbruchs hochjubelt, erfüllt mich ein Gefühl von großer Sicherheit, von grenzenloser Geborgenheit. Hier bin ich im
Süden von Frankreich, eintausenddreihundert Kilometer entfernt von zu Hause, durch einen technischen Schaden eigentlich zu längerer Reiseunfähigkeit verurteilt, und da macht mein
Rad genau vor dieser Einfahrt schlapp, vor diesem bezaubern-
den kleinen Campingplatz, den ich wahrscheinlich sonst gar
nicht bemerkt hätte, und ich treffe auf Menschen, die nichts
dabei finden, für wildfremde Leute zu kochen, für sie herum-
zutelefonieren und sie anschließend den ganzen Vormittag
durch die Gegend zu kutschieren. In mir wächst die Gewissheit: Ich bin umsorgt. Mir kann auf dieser Reise nichts passieren. Ich muss mir keine Sorgen machen. Es findet sich immer
alles. Und wer auch immer dabei seine Finger im Spiel haben
mag – Andrea? Gott? Das Universum? –, ich schicke auf jeden
Fall meinen Dank hinaus.

Ich schaue zu meiner Fahrerin hinüber, wie sie gelassen das
Lenkrad hält und leise lächelnd hochschaltet. Und mir fällt auf:
Ich weiß nicht mal ihren Namen.

Die Rechnung, die Madame mir dann präsentiert, ist lächerlich niedrig. Ich finde mich in der seltsamen Lage wieder,
gegen ihren hartnäckigen Widerstand den Preis in die Höhe zu
treiben. Ich bin nur mäßig erfolgreich. Ihren Namen und die
Adresse schreiben sie mir schließlich aber auf. Ich will mich
melden, wenn ich in Santiago angekommen bin. Auf der Bank
des Zeltplatzes lasse ich zudem meinen ausgesonderten Sattel
zurück, den ich seit mehreren Tagen mit mir herumfahre. Vielleicht findet sich ja hier ein neuer Nutzen für ihn. Mein kaput-
tes Hinterrad darf sein Gnadenbrot sogar im Werkstattschup-
pen des Ehemanns verzehren.

Im Wegfahren denke ich: Wie auch immer diese Reise ausgeht – es bleibt eine Nabe zurück. Und ich kann schon wieder
lachen.

»Hallo, hier ist die Pforte, da ist ein Paket für Sie angekommen.« Ich stand im Krankenhauszimmer und konnte meine
Freude nicht unterdrücken. Mein zweites Buch war fertig! Das
Paket mit den Belegexemplaren hatte ich mir ins Krankenhaus
schicken lassen, an den Ort also, wo ich im April 2013 am ehes-
ten anzutreffen war. Ich rannte über die endlosen Gänge zum
Ausgang. Ein bisschen ungewöhnlich war das schon, selbst für
die mit allen Wassern gewaschene Dame an der Rezeption: so
ein großes Paket für ein Krankenzimmer. Lächelnd übergab sie
mir den Karton. »Ist schon wieder Weihnachten?«, fragte sie.
»So ungefähr«, antwortete ich und ging mit meiner wertvollen Fracht zurück auf die Innere Station. »Bis dass die Autotür
uns scheidet – ein Leben in zwölf Fahrrädern« war der Titel des
Buches, das ich da in zwanzigfacher Ausführung vor mir her-
trug. Vordergründig erzählt es von all den Fahrrädern, die mein
Leben begleitet haben, von meinen zwölf Lebensabschnittsge-
fährten sozusagen. Aber jetzt schien es mir, als handele es in
großen Zügen eigentlich von Andrea, von unseren gemeinsamen Anfängen, von der ersten langen Radtour zusammen
und all den anderen Reisen der vergangenen zwanzig Jahre.

Im Herbst hatte ich mir mit dem Schreiben des Buches die
Zeit in den Wartezimmern und vor den Behandlungsräumen
verkürzt, im Winter, neben ihr am Bett sitzend, die Korrekturen bearbeitet, im frühen Frühjahr Coverentwürfe auf Kran-
kenhausservietten gezeichnet. Immer wieder hatte ich während
der Arbeit am Text auch versucht, Andrea mit dem Vorlesen ein-
zelner Kapitel aufzuheitern. Dass die ersten Bücher jetzt druck-
frisch ins Krankenhaus kamen, war irgendwie nur folgerichtig.

Natürlich bekam Andrea das erste Exemplar, nachdem ich es
eilig aus der Kiste gepellt hatte. Ein herzzerreißender Moment.

Sie hielt es lange in ihrer schwachen Hand, drehte es zum Licht und versuchte, den Titel zu entziffern, mit ihren mittlerweile unzuverlässigen Augen, die durch eine hoch auf ihrer Nase reitenden Brille blickten. Ihre zweite Hand bemühte sich, durch das Buch zu blättern. Mit wenig Erfolg. Für eine Weile starrte sie auf eine zufällig geöffnete Seite. Dann ließ sie das Buch entkräftet aufs Betttuch gleiten. »Schön«, sagte sie und schloss die Augen. Eine einzelne Träne drängte sich durch die geschlossenen Lider ihres rechten Auges und rollte über ihre Wange. Trotz ihrer Schwäche und der Schmerzmedikamente war die Nachricht angekommen.

Ihre Mutter hat Andrea in den folgenden Tagen das ganze Fahrradbuch vorgelesen. Ob sie noch alles aufgenommen hat, wissen wir nicht. Aber sie hat all die Bilder mitgenommen, die sie von unseren Reisen im Kopf hatte, all ihre Erinnerungen, all ihre Eindrücke. Wenn es stimmt, dass man kurz vor dem Tod noch einmal zurückblickt auf sein ganzes Leben, so hoffe ich, dass diese Erinnerungen ihr den Übergang erleichtert haben.

GUTE LAUNE IM THINKTANK

Einen Tag früher als geplant erreiche ich Arzacq-Arraziguet und übernachte zum ersten Mal in einer Pilgerherberge. Seit ich bei Eauze auf den südlichen Zweig des französischen Jakobsweges abgebogen bin, überhole ich unterwegs immer mehr Pilger, und mir fallen auch die ersten Herbergen auf. Diese hier sieht sehr gut aus, es gelingt mir sogar, ein Einzelzimmer zu ergattern – es ist halt noch Vorsaison. Im Speisesaal sitzen pünktlich um halb sieben etwa zwanzig Leute an einem langen Tisch, warten aufs Abendessen und plappern lustig durcheinander. Wenige Frauen, hauptsächlich Männer. Offensichtlich alles Franzosen. Sie alle sind in einem ähnlichen Alter, so ab fünfundvierzig aufwärts, und sie sehen sich auch ein bisschen ähnlich. Arme und Gesicht sind sehr dunkel gebräunt, fast gegerbt, was von langen Wandertagen in der Sonne zeugt.

Nach einer kurzen Begrüßung nehmen die Pilger mich freundlich in ihrer Mitte auf, fragen mich in stark französisch eingefärbtem Englisch nach meinem Woher und Wohin, während eine riesige Köchin das Pilgermenü aufträgt: Hähnchenschenkel mit Pommes. Ich verstehe zunächst nur wenig, aber doch so viel: Am Tisch sitzen viele kleine Wandergruppen und Einzelpilger, die sich schon mehrmals in unterschiedlichen Kombinationen in den anderen Herbergen getroffen haben. Daher die vertraute Atmosphäre. Offensichtlich wandern die meisten nur bis an den Fuß der Pyrenäen, dorthin, wo der spanische Jakobsweg anfängt. Für viele Franzosen jedoch endet der Jakobsweg dort. Warum sie nicht weiterwandern, frage ich, ernte aber nur ratlose Gesichter. Warum sollten sie? Frankreich sei da unten doch zu Ende.

Wie mir Frankreich gefalle, wollen sie wissen. »Très bien«, sage ich, und das ist keine leere Höflichkeitsfloskel.

Tatsächlich bin ich positiv überrascht von Frankreich, und das nicht erst seit der großherzigen Hilfe von Madame »Niki Lauda« und ihrem Mann. Auf der gesamten Reise bin ich nur auf freundliche Menschen getroffen, auch die Autofahrer sind zurückhaltend, sogar zuvorkommend. Und je weiter man nach Süden kommt, desto eher, scheint mir, erfüllen die Franzosen auch das Klischee des *Savoir-vivre*, man sieht mehr Menschen auf den Straßen, die Leute wirken entspannter, sie gehen noch spät zum Essen aus. Hier im tiefen Süden füllen sich die Restaurants erst um acht oder halb neun, und auch um halb zehn bekommen späte Gäste noch die Speisekarte – undenkbar im Elsass. Das sind ja fast spanische Verhältnisse.

Eine Platte mit Unmengen von Hähnchenschenkeln wird von Pilger zu Pilger gereicht, begleitet von einer Welle fröhlicher französischer Wortfetzen. Ich nehme mir zwei Schlegel. Regionsübergreifend habe ich den Eindruck, »der Franzose an sich« isst sehr viel Fleisch. Selbst die Salate, die ich im Laufe der Reise bestellt habe, waren überladen mit Schinken, Wurst oder Gänseleberpastete. Als Hauptgang gab es bei den *Menus du jour* dann oft ein Essen, wie man es eher in Deutschland erwarten würde: Schnitzel mit Pommes, Steak mit Pommes, Ente mit Pommes. Oder eben hier in der Herberge: Hähnchen mit Pommes. Insgesamt habe ich eigentlich immer gut gegessen, dabei allerdings nicht viel von der berühmten französischen Raffinesse beim Kochen gesehen.

Während ich an meinen Geflügelknochen nage, vervollständige ich mein privates Frankreichresümee. Je länger ich durch Frankreich radele, desto mehr drängte sich mir der Eindruck auf: Viele Franzosen haben wohl ein ganz besonderes Verhältnis zum Rasen. Man muss fast sagen, der Franzose pflastert seine Gärten mit Rasen zu. Erstickt sie geradezu. Immer wieder sieht man riesige, pedantisch gepflegte Rasenteppiche, unnatürlich gleichmäßige grüne Auslegeware, welche die ganze Fläche des Grundstücks abdeckt, die Sträucher, Blumen- oder gar Gemüsebeete an den äußersten Rand drängt, wenn sie ihnen überhaupt noch Raum lässt. Manchmal wagt sich ein Blumenkübel in die grüne Rasenwüste, ganz verloren bei seinem Versuch, etwas Farbe in die monochrome Monotonie zu bringen. In manchen Gegenden scheint die Liebe zum Rasen nur von der Liebe zur Hecke übertroffen zu werden. Immer wieder sehe ich zwei bis drei Meter hohe Thujaanpflanzungen, bei denen man eigentlich nicht mehr von Hecken sprechen kann, das sind Wände, Mauern, Schutzwälle. Es gibt wahre Thujatürme, die in mühevoller Arbeit mit der Heckenschere aus Büschen herausgeschnippelt sind, riesige Würfel, jahre- oder jahrzehntelang bearbeitet, damit sie nun derart wuchtig und bedrohlich den Garteneingang überragen. Man mag dort gar nicht mehr eintreten. Das sind Monumente der Privatsphäre, mit denen man wahrscheinlich einen Quadratkilometer peinlich akkurat geschnittenen Rasens vor den Augen der neugierigen Radler schützen will.

Ui, jetzt habe ich für eine Weile nicht aufgepasst, weshalb mich der Gesprächszug an der Tafel der Pilgerherberge abgehängt hat. Meine Tischgenossen können in der immer eifriger werdenden Unterhaltung keine Rücksicht mehr auf mein erbärmliches Sprachunverständnis nehmen. So rauscht das meiste einfach an mir vorbei. Aber ihren Gesten kann ich bald entnehmen, worum es geht. Es werden Wandergeschichten ausgetauscht. Auf und ab, so zeigen die Hände, sei es heute gegangen, und zwar sacksteil nach oben, sodass man die Wanderstöcke gewaltig hat einsetzen müssen. Schon springt einer auf und zeigt mimisch, wie er sich hat plagen müssen. Und dann sei es links und rechts gegangen – die Finger zeigen, wie sich der Weg hin und her schlängelte, gewölbte Hände erzählen von kindskopfgroßen Steinen. Über Herbergen wird gesprochen, *gîtes*, das Wort kenne ich schon, manche werden empfohlen, man verrät, wo genau sie liegen und wie das Essen dort sei. Universell verständlich, wenn Daumen und Zeigefinger zusammengelegt zum gespitzten Mund geführt werden, während sich die anderen affektiert abspreizen. »Très, très bien!«

Eine heruntergefallene Serviette gibt mir Gelegenheit, unter den Tisch zu schauen. Die Füße meiner Herbergsgenossen stecken alle in leichten Jesuslatschen oder Flipflops. Keiner hat geschlossene Schuhe an. Die Füße brauchen offensichtlich Luft am Abend. Einige weiße Pflaster und Bandagen leuchten mir aus dem Halbdunkel unter dem Tisch entgegen. Was bei den Radlern der Hintern ist, sind bei den Wanderern die Füße. Je länger der Abend dauert, desto heterogener wird die Gruppe für mich. Stück für Stück wird klar, wer zusammengehört und wer sich noch nicht lange kennt. Irgendwann stellt sich sogar heraus, dass am anderen Ende des Tischs ein Paar aus Deutschland hockt, das mir bis dahin gar nicht recht aufgefallen war. Als die Tafelgesellschaft sich auflöst, sitzen wir noch ein wenig im Hof und genießen die laue Nacht. Die beiden scheinen ähnlich wie ich froh zu sein, noch ein paar zusammenhängende Sätze auf Deutsch reden zu können. Sie gehen den Jakobsweg in Etappen, ausgehend von ihrer hessischen Heimat, berichten sie, jedes Jahr ein, zwei Wochen, das sei schon die sechste Tour. Ich bin schwer beeindruckt. Das ist eine Menge Zeit, die sie da investieren. Warum tun sie das?

Obwohl sie das sicher schon öfter gefragt worden sind, zögern die beiden. »Weil es irgendwie beeindruckend ist«, sagt sie, Sandra, schließlich, »dass auf genau diesem Weg schon vor Hunderten von Jahren Leute gelaufen sind.«

Er, Nikolaus, fügt noch hinzu, dass er als freiberuflicher Physiotherapeut das Gefühl habe, jeden Tag unglaublich viele Entscheidungen treffen zu müssen, und da sei es eine große Entspannung für ihn, den Jakobsweg zu gehen. Der Weg sei hier vorgegeben, man folge ihm einfach brav. Sei ja alles gut ausgeschildert in Frankreich.

Das finde ich interessant. Für mich war der vorgezeichnete Verlauf des Jakobsweges eher ein Grund gewesen, ihn nicht zu bereisen. Warum sollte ich genau da entlangfahren, wo schon so viele vor mir gewesen sind? Als Radtourist ziehe ich normalerweise die weniger bevölkerten Wege vor, ich bin auf der Suche nach unberührten Flecken Erde. Zu viele Vorschriften bedeuten für mich den Verlust von Freiheit, die vielen Wegweiser wecken den Rebellen in mir. Und plötzlich sitze ich zweien gegenüber, die genau das suchen: die vorgegebenen und gleichzeitig ausgetretenen Pfade. Und ich verstehe, was die beiden meinen. Alles selbst entscheiden und alles im Griff haben zu müssen, das ist sehr anstrengend. Ich erwische mich ja selbst manchmal bei dem Ruf nach einem imaginären Reiseführer, den ich für den Mist verantwortlich machen könnte, den ich gerade mal wieder zusammengefahren bin.

Ein bisschen erschöpfter, als es nach den recht einfachen achtzig Kilometern des Tages zu erwarten war, schlurfe ich in mein Zimmerchen.

Der Zuschauerraum unserer Probenbühne war ein einziges Chaos. Caro, die Regieassistentin, war nach Bamberg gefahren, um am dortigen Stadttheater im Fundus zu wühlen, und nun präsentierte sie uns stolz ihre reichhaltige Beute. Mittelalterliche Wämse und vielfarbige Umhänge lagen über den Stühlen, Schuhe verteilten sich im Mittelgang, Waffen lehnten an der Wand, sogar eine halbe Ritterrüstung fläzte sich lässig in einer der Sitzreihen. »Schaut mal hier, wie ich aussehe!«, rief Birgit und zog sich einen Wams mit Puffbeinen an. »Kann ich diese Kappe haben?«, fragte Heike, während sie sich kichernd im Spiegel betrachtete. »Kannst du mir einen Klettverschluss an die Rüstung basteln?«, fragte ich Caro, während ich mit dem Brustpanzer durch den Mittelgang stolzierte.

Alle redeten durcheinander. Eine Theaterproduktion kann ziemlich harte Arbeit sein – manchmal geht es aber auch zu wie im Kindergarten. Allerdings fand ich, wir hätten gar keine Zeit für solche Albernheiten. Wir hatten schon oft ein Stück mit ziemlich heißer Nadel zusammengestückelt. Aber so knapp dran wie dieses Mal waren wir noch nie gewesen. Wir hatten bis vor Kurzem nicht einmal gewusst, was wir überhaupt für eine Geschichte erzählen wollten, geschweige denn, wie das Stück ausgehen sollte.

»Leute, wir haben noch keinen Schluss!« Auch drei Wochen vor der Premiere war noch nicht klar, was in der letzten Viertelstunde passieren sollte. Und auch die Rollen waren noch nicht besetzt. Auf der anderen Seite, schoss es mir plötzlich durch den Kopf, hatte ich meinen Schluss in diesem Jahr schon bekommen, schrecklich und endgültig. Immer wieder kamen mir solche Gedanken, sie trafen mich unvorbereitet, düster und bedrückend, und ich war froh um den Trubel um mich herum.

Plötzlich präsentierte sich Florian in einem Anzug, den er extra für das Stück neu erworben hatte. Als Immobilienmakler schritt er arrogant über die unbeleuchtete Bühne. Alle waren sofort begeistert. »Das sieht super aus!« – »Als hättest du dein Leben lang nichts anderes gemacht, als Wohnungen verkauft.« – »Du musst den Siegfried spielen«, waren sich alle sofort einig. Ich spürte einen Stich im Magen. Bisher waren wir alle eigentlich davon ausgegangen, dass ich den Siegfried spielen würde, immerhin die Titelfigur. Mein erster Impuls war es zu protestieren, auf die alten Absprachen zu pochen, und das, obwohl ich zugeben musste, dass Florian tatsächlich eine gute Figur machte in dem Makleroutfit. In meinem Inneren kämpfte der objektive Produzent, der wie alle anderen das Beste aus dem Ensemble herauszuholen versuchte, gegen den eitlen Autor, der am liebsten all seine Texte selbst spielen wollte, und gegen den beleidigten Schauspieler, der sich zurückgesetzt fühlte.

Ich sagte nichts. Stattdessen blickte ich beschämt aus dem Fenster. Es gab Schlimmeres, als nicht die Hauptrolle zu spielen oder ein paar Sätze weniger auf der Bühne sagen zu dürfen. Und ich dachte an das Lied des unglücklichen Gunther, das Lied, das ich Andrea immer vorgesungen hatte und das ich unbedingt auf der Bühne singen wollte, und sofort war ich besänftigt. Spiele ich halt den König Gunther, dachte ich. Ich legte den Königsmantel um, das Prunkstück von Caros Beutezug, aus schwerem Samt, rot und mit falschem Hermelin gesäumt, und fand, dass ich gar nicht schlecht aussah im neuen Kostüm.

Jetzt habe ich so geübt, um mir den Namen von diesem Ort zu merken. Den halben Tag habe ich ihn radelnd vor mich hingemurmelt, immer wieder auf die Karte geschaut, ob ich ihn diesmal richtig gespeichert habe. Und immer noch will es mir nicht recht gelingen. »Saint-Jean-Pied-sur-Port, halt, de-Port! Noch mal: Saint ... Pied-de-Jean-de-Port, ..., nee, Saint-Jean-de ... Port-de-Pied, ... ach Mist!«

Und das sind nicht die einzigen Hürden, die ich zu überwinden habe im Bemühen, diesen Ort noch bis zum Abend zu erreichen.

Mittags musste ich feststellen, dass ich mein Fahrradschloss in der Herberge liegen gelassen habe. Irgendwie hatte ich es geschafft, es beim Aufladen am Morgen zu übersehen, und den Verlust dann zu spät bemerkt. Na super! Schloss verloren, Hinterrad kaputt, Handy geklaut, Foto weg, Sattel getauscht – es bleiben immer mehr Dinge auf der Strecke. Immerhin habe ich noch eine von meinen ursprünglich zwei Sigg-Trinkflaschen. Das ist ungewöhnlich, denn normalerweise lasse ich sie paarweise an Brunnenrändern oder auf Autodächern stehen. Vorgestern war ich übrigens überzeugt, dass ich auch meine neu gekaufte Klarglasbrille verloren hätte, die mir bei bedecktem Himmel und stürmischem Wetter gute Dienste geleistet hatte. Beim Zeltaufbauen bei Madame fand ich sie dann in einer der Taschen des Innenzeltes wieder. Die Arme hatte zwei Tage in die Zeltbahn eingerollt verbracht. Kurz vorher musste ich nach einer Pause noch einmal umdrehen, weil ich mein Taschenmesser auf einer Brückenbrüstung hatte liegen lassen. Und am nächsten Morgen trug mir eine Reinemachefrau meinen Helm nach. Den hätte ich wahrscheinlich erst nach zehn Kilometern vermisst. Dass ich immer noch Andreas teure Sonnenbrille mit polarisierten Gläsern habe, ist eigentlich ein Wunder, denn Sonnenbrillen haben bei mir eine noch deutlich kürzere Halbwertszeit als zum Beispiel Fahrradschlösser. Wahrscheinlich passt Andrea selbst darauf auf.

Immerhin bin ich wegen des fehlenden Schlosses etwas leichter. Das ist gut. Ich muss mich ganz schön ranhalten, denn heute will ich die fast hundert Kilometer schaffen, die zwischen Arzacq-Arraziguet (*der* Ortsname geht mir schon ganz flüssig über die Lippen) und dem Fuß der Pyrenäen liegen. Dabei gilt es, tausend Höhenmeter in ständigem Auf und Ab zu überwinden. Aber ich lasse nicht locker. Einigen geöffneten Kirchentüren habe ich bereits die kalte Schulter gezeigt und den ganzen Tag keine einzige Kerze angezündet. Das erste Mal auf dieser Reise. Der Drang dazu hat etwas nachgelassen, stelle ich mit leicht schlechtem Gewissen fest. Das Entzünden der Kerze kommt mir allmählich wie eine leere Übung vor, ich bin lange nicht mehr so emotional wie noch in Speyer oder an manchen Orten in Nordfrankreich.

Allerdings wirken die Kirchen hier im Süden auch weniger einladend, sie scheinen etwas müde zu sein. Viele Fassaden bröckeln, Statuen verlieren ihre Gesichter, Reliefs sind kaum noch erkennbar. Vermutlich spielt die Umweltverschmutzung eine große Rolle, aber vielleicht sind die Fassaden ja auch zu Tode fotografiert worden? Wer weiß, ob sich die Kirchen von den vielen Fotos, die täglich von ihnen gemacht werden, nicht auch abnutzen? Die vielen, sinnlos in die gleißende Nachmittagssonne geschleuderten Blitze sind sicher nicht gut fürs Mauerwerk. Wenn schon vor fünfhundert Jahren Fotoblitze erfunden worden wären, gäbe es wahrscheinlich einige Kirchen schon gar nicht mehr, denke ich, als ich an einer besonders bemitleidenswerten Kapelle vorbeiradle, vor der zwei Touristen ihre Kameras zücken.

Auch ein Gewitter am späten Nachmittag kann mich nicht mehr aufhalten. Ich strampele weiter durch den Regen. Ich bin einfach zu gespannt auf Saint-Jean-Pied-de-Port (ha, endlich!), diesen Ort, der Ausgangspunkt für den »eigentlichen«, den spanischen Jakobsweg ist und gleichzeitig Schlusspunkt der französischen Wege.

Ich nehme also jede Mühe auf mich, um dorthin zu gelangen, aber ich muss sagen, ich bin dann doch ein bisschen enttäuscht. Ich habe einen brummenden Ort erwartet, voller Pilger, die entweder am kommenden Tag die große Etappe über die Pyrenäen in Angriff nehmen wollen oder aber das Ende ihres Weges feiern. Ein bisschen Partystimmung wäre eine willkommene Abwechslung nach all den eher stillen Abenden in Frankreich gewesen.

Stattdessen ist es auch hier sehr ruhig. Eher »normal« aussehende Touristen sitzen vereinzelt und mit traurigen Gesichtern in den Bars herum, vielleicht hatten sie auch mehr Spektakel erwartet. Nur hie und da trotten Pilger durch die schmalen altertümlichen Gassen. Auch der Campingplatz, den man über eine uralte Steinbrücke erreicht, ist kaum belegt. Ein Teil der Rasenfläche ist von einer Gruppe von Motorradfahrern bevölkert. Etwas abseits haben sich ein paar kleine Zelte zusammengerottet, und die an die Bäume gelehnten Velos signalisieren schon von Weitem: Radler. Ich geselle mich zu ihnen. Beim Aufbau plaudere ich mit meiner heutigen Nachbarschaft, wir tauschen das Woher und Wohin aus, aber ich bin spät dran, bald schon ziehen sich alle in ihre Zelte zurück. Meine Hoffnung, mal nicht allein zu dinieren, zerschlägt sich schnell. Es verfestigt sich stattdessen mein Eindruck, dass Radler eher Einzelgänger sind; selbst die Paare gehen am Abend nicht essen, sondern kochen vor ihren Zelten und verschwinden dann bald nach drinnen.

Leider gibt es auf europäischen Zeltplätzen keine dieser Tisch-Bank-Kombinationen, wie sie auf jedem amerikanischen Zeltplatz anzutreffen sind. Schon gar keine Feuerstelle. Als Andrea und ich vor Ewigkeiten die Westküste Nordamerikas von Vancouver nach San Diego entlanggeradelt sind, haben wir uns jeden Abend mit anderen Radlern auf solchen Bänken zusammengefunden oder uns um ein gemeinsames Feuer geschart.

Während die anderen sich für die Nacht fertig machen, gehe ich also mal wieder allein auf Restaurantsuche. Das ist nicht schwierig. Der kleine Ort ist ganz offensichtlich auf größere Pilgerströme eingerichtet. Eine Menge von Unterkünften und Restaurants buhlen um die überschaubare Zahl der Ankommenden. Zum ersten Mal sehe ich auf dieser Reise eine größere Ansammlung von Souvenirläden und Ausrüstungsgeschäften. Auf die Bedürfnisse der Pilger spezialisiert, wirken auch sie noch leicht unterbeschäftigt. Muscheln in allen möglichen Varianten hängen gelangweilt von den Vordächern der Shops herunter. Muscheln zieren auch Gürtelschnallen, T-Shirts, Armbänder oder nicht immer ganz saubere Tassen. Kleine Jesuse hängen erschöpft an ihren Kreuzen, Jakobsabbildungen und -statuetten bitten mit gefalteten Händen, dass man sie endlich mitnehmen solle. Wahrscheinlich hatten auch die Regencapes angesichts des heutigen Gewitterwetters einige Hoffnung, endlich von hier fortzukommen, aber an diesem Abend hängen auch sie noch im Laden, genauso wie die Holzwanderstäbe, die vielen verschiedenen Hüte, die Stirnlampen und die Travel-Handtücher.

Aber auch wenn das Geschäft jetzt in der Vorsaison noch nicht auf vollen Touren läuft, es zeigt sich bereits, wie erfolgreich die Idee mit dem Jakobsweg gewesen ist. All die Geschäfte, Bars, Herbergen und Restaurants gäbe es an diesem ziemlich abgelegenen Ort nicht, wenn man damals nicht auf die Sache mit dem Pilgerpfad verfallen wäre. Das ist umso bemerkenswerter, wenn man bedenkt, dass der Weg ja eigentlich aus einer Notsituation entstanden ist. Ich setze mich in ein Restaurant und blättere in meinem Führer, um mich noch einmal zu vergewissern. Wenn ich das alles richtig verstanden habe, hatten um 800 n. Chr. die Mauren fast ganz Spanien erobert. Das fanden die von den Westgoten abstammenden Christen überhaupt nicht lustig, da sie selbst das Land erst zweihundert Jahre zuvor von Norden her erobert hatten. Sie brauchten ideologisches Futter, um ihre Untertanen zur Wiedereroberung der Iberischen Halbinsel zu motivieren. Also kamen die nach Asturien geflohenen westgotischen Adeligen auf die Idee, ein Apostelgrab zu (er)finden.

Und mangels anderer Unterhaltung stelle ich mir beim Abendessen vor, wie vor eintausendzweihundert Jahren die nördlichen Kleriker unter dem Vorsitz von Alfonso II., dem König von Asturien, so eine Art Thinktank zusammengerufen haben, eine Versammlung aus Vasallen, Beratern, Eventmanagern und Lobbyisten, die über den richtigen Umgang mit der Situation beraten sollten.

»Leute, ihr wisst, die Mauren haben fast ganz Spanien erobert. Auf die Iberer können wir nicht zählen, denen scheint die arabische Herrschaft am Ende sogar zu gefallen. Wir brauchen irgendwas, das einen Stimmungsumschwung einleiten könnte.«

»Also, ich habe ja letztens die Hexenverbrennungen in Höxter inszeniert. Das war ein großer Erfolg, die Kritiker waren begeistert!«

»Nein, nein, nein, das ist zu negativ. Wir müssen die Leute für die Reconquista gewinnen. Die brauchen einen Grund, das Land zurückzuerobern.«

»Ich kenne ein Bordell in Salamanca«, murmelt ein gemütlicher Bischof, »dafür würde es sich schon lohnen ...«

Das darauffolgende Lachen erstirbt sofort, als Alfonso streng in die Runde schaut.

»Also, Leute, jetzt konzentriert euch bitte. Wir brauchen eine zugkräftige Imagekampagne. Wir müssen den Leuten zeigen, dass wir uns auf Gottes Unterstützung verlassen können und nicht die verdammten Mohammedaner. Irgendwelche Vorschläge?«

Die anwesenden Geistlichen schauen verlegen auf den Boden oder aus dem Fenster. Dann gibt es einige vorsichtige Wortmeldungen.

»Wie wäre es mit einem Wunder?«, traut sich der erste Berater aus der Deckung. »Zum Beispiel eine Brotvermehrung?«

»Und wie sollen wir das anstellen? Das kriegen wir doch nie gebacken.«

»Oder Reliquien?«, meldet sich ein anderer. »Ein Nagel von Jesu Kreuz?«

»Wenn alle Nägel, die irgendwo als Reliquien verehrt werden, tatsächlich vom Kreuz stammen würden, hätte Jesus eine Fakirschule aufmachen können.«

»Wie wäre es mit einer Madonnenstatue, die aus den Augen blutet? Das lässt sich ganz leicht zusammenbauen ...«

»So was glaubt uns doch kein Mensch«, unterbricht Alfonso schon wieder.

»Und wenn wir gleich ein ganzes Grab entdecken würden?«, fragt ein junger Knappe aus der zweiten Reihe.

»Ein Grab? Und wer soll da drinnen liegen? Die Heiligen Drei Könige?«

Die Vasallen lachen pflichtschuldig über den Scherz des Königs.

»Nein, die Heiligen Drei Könige sind schon von Köln in Beschlag genommen«, antwortet der Junge sachlich. »Ich dachte an einen Apostel.«

»Die sind schon alle vergeben: Paulus liegt in Rom, Johannes in Ephesus ...«

»Aber was ist mit Jakob?«

»Jakob? Meinst du den Barbier von unten aus dem Haus?«

»Nein, den Apostel Jakob. Der Bruder von Johannes.«

»Kenn ich nicht.«

»Hat aber beim Abendmahl dabeigesessen. Nicht direkt neben Jesus, aber immerhin, er ist noch auf dem Bild.«

»Hat der irgendwas geleistet?«

»Soweit ich weiß, nichts Spezielles. Ein fleißiger Missionar. Gestorben unter unklaren Umständen irgendwo im Heiligen Land. Daraus lässt sich sicher ein Märtyrer machen.«

»Und der liegt hier bei uns in Spanien?«

»Nein, wahrscheinlich in Palästina. Aber wo genau, weiß keiner.«

»Und was hat das dann mit uns zu tun?«

Jetzt tritt der junge Knappe vor: »Wir behaupten einfach, dass er auch mal in Spanien missioniert hätte. Kann doch eh keiner widerlegen. Nach achthundert Jahren. Und sein Leichnam ist nach seinem Tod von Jerusalem nach Spanien gebracht worden, am besten von Mönchen. Und dort begraben worden, in ..., was ist denn noch unter unserer Kontrolle?«

»Na ja, Galicien, aber das ist echt der Arsch der Welt. Da ist höchstens der Hund begraben.«

»Das würde sich dann ändern.«

Alfonso denkt nach. »Okay, das könnte gehen, aber das muss man noch ein bisschen aufhübschen. Die können den ja nicht einfach in Spanien an Land geworfen haben. Wunder, Leute, wir brauchen Wunder!«

»Wie wäre es«, traut sich ein Prälat, »wenn das Schiff ankommt, dass da einer mit seinem Pferd in die Fluten reitet, um das Boot mitsamt Leichnam an Land zu ziehen, und wenn er wieder rauskommt aus dem Wasser, dann hat das Pferd einen Fisch im Maul.«

Alfonso schnaubt. »Das soll ein Wunder sein? Ein Pferd, das einen Fisch apportiert?«

»Na, oder es sind viele Fische«, stammelt der Prälat. »Das ganze Pferd ist über und über mit Fischen bedeckt. So eine Art wunderbare Fischvermehrung.«

»Das erinnert mich an meinen letzten Urlaub«, wirft der dicke Bischof ein, »da bin ich aus dem Wasser, und es hing eine Qualle an meinem Bein.«

»An diesem Pferd hängen keine Quallen!«, ruft Alfonso kategorisch.

»Aber vielleicht Muscheln …«, sagt der Knappe leise.

»Das ist ja wohl die bekloppteste Idee, die ich je gehört habe.« Alle nicken empört mit den Köpfen, jetzt ist der junge Kerl zu weit gegangen. »Aber so bekloppt«, fährt Alfonso fort, »das könnte sogar funktionieren.« Erschrocken nicken alle wieder mit dem Kopf.

»Also, fassen wir mal zusammen: Wir verbuddeln ein paar Knochen, die lassen wir von einem Eremiten finden, der eine Lichterscheinung hat et cetera et cetera, und dann schicken wir den Bischof von Padrón hin, dass er bezeugt, dass es das Jakobus-Grab ist. Für ein Glas Wein würde der sogar bezeugen, dass die Erde rund ist, hahahaha. Außerdem verbreiten wir in den einschlägigen Medien, dass Jakob uns bei der Reconquista hilft.«

Die Stimmung im Thinktank wird ausgelassener. Man öffnet ein paar Flaschen vom guten Rioja.

»Leute, das ist so absurd, dass es schon wieder gut ist.« Alfonso hebt sein Weinglas. »Bin gespannt, wie lange es dauert, bis uns da jemand draufkommt!«

LAST NIGHT THE STAGE
SAVED MY LIFE

Nachts um halb zwei war Würzburg ruhig. Die Biergärten waren schon lange geschlossen, Kirchenbeleuchtungen abgeschaltet, Schaufenster abgedunkelt. Außer mir war niemand mehr auf der Straße. Das war gut, so bestand keine Gefahr, dass ich auf meinem Fahrrad jemanden umfahren würde. Wegen der Tränen konnte ich nicht viel sehen. Es war die Nacht der Premiere unseres neuen Sommertheaterstücks »Drachengold«. Ein rauschender Erfolg. Obwohl alles sehr auf Kante genäht gewesen war, hatte sich das Stück am Ende auf fast wundersame Weise von allein entwickelt, alle Puzzleteile waren zusammengefallen. Diskussionen waren fruchtbar gewesen, Probleme hatten sich in Luft aufgelöst, schwierige Stellen hatten sich als Sternstunden herausgestellt, und trotz Überlänge war das Premierenpublikum begeistert mitgegangen. Einige Kürzungen waren noch nötig, das war mir klar, aber heute Abend hatte es auch so funktioniert. Hinterher hatte es eine ausgelassene Feier gegeben, die ich auch hatte genießen können, aber nun auf der Rückfahrt, mitten in der schlummernden Fußgängerzone, erwischte es mich. Die Mischung aus Erschöpfung, nachlassendem Stress und dem plötzlichen Alleinsein war einfach zu viel. Sie wird diese Show nie zu sehen bekommen, dachte ich.

Während ich durch die stille Fußgängerzone rollte, drängten sich immer wieder die Szenen des Abends in mein Bewusstsein. Wie ich am Haken hing zum Beispiel. Der Klettergurt unter meinem Kostüm drückte und klemmte, und ich spürte, wie mir die Beine mangels Blutversorgung einschliefen. Irgendwo hatten wir gelesen, dass in der Nibelungensage Brünhild ihren Mann Gunther nachts an einen Haken vor ihrer Schlafzimmertür hängte. Was für ein groteskes Bild, das wollten wir uns natürlich nicht entgehen lassen. Also baumelte ich für eine Weile von der Kulisse herab, und die Zuschauer lachten sich kaputt. Und dann erklang die Klaviermusik, ein Spot blendete auf, und ich begann zu singen. Ein trauriges Lied, tragikomisch, das Lied vom trotteligen Gunther, der am Haken hängt, von der ruppigen Brünhild dort geparkt für die Nacht, und der dennoch daran glaubt, dass sie ihn liebt. Eine wirklich schöne Ballade, und ich dachte daran, wie ich sie geschrieben hatte, während Andrea im Krankenhausbett neben mir schlief. Wie ich ihr das Lied vorgesungen hatte, als sie aufwachte und ich sie von ihren Schmerzen ablenken wollte. Als ich am Ende war, hatte sie wie ein kleines Kind mit geschlossenen Augen »Schön!« gesagt. »Zu viele Worte«, hatte sie noch gemeint, auch in ihrem Zustand die kritische Begleiterin meiner Arbeit. Ich harkte die Reime noch ein bisschen aus und sang es ihr erneut vor. Mit dem Ergebnis: »Noch mal.« Und ich hab es noch mal gesungen, und wieder hieß es: »Noch mal.« Und immer wieder.

Neben dem Krankenhausbett sitzend, eingezwängt zwischen dem Transfusionsständer und dem Tisch mit den Kotzschalen, nur einmal unterbrochen von der verdutzten Nachtschwester, die wissen wollte, was denn in unserem Zimmer los sei, sang ich, bis sie endlich eingeschlafen war. So hatte ich es geprobt und den Text auswendig gelernt, später hatte ich nicht mehr über die Zeilen nachdenken müssen, wie in vielen anderen Passagen der nicht gerade überprobten Show.

Auf der Heimfahrt wurde mir klar, wie stark Andreas Tod die Show beeinflusst hatte, beseelt vielleicht im wahrsten Sinne des Wortes. Es hatte eine besondere Stimmung über dem Abend gelegen, eine melancholische Unterströmung, die die Zuschauer mitbekamen, ohne dass es ihnen den Spaß verdarb. Obwohl niemand die Geschichte von Gunthers Lied kannte, niemand wusste, dass ich »ihr« Lied sang, spürten die Zuschauer, dass da mehr war als eine schöne Melodie, ein tragikomischer Text, mehr als ein armer Tropf, über den man lachte. Dass Gunther sich in unserer Version am Ende als »Held« entpuppte, hat das Publikum dann zusätzlich gefreut. Erst auf dem

Rad wurde mir die Symbolik bewusst: Wie Gunther habe ich ganz schön viel mitgemacht, dachte ich, und meine Sicht verschlechterte sich noch mehr.

Eine Freundin hatte nach der Vorstellung gesagt: »Ich habe mich gefragt, wie du das machst, wie das gehen kann, dass du da nach all dem Drama des letzten Jahres auf der Bühne stehst und Späße machst. Aber je länger die Show gedauert hat, desto mehr habe ich verstanden. Andrea ist irgendwo da und schaut dir zu und unterstützt dich.«

Ich fand das einen sehr schönen Gedanken. Andrea war Teil der Show, war eingewoben in den Erzählstrang, ohne je erwähnt zu werden. Der Gedanke, es gibt Schlimmeres als eine schlechte Show, hat mich und uns mutiger gemacht, sorgloser, weniger ängstlich. Weniger egoistisch. Weniger eitel. Auch andere Zuschauer sagten nach der Premiere, die Show sei anders als vorherige gewesen, und wir hatten es bei den Proben nicht einmal bemerkt.

Die Premiere war übrigens alles andere als störungsfrei verlaufen. Zwischendurch bestand sogar Gefahr, dass die ganze Bühne abbrennt. Ich musste laut lachen bei der Erinnerung an Caro, wie sie mit einer Flasche Cola-Mix hinter die Bühne gerannt kam und mir zuraunte: »Der Drache brennt!« Ich verstand erst gar nicht, was sie wollte. Der Drache war unser ganzer Stolz, das Schmuckstück der Show, von unseren Bühnenbildnern in mühevoller Kleinarbeit zusammengeklebt. Der beeindruckend große Kopf schaute aus der Bühnengasse heraus, wobei Heike und Birgit mit Holzhebeln das Maul und die große Pfote bewegten. Ich stand an anderer Stelle hinter der Bühne und bewegte den Schwanz. Ein riesiges Puppenspiel, das wir da aufführten.

Aber was flüsterte Caro jetzt von einem Feuer? »Das Auge!«, rief sie eindringlich und drängte mich Richtung Drachenkopf. Dann sah ich, was Caro meinte. In dem ganzen Qualm, den die Nebelmaschine erzeugte, fiel es fast nicht auf, dass aus dem Auge des Drachen ein ganz selbstständiger, andersfarbiger Rauch aufstieg. Der kleine Scheinwerfer, der das Drachenauge von innen gefährlich erscheinen lassen sollte, drohte ganz nebenbei, das Pappmaschee zu entzünden.

»Der Drache brennt!«, zischte ich jetzt meinerseits den beiden Kolleginnen zu, aber sie schienen nicht zu verstehen. Unbeirrt arbeiteten sie sich an den Drachenkörperteilen ab. Florian gab auf der Bühne ahnungslos einen großartigen Siegfried, der mit dem Drachen über ein Friedensabkommen verhandelte. Birgit versetzte mir einen Stoß mit dem Ellenbogen: »Verzisch dich, du bist noch nicht dran!« Ich hatte keine Zeit für Erklärungen: »Nehmt die Finger weg von allen Metallteilen«, rief ich überflüssigerweise, denn der Drache bestand aus Holz. Ich schüttete Caros Softdrink über die Lampe. Die aber qualmte unverdrossen weiter.

Birgit beschwerte sich erneut. »Sag mal, spinnst du?« Erst jetzt kam ich auf die glorreiche Idee, das Kabel der Lampe zu verfolgen und den Stecker herauszuziehen. Das diabolische Leuchten im Drachenauge erlosch. Und damit versiegte auch der unerwünschte Extraqualm. Vorsichtshalber goss ich den Rest vom Cola-Mix über den angeschmorten Augapfel. Ich schaffte es gerade rechtzeitig aus der Kulisse auf die Bühne, um mit wildem Gebrüll den nun erblindeten und noch leicht schmorenden Drachen auf groteske Art zu ermorden. Die Zuschauer hatten nichts bemerkt, aber auf der Premierenfeier erzählten wir uns die Geschichte immer wieder unter Prusten und Lachen, froh, so glimpflich davongekommen zu sein.

»Du bist schon sehr tapfer, dass du trotzdem spielst«, hatte jemand anderes mir auf der Premierenfeier zugeraunt. Ich war mir nicht sicher, ob das ausschließlich als Kompliment gedacht war. Schwang da auch etwas Misstrauen mit? Wie kann das sein, dass der spielen kann? Mit Tapferkeit hatte das jedenfalls nichts zu tun. Ich musste mich ja nicht einmal dazu zwingen, auf die Bühne zu gehen. Im Gegenteil. Ich wollte spielen. Das war meine Therapie. Es gab mir das Gefühl: Hurra, ich lebe noch! Es war ein Glück, dass es die Bühne gab.

Denn während einer Vorstellung taucht man in eine andere Welt ein, in ein anderes Dasein. Nichts anderes als dieser Moment existiert und dann der nächste und der nächste. Und alles außerhalb dieses Moments verschwindet. Man verschwendet keinen Gedanken an die Zukunft. Wenn es gut läuft, wenn man die Welle reiten kann, dann ist man mit jeder Faser des Seins im Hier und Jetzt. Und wenn man in diesem Zustand ist, dann kann es sein, dass man vom Text abweicht, improvisiert, und man hat keine Ahnung, wo das, was man sagt, herkommt. Das geht praktisch vom Kleinhirn direkt zum Mund. Bergsteiger sollen nicht nach unten schauen, während sie in der Wand hängen. Auf der Bühne darf man sich keine Sorgen machen über den nächsten Satz. Man muss darauf vertrauen, dass er kommt. Wie ein Schlafwandler gleitet man durch die Show und muss nur dafür sorgen, dass man sich selbst nicht weckt. Comedy als Zen-Meditation.

Ein befreundeter Kabarettist hat die Zeit, die man auf der Bühne verbringt, mal das »Über-Leben« genannt, parallel zum Freud'schen Über-Ich. Mir hat dieses Über-Leben jedenfalls geholfen zu überleben.

Nach Andreas Tod kamen noch einige pragmatische Gedanken hinzu: Es schadete ja niemandem mehr, wenn ich auf der Bühne stand. Und vielleicht wollte Andrea sogar, dass ich spielte, weil es das war, was sie an mir geliebt hatte. Und klar, es tat gut, abgelenkt zu sein, beschäftigt zu werden.

Vielleicht beruhte diese Art der Ablenkung ja auch auf einem ganz alten Mechanismus. Meine Mutter hatte sich, als wir klein waren, selbst viele Spiele ausgedacht, um uns fünf Kinder bei Laune zu halten und uns die vaterlose Situation nicht allzu stark spüren zu lassen. Das hat den Ton in unserer Familie gesetzt, und später haben wir auf eigene Initiative und mit viel Fantasie Spiele erfunden. Wir haben Flugzeugabstürze im Dschungel möglichst naturgetreu nachgestellt, bunte Karnevalszüge in unserer Straße organisiert, Klassiker wie *Memory* und *Stadt, Land, Fluss* weiterentwickelt und verschärft, weil wir uns bei den normalen Versionen bald langweilten. Später, als ich mir ein Tonbandgerät zusammengespart hatte, haben wir viele Hörspiele improvisiert oder Talkshows, jeder durfte sich einen Charakter ausdenken, und dann haben wir das Band angeschaltet. Die Aufnahmen fanden wir meist wahnsinnig lustig. Deshalb empfinde ich wohl bis heute das, was ich tue, nicht als Arbeit, sondern als eine Fortsetzung der Kinderspiele von damals mit anderen Mitteln, und manchmal bin ich immer noch überrascht, dass man mir sogar Geld dafür zahlt. Ebenso überrascht bin ich, dass keines meiner Geschwister den gleichen Weg auf die Bühne eingeschlagen hat, ich fand, die waren alle talentierter als ich.

All dies ging mir durch den Kopf während meiner einsamen Radtour durch das schlafende Würzburg. Aber auch eine gewisse Leere machte sich breit: Das war das erste Mal seit über einem Jahr, dass nichts Drängendes vor mir lag. Ich musste nicht schnell nach München rasen, keinen Notfall managen, keine Planungen für die nächsten Tage machen, keine dringenden Proben wahrnehmen. Sechs Wochen lang würde ich jetzt fünfmal in der Woche zum Schützenhof fahren und die Show spielen, wie ein Kabarettbeamter. Ich war mir nicht sicher, ob ich diese Ruhe aushalten und genießen könnte.

Andererseits war schon absehbar, dass wir eine sehr erfolgreiche Saison spielen würden – und das war natürlich eine tolle Sache. Und ich freute mich darauf, einen Sommer lang jeden Abend Andreas Lied singen zu dürfen.

Trotz all meiner Bemühungen, einmal wirklich früh loszukommen, bin ich am Morgen auf dem Campingplatz in Saint-Jean-Pied-de-Port der letzte Pilger weit und breit. Ich bin erst um halb neun aufgewacht. Zu Hause ist das normalerweise eine Zeit, zu der ich mich noch einmal umdrehe und selig ein, zwei weitere Stündchen vor mich hinschnurchele, aber nach mehreren Wochen Radtour schlägt meine innere Uhr anders. Während andere Menschen im Urlaub endlich lange schlafen wollen, sind es bei mir gerade die Reisen, während deren ich früh aufstehe.

Und so habe ich schon um halb neun das Gefühl, ich hätte verschlafen. Als ich eilig die Nase aus dem Zelt stecke, sehe ich, dass alle anderen Radler schon verschwunden sind. Helle Flecken im Gras zeigen noch, wo ihre Lagerstellen gewesen sind. Selbst die Motorradgang ist schon beim Packen. Unglaublich, dass ich von all dem Aufbruchstrubel nicht geweckt worden bin. Aber nichts gibt einem einen besseren Nachtschlaf, als täglich hundert Kilometer im Sattel zu verbringen …

Was immer meine Radlerkollegen zum frühen Aufbruch bewogen haben mag – die Angst vor zu großer Hitze kann sie nicht aus dem Schlafsack getrieben haben. Es nieselt. Aber auch ich weiß, dass heute ein langer Anstieg bevorsteht, und deshalb versuche ich, beim Einpacken etwas Zeit gutzumachen. In der Eile jedoch bricht mir beim Versuch, das nasse Zelt etwas auszuschütteln, eine der Zeltstangen. Das heißt, mir bricht ein Element aus einer Unzahl von länglichen Hülsen, die von einem langen Gummiband zusammengehalten werden und zusammengesetzt so etwas wie ein spindeldürres vierbeiniges Tier mit Kopf und Schwanz ergeben, an dem man die Zeltbahn aufhängen kann. Als wäre ihm das Rückgrat gebrochen, fällt das Zelt weidwund in sich zusammen. Wieder ein langjähriger Begleiter, der auf dieser Pilgerfahrt Schwäche zeigt.

Obwohl es lange her ist, erinnere ich mich noch gut, wie wir das Zelt ausgesucht haben auf einer großen Outdoormesse. Andrea und ich sind in eine Unzahl von Zelten gekrochen, haben uns ausgestreckt, um den Fußraum zu testen und im grünen, gelben oder bläulichen Dämmerlicht der Planen die Vorzüge der verschiedenen Ausstellungsstücke zu vergleichen. Dass unsere Wahl letztlich auf dieses Zelt fiel, hatte mit Andreas Entschiedenheit zu tun – sie wollte unbedingt ein Zelt mit zwei gleichwertigen Ausgängen haben und mit zwei gleich großen Vordächern, in denen alle Radtaschen trocken übernachten könnten. Bis heute finde ich, dass wir eine sehr gute Wahl getroffen haben. Aber ohne Andreas Anwesenheit scheinen die Dinge nicht mehr die gewohnte Ausdauer aufbringen zu können. Auch ihnen fehlt Andreas Stabilität. Ein Griff, und die Zeltstange versagt ihren Dienst. Im Geiste sehe ich Andrea die Augen verdrehen. Du gehst so schlampig mit den Dingen um, hat sie mir immer vorgeworfen, und wie gern hätte ich mich jetzt gegen diesen Vorwurf verteidigt. Ich könne ja nichts dafür, hätte ich gesagt, dass ein hundertmal ausgeübter Handgriff das hunderterste Mal zu einem Bruch führt.

Stattdessen bemühe ich mich seufzend, die Stange mit zwei Schellen zu flicken, mit denen ich ein paar Tage zuvor erfolglos versucht habe, eine abgescherte Schraube am Gepäckträger zu ersetzen (auch der hatte die letzten zwanzig Jahre klaglos seinen Dienst getan). Eine weitere halbe Stunde geht ins Land, ohne dass ich etwas erreiche, und erst dann steige ich endlich aufs Rad. Ich werde in Pamplona einen Outdoorshop finden müssen, der mir hoffentlich mit meinem Gestänge helfen kann.

Aber bald schon sind meine Gedanken mit näherliegenden Dingen beschäftigt. Nach wenigen Aufwärmkilometern in feuchter Kühle beginnt der lange Anstieg zum Puerto de Ibañeta. Etwa achthundert Höhenmeter gilt es zu bewältigen, Wanderer müssen sogar noch vierhundert Meter mehr hinauf, da rächt es sich, dass sie abseits der Straße bleiben. Trotzdem ist auch für uns Zweiräder eine kraftsparende Fahrweise ratsam. Respektvoll langsam beginne ich die ersten Höhenmeter, aber nach der zweiten oder dritten Serpentine sehe ich vor mir an der nächsten Biegung zwei Radler verschwinden. Sofort ist mein Jagdinstinkt geweckt, und ich trete motivierter in die Pedalen. Und tatsächlich gelingt es mir, zu den beiden aufzuschließen.

Es sind zwei Österreicher, beide in meinem Alter, und wir begrüßen uns fröhlich. Mit einem von ihnen, Josef, entwickelt sich bald ein langes und freundschaftliches Gespräch, das praktisch bis zur Passhöhe anhält. Wir unterhalten uns darüber, ob Melkfett das richtige Mittel bei wunden Hintern ist (brauche ich nicht) und ob Wiedergeburt eine Alternative zum christlichen Glauben ist (zumindest interessant). Welche Chancen Deutschland hat, Fußballweltmeister zu werden (keine), und ob Krankheiten wie Krebs auch eine Botschaft innewohnt, die es wahrzunehmen gilt (nicht ganz von der Hand zu weisen). Irgendwann schließt ein junger Belgier von hinten zu uns auf, er rollt eine Weile neben uns, zieht aber bald weiter, später überholen uns noch zwei Italiener, die zügig unterwegs sind und ebenfalls schnell hinter der nächsten Biegung verschwinden.

Aber die wenigen Meter, die man nebeneinander herfährt, reichen immer für ein paar nette Grüße, einen Austausch der wesentlichen Fakten: Aus welchem Land, wo gestartet, wo geht's heute noch hin? Alle Radler, die ich an diesem Tag treffe, sind in ihren jeweiligen Ländern losgefahren, alle haben also schon eine Menge Kilometer in den Beinen, entsprechend zügig ziehen sie den Berg rauf – und ich dachte, ich wäre fit. Immerhin, die Österreicher haben ein ähnliches Tempo wie ich, sind sogar ein bisschen langsamer, wie ich bald zufrieden feststelle, bis mir Josef erklärt, warum Alois immer hinter uns beiden herfährt: Ihm fehle ein Unterschenkel, er fahre mit einer Prothese, wobei es trotzdem seine Idee gewesen sei, von Linz aus zu starten. Er habe sich und anderen beweisen wollen, wozu er mit seinem Handicap fähig ist.

Nach diesem Gespräch ist mein Glaube an meine persönliche Stärke endgültig dahin. Ich kann ja schlecht stolz darauf sein, einen Invaliden abgehängt zu haben. Zumal mir bald klar wird, dass auch Josef eigentlich schneller könnte. Er erklärt mir, er habe mal ein Sägewerk geleitet, habe das aber aufgegeben und mache jetzt »Energiearbeit«, was immer das genau bedeutet. Er begleite Menschen bei ihrer Entwicklung, erklärt er mir ungefragt, auf ihrem Weg zur Gesundheit. Er schaut nach hinten, wo Alois sich langsam, aber zäh vorankämpft. Mich jedenfalls begleitet Josef mit seinen Einsichten den ganzen Pass hinauf. Wir plaudern so angeregt, dass mir der Anstieg überhaupt nicht schwerfällt. Irgendwann haben wir die Grenze zu Spanien überschritten und es nicht einmal bemerkt.

Dankbarkeit, sagt Alois in der Pause oben am zugigen Ibañeta, das sei das Thema des Trips für ihn. Ihnen sei so viel

Hilfsbereitschaft entgegengeschlagen, sogar in Baden-Württemberg, wie er betonte, das erfülle ihn mit großer Dankbarkeit. Gut, eine Dankeswallfahrt sei das nicht gerade, was ich da mache, erkläre ich, auch wenn auch mir viel Hilfsbereitschaft entgegengeschlagen sei, und die beiden nicken verstehend.

Eigentlich hätten wir diesen Pass als einen Höhepunkt der ganzen Reise etwas mehr genießen wollen, aber es ist kalt und ungemütlich hier oben, die Sicht von Wolken verstellt, und deshalb geht es bald schon weiter. Wir fahren noch eine Weile zusammen durch die anspruchsvoll wellige Berglandschaft, bevor sich vor der Abfahrt nach Pamplona unsere Wege trennen. Ich will den Abend in Pamplona verbringen, ich finde, nach siebzig Kilometern und mehr als tausend Höhenmetern habe ich mir das verdient, aber die beiden wollen noch weiter. Sie haben einen engeren Zeitplan als ich und müssen mindestens hundertzwanzig Kilometer pro Tag zurücklegen. Wir verabschieden uns herzlich.

Irgendwie bin ich auch froh, als ich wieder allein bin. Zum ersten Mal auf dieser Fahrt habe ich mich wieder umgeschaut, mein Tempo meiner Begleitung angepasst und andere Pausen gemacht, als ich selbst es getan hätte. So schön das war mit den beiden, so sehr genieße ich jetzt meine rasante Soloabfahrt. So ein fast schon autistisches Verhalten kenne ich eigentlich gar nicht von mir. Andrea, ja, die konnte so sein. Ihr war das Alleinsein wichtig, und nur zu bestimmten Zeiten wollte sie mit anderen Menschen Kontakt aufnehmen. Dafür habe ich ja dich dabei, sagte sie auf Reisen des Öfteren, du plapperst doch mit jedem. Nun, auf dieser Reise ist es anders. Ich bin mir oft selbst genug. Ich strampele ganz zufrieden vor mich hin, ich könnte oft singen und tue das auch, manchmal ohne es zu merken. Ich lasse die Landschaft an mir vorüberziehen und bin happy. Manchmal so happy, dass ich weine. Oder bin ich traurig? Ich weiß es nicht. Auf dem Rad jedenfalls fühle ich mich sicher und stark.

Silvester 2013, ein paar Minuten vor Mitternacht. Ich stand auf einem Hügel am Stadtrand von Kaufbeuren mit einem Sektglas in der Hand. Noch nie hatte ich einen Jahreswechsel so herbeigesehnt wie diesen. Über viele Jahre hatte mich der Silvesterhype ziemlich kalt gelassen. Einmal, einige Jahre früher auf Hawaii, haben Andrea und ich mit einer Flasche Sekt am Strand gesessen, die Sonne war untergegangen, es wurde halb neun, es wurde Viertel vor neun, wir waren todmüde, und es wollte einfach nicht zwölf Uhr werden. Jetlag, lange Schnorchelexkursionen und die total relaxte Atmosphäre auf der Insel hatten uns immer sehr früh ins Bett gehen lassen. Wie sollten wir an diesem Abend plötzlich bis Mitternacht durchhalten? In Deutschland standen jetzt die Leute schon wieder auf, um ihren Kater am Neujahrsmorgen zu pflegen, während wir immer noch mehr als drei Stunden bis zum Jahreswechsel hatten.

Ja, es war wunderschön am Strand, ruhig und romantisch. Aber noch mal über drei Stunden warten? »Ich glaube, ich schaffe das nicht«, hatte Andrea damals schläfrig gestöhnt. Ich versuchte, mich an die Zeitzonen zu erinnern. »Wie wäre es, wenn wir gleich um Punkt neun zusammen mit den Menschen im Mittleren Westen der USA aufs neue Jahr anstoßen und danach ins Bett gehen?« Und genau das haben wir dann gemacht.

Aber diesmal war ich nicht an irgendeinem Strand oder in irgendwelchen Bergen. Ich war in Kaufbeuren. Es war das erste Silvester seit Menschengedenken, das ich in Deutschland verbrachte. In den letzten zehn Jahren hatten wir diese Zeit fast schon traditionell irgendwo in der Sonne verbracht. Aber dieses Jahr war eben alles anders. Auch der Jahreswechsel. Und der Grund für meinen Aufenthalt war ja im Grunde ein schöner. Wir hatten mit TBC eine Silvestergala gespielt in der Stadthalle Kaufbeuren. Vierhundert begeisterte Zuschauer und eine dem Anlass entsprechende Gage ließen mich die mangelnde Sonnenexposition und das nasskalte Wetter in unseren Breiten verschmerzen. Außerdem war ich heilfroh, dass ich an diesem

Datum überhaupt etwas zu tun hatte. Es war mein erstes Silvester ohne Andrea.

Und jetzt stand ich zusammen mit den Helfern und Zuschauern auf der vom Veranstalter organisierten Feier und konnte es nicht abwarten, dass das Jahr zu Ende ging. Und zwar schnell. 2013 würde es nie und nimmer in die Top 50 meiner liebsten Lebensjahre schaffen. 2014 konnte ja nur besser werden.

Endlich schlugen die nahen Glocken zwölf, wir stießen mit Plastiksektgläsern an, und unter uns in der Stadt brach der alljährliche Feuerwerkswahnsinn los. Hier schien man besonders heftig zu böllern. *Kaufbeuren on fire.* Ich zog mich etwas von dem Trubel um mich herum zurück. Wie im Zeitraffer glitt das Jahr noch einmal an mir vorüber. Ich erlitt meinen Verlust noch einmal, kämpfte mit der Angst, spürte die Verzweiflung. Es war ein Jahr mit viel zu vielen Besuchen bei Ärzten und Notaren, in Krankenhäusern und bei Bestattungsinstituten gewesen. Ein Jahr mit viel zu wenig Reisen, Sonnenschein, Freude. Nein, 2013 hatte sich wirklich nicht beliebt gemacht bei mir.

Gleichzeitig fühlte ich jedoch so etwas wie Erleichterung und Stolz. Das Jahr lag hinter mir, das hatte ich geschafft, und im Rückblick merkte ich sogar: Es war nicht alles schlecht gewesen. Beruflich war das Jahr sehr erfolgreich gewesen, sogar in einem Maße, dass es fast verdächtig war. Hätte es noch einen Beweis dafür gebraucht, der letzte Auftritt des Jahres hier in Kaufbeuren war ausreichend Bestätigung. Drei neue Produktionen hatte ich in diesem Jahr zusammen mit meinen Kollegen gestemmt, alle geschrieben mit Blut, Schweiß und Tränen, alle sehr erfolgreich.

Auf der persönlichen Ebene sah es natürlich anders aus. Aber auch dort war nicht alles tiefschwarz, wie ich überrascht feststellte. Kurz vor Weihnachten schrieb ich Saci eine E-Mail:

»Ich vermisse Andrea immer noch wie verrückt, aber ich spüre auch einen gewissen Frieden in mir. Das ist neu für mich. Etwas Gutes geht in mir vor, es ist schwer, es genau zu beschreiben, aber es fühlt sich an, als wäre meinem Leben etwas hinzugefügt worden, das ich vorher nicht hatte. Und das, obwohl mir meine Liebe entrissen worden ist, obwohl ich so viel verloren habe. Eine gewisse Stärke, ein großer Reichtum und eine höhere Intensität der Gefühle (ich kann kaum glauben, dass ich das hier schreibe) und vor allem eine hohe Wertschätzung dessen, was ich im Leben habe. Die Änderungen sind subtil, aber definitiv spürbar. Unglaublich, oder?«

Es war genau das eingetreten, was mir allzu wohlmeinende Freunde acht Monate vorher prophezeit hatten: »Du wirst wachsen an dieser Erfahrung.« Damals hatte mich das noch gewaltig auf die Palme gebracht. Ich wollte nicht wachsen. Ich wollte meine Frau und mein altes Leben zurück. Ich war auch ohne diese Lehrstunde glücklich gewesen. Aber jetzt auf dem Hügel vor Kaufbeuren musste ich mir eingestehen: Ich war tatsächlich gewachsen an dieser Erfahrung, und auch das ließ mich schluchzen. Ich hatte mich nicht freiwillig angemeldet für den Kurs: »Erweitere deinen Erfahrungsschatz um eine private Katastrophe.« Aber immerhin, ich war auch nicht durchgefallen.

Eines war jedenfalls klar in dieser Silvesternacht: Es konnte ja von hier aus nur aufwärtsgehen. Obwohl nur ein willkürliches Datum, erschien mir mit dem 1.1.2014 ein Wendepunkt erreicht.

Und dann, als das Geknalle abgenommen hatte und wir langsam zum Restaurant zurückgingen – ich nachdenklich am Ende der Gruppe –, sah ich plötzlich links von mir, stadtauswärts, hoch über einem Waldstück eine Sternschnuppe. Blass und kurzlebig, ein dünner Strich am dunstigen Winterhimmel, viel zu still und unauffällig, um ein vorlauter Feuerwerkskörper zu sein. Ich blieb abrupt stehen. Konnte es sein, dass sich mitten in diesem aufgeregten Tumult ein echter Himmelskörper unter die Möchtegernkometen und Sternimitatoren geschmuggelt hatte? Und plötzlich war ich mir sicher, dass diese Sternschnuppe kein Zufall gewesen war, dass sie einen Gruß aus dem Jenseits bedeutete, einen Gruß von Andrea. Mach's gut im neuen Jahr, schien sie mir zu sagen, und ich winkte traurig zurück. Mach's auch gut.

Natürlich wusste ich um die Tradition. Wenn man eine Stern-schnuppe sieht, hat man einen Wunsch frei. Das kam mir gelegen. Ich fand, es wurde Zeit, dass sich die Dinge änderten. Es wurde Zeit, dass ich etwas änderte. Also wünschte ich mir etwas.

BLITZE AUS DEM JENSEITS

»Dígame!«, sagt der Verkäufer. Mein »buenos días« ignoriert er. Er steht mit herausfordernd verschränkten Armen hinter dem wahrscheinlich zehn Meter breiten Tresen, der im hinteren Teil des Ladens die Kundschaft von den Angestellten trennt. Dahinter ein ebenso breites und übermannshohes Regal mit unzähligen Fächern und Schubladen. *Ferretería* heißt diese Art von Geschäft, Eisenwarenladen. Gesegnetes Spanien! Es gibt noch keine großen Baumarktketten. Jedenfalls nicht in Pamplona. Meine Internetsuche hat nur eine sehr kurze Liste von geeigneten Geschäften ergeben, und dieses hier scheint das größte zu sein. Hier gibt es keine langen Regalfluchten, die so heißen, weil die Angestellten in ihnen ständig vor einem fliehen, hier muss man nur an wenigen Sonderangeboten vorbei, um dann wie in einem historischen Kolonialwarenladen sein Anliegen am Verkaufstresen vorzutragen. Etwas altmodisch und ungeordnet sieht der Laden zwar aus, aber das scheint niemanden zu stören, die Kundschaft ist ebenso zahlreich wie die sich wichtig gebärdenden Angestellten. Und alle reden durcheinander.

Die Atmosphäre erinnert an die zahlreichen Bars der Stadt.

Das hatte ich total vergessen: diesen Lärm in spanischen Bars. Gestern bei meinem abendlichen Stadtrundgang wurde ich wieder daran erinnert. Die vielstimmige Kakophonie, das ständige Kommen und Gehen, das unaufhörliche Begrüßen und Verabschieden. Man rennt rastlos von Lokal zu Lokal, trinkt einen Tropfen Wein aus einer flachen Schale, isst kleinste Portionen irgendwelcher Leckereien, die berühmten Tapas, und dann ist man nach gefühlten zehn Minuten schon wieder draußen, *en la calle*. Spätestens nach einer halben Stunde ist die gesamte Kundschaft der Bar vollständig ausgetauscht. Wer länger auf seinem Barhocker klebt, muss ein Tourist sein. Und das alles findet noch vor dem Abendessen statt, das man natürlich nicht vor zehn Uhr nachts einnimmt. Frühestens. Ein Albtraum für Menschen aus dem Elsass.

Ich hatte nicht erwartet, dass meine Ankunft in Spanien für mich emotional sein würde. Aber schon kurz nach dem Ibañeta spürte ich die Veränderung. Es war, als hätte jemand mit dem Übertritt über den Pass einen Schalter umgelegt. Das Wetter wurde zunehmend besser auf der südlichen Seite der Pyrenäen, ich war plötzlich froh und heiter, die Landschaft schien mir schöner, die Dörfer lebhafter. Ich behaupte ja gelegentlich im Scherz, dass ich in einem früheren Leben wahrscheinlich mal Spanier gewesen bin. Aber in solchen Momenten fühlt sich diese Behauptung ziemlich real an.

Dazu kamen die Freude und der Stolz, den Pass geschafft zu haben – jedenfalls bei der Abfahrt konnte ich mir ein paar Tränen nicht verkneifen. Es war schön und traurig zugleich. Ich erinnerte mich an den Tag, an dem Andrea und ich vor fast zwanzig Jahren zusammen in Pamplona angekommen waren. Auch damals waren wir mit dem Rad unterwegs, kamen allerdings aus Richtung Barcelona. Es war ebenfalls etwa siebzehn Uhr, wie gestern. Alle Cafés waren voll mit Gruppen alter Damen, wie es schien, die mit ihren aufgeregten Gesprächen ein angenehmes weißes Rauschen auf der weiten, wunderschönen Plaza Mayor erzeugten. Wir sind dann den ganzen Abend durch die engen Gassen geschlendert, haben uns vorgestellt, wie es hier wohl zugeht, wenn sie die Stiere durch die Stadt treiben. Wir haben Tapas gegessen und Wein getrunken, an der Bar stehend, von den Umstehenden aneinandergeschoben, im allgemeinen Trubel die Nähe des anderen spürend – das hatte einen besonderen Zauber. Wir waren glücklich hier. Das war vielleicht der schönste Urlaub, den wir je gemacht haben.

Auch gestern Abend waren die Gassen voll. An einem kleinen Platz saß die Jugend der Stadt in großen Gruppen umstandslos auf dem Pflaster, holte sich Calamares aus einem imbissähnlichen und, der Schlange nach zu urteilen, sehr beliebten

Schnellrestaurant und trank Bier aus Dosen. Nicht sehr kultiviert, aber ungeheuer lebhaft. Ich traute mich nicht, mich als alter Knacker dazuzusetzen, aber ein Bier im Stehen gönnte ich mir doch. Die Atmosphäre in der Stadt erfasste mich abermals und gefährdete mein Pilgerdasein: Wenn hier jeder so lange unterwegs war, wie konnte ich da früh ins Bett gehen? Und entsprechend unausgeschlafen stehe ich nun in dem Eisenwarenladen.

Ob ich hier eine neue Hülse für mein Hightechzelt bekomme? Ich bezweifele es. Zumal mein Verkäufer nicht allzu freundlich scheint. »Dígame!«, fordert er mich noch einmal streng auf, nachdem ich nicht sofort mein Anliegen vorbringe. Sag an! Er versinkt fast in seinem Blaumann, so dünn, wie er ist. Sein ebenfalls nicht allzu voluminöses Haar ist in einem langen Pferdeschwanz gebündelt. Ich erkläre radebrechend mein Problem – immerhin ist mein Spanisch ein bisschen besser als mein Französisch (was nicht viel heißen will) – und lasse die Zeltstangen frei, um ihm die gebrochene Hülse zu zeigen. Wie eine dünne Krake breitet sich das Gestänge scheppernd auf der Theke aus. Ungeschickt versuche ich, es im Zaum zu halten.

Der Verkäufer mustert das Aluminiumgewirr, dann schaut er mich lange an. Ich glaube schon, er wird mir die Tür weisen, weil eine der Stangen sich in einer Auslage von Taschenlampen verfangen hat und sie fast vom Tisch fegt. Aber dann bedeutet er mir mit einer seitwärtsgerichteten Kopfbewegung, mein Gestänge zusammenzupacken und ihm hinter den Tresen zu folgen. Offensichtlich bin ich an den einzigen wortkargen Bewohner von Pamplona geraten. Geduldig wartet er, bis ich alle Extremitäten des Gestänges wieder eingefangen habe, und führt mich dann in die Eingeweide der *Ferretería*. Ich meine, einige erstaunte Blicke der anderen Kunden zu erhaschen angesichts der Sonderbehandlung, die mir da widerfährt. Wer weiß, vielleicht gibt es Kunden, die in dreißig Jahren Stammkundschaft kein einziges Mal hinter den Tresen gerufen worden sind. Wer ist denn dieser Schnösel mit der wenig kleidsamen kurzen Hose, dass er da einfach so reindarf?

Ich folge meinem Verkäufer durch den Türdurchlass und trete in eine andere Welt. Eine Welt, die offensichtlich viel größer ist als der eigentliche Laden. Im Dämmerlicht der wenigen staubigen Fenster erkenne ich riesige Regale, die sich endlos in dem Raum verlieren. Ich weiche scherzenden Lagerarbeitern aus, die lange Metallprofile durch die Gänge schieben, Kisten tragen oder mit Zetteln in der Hand an mir vorbeieilen. Ich muss an den Zauberladen bei Harry Potter denken und erwarte, jeden Moment einen Troll oder ein Untier in einem der vielen Seitengänge zu sehen.

Wir dringen immer weiter vor in dieses Regallabyrinth, bis wir vor einer Unzahl von Röhren stehen. Aluminium, Kupfer, Messing, Stahl, rostfrei oder verzinkt, in allen Durchmessern und Wandstärken. Ich bin begeistert. Mit viel Gestammel auf meiner Seite und wenigen Gesten des Verkäufers einigen wir uns darauf, dass es das Beste wäre, einfach eine kurze Stahlhülse über die gebrochene Stelle zu schieben, als eine Art Schiene, wie bei einem Beinbruch. Schnell hat er den richtigen Durchmesser gefunden und umstandslos ein passendes Stück abgeschnitten, bald schon geht er mir wieder voraus, zurück in den Verkaufsraum. Schade eigentlich. Für mich hat dieses dunkle staubige Schlosseruniversum, das nach Metallspänen und Öl riecht, etwas Heimeliges. Da kann mir die ganze Hagebau-Obi-Welt gestohlen bleiben.

Wieder vor dem Tresen im Verkaufsraum, zücke ich meinen Geldbeutel und frage, was er denn jetzt bekommt für das Ersatzteil. Mit abermals verschränkten Armen bedeutet er mir, dass seine Hilfe nichts kostet. Ich danke ihm überschwänglich und meine sogar ein Lächeln auf seinen schmalen Lippen zu entdecken. Aber vielleicht täusche ich mich auch. Mit einer wegwerfenden Handbewegung scheucht er mich aus dem Laden. Großartig. Sollte jemand mal technische Probleme in Pamplona haben: *Ferretería Irigaray*. Da werden Sie geholfen.

Segel setzen!
Erstellt von Steinlilie – 04.01.2014, 16:12:07 Uhr

»Über den Wind können wir nicht bestimmen, aber wir können die Segel nach ihm ausrichten.« (Wikinger-Weisheit)
Vielleicht magst du ja mein »Wind« sein – und dieser Aushang ist mein »Segel«?
Dann könnten wir demnächst volle Fahrt aufnehmen und neuen Horizonten entgegenfahren ...
Mein Schiff hat zu bieten: sportlich-schnittige Linien, gute Seetüchtigkeit, unkomplizierte Manövrierfähigkeit und ziemlich viel Tiefgang.
Passt das vielleicht zu dir? Dann schick eine Flaschenpost – äh: E-Mail!
Okay, all das auf einer Seite des Alpenvereins zu posten ist vielleicht etwas gewagt.
Aber ich liebe eben nicht nur die Berge, sondern auch das Meer ☺
Und hier noch ein paar »technische Daten«: w, 45, 168, 55.

Das neue Jahr musste anders werden. Das war die Erkenntnis des Silvesterabends in Kaufbeuren gewesen. Ein erster Schritt schien mir, meine Basis in München zu stärken. Ich hatte zwar ein paar sehr gute Freunde aus Andreas Umfeld und fuhr auch weiterhin aus Gewohnheit mehr oder weniger regelmäßig alle vierzehn Tage nach München in ihre Wohnung, die jetzt meine war, um diese Freundschaften aufrechtzuerhalten, aber zunehmend folgte ich der Routine, ohne genau zu wissen, warum diese Regelmäßigkeit nötig war.

Und deshalb wollte ich weitere Gründe schaffen, um wie bisher nach München zu fahren. Ich begann als Erstes, Leute fürs Klettern zu suchen. Neben dem Radeln war das Klettern für Andrea und mich der zweite Lieblingssport gewesen, sie hatte mich überhaupt erst dazu gebracht. Regelmäßig waren wir in München in die Halle gegangen oder in Kochel oder Kiefersfelden an den Fels. Vielleicht ließ sich wenigstens dafür Ersatz schaffen. Ich suchte auf den Webseiten des Münchener Alpen-vereins nach Gleichgesinnten, und dabei sah ich, dass es nicht nur ein Schwarzes Brett für Kletterpartner gab, sondern auch eines für »Bekanntschaften/Beziehungen«.

Okay, hier ist ein Geständnis: Ich hatte mich schon vorher, im Dezember, auf einschlägigen Datingseiten umgesehen. Eine Kollegin hatte mich dazu ermutigt. Auf einer Premieren-feier kurz vor Weihnachten hatte sie mir vorgeschwärmt, wie sie nach Jahren der Internetabstinenz jetzt einen sehr netten Mann auf diese Weise kennengelernt hatte. Damals war ich nach wenigen Klicks sofort wieder ausgestiegen. Zu groß und beliebig schien mir die Auswahl, zu früh der Zeitpunkt für mich.

Ich war mir sicher, es würde lange dauern, bis ich jemanden finden würde, der Andrea das sprichwörtliche Wasser reichen könnte. Im Geiste sah ich mich eine Vielzahl Dates absolvieren, die ich verpatzen würde, weil ich zu ungeschickt, zu uninter-essiert oder zu unglücklich wäre, um eine weiterführende Ver-bindung aufzubauen. Die Latte schien mir einfach zu hoch zu liegen. Wahrscheinlich würde es auch jetzt noch zu früh sein, vermutete ich, aber ein kleiner Blick konnte ja nicht schaden. Irgendwie musste ich ja wieder in den Groove kommen. Und immerhin wurde auf der Seite des Alpenvereins schon eine gewisse Vorauswahl getroffen. Hier fanden sich nur Leute, die irgendetwas mit Bergen und frischer Luft zu tun hatten.

Die Menge der Posts war allerdings beängstigend. Ich war überwältigt von den vielen Frauen, bei denen Wanderschuhe und Tanzschuhe gleichermaßen im Schrank standen, Frauen, die gern in die Berge gingen, aber auch ins Theater, die ein gutes Buch genauso mochten wie gutes Essen und denen Humor so wichtig war wie ein tiefsinniges Gespräch. Das waren prinzi-piell Kriterien, denen ich zustimmen konnte, andererseits klang das alles nicht gerade ungewöhnlich. Wie sollte ich mich da entscheiden? Zunehmend lustlos scrollte ich mich durchs Angebot. Ich wollte schon aufgeben, da sah ich ziemlich weit unten, weil schon einige Tage alt, den Text von »Steinlilie« –

und der hakte sich irgendwie fest. Besonders das wenig förmliche »äh«, das »Okay, all das ... ist vielleicht etwas gewagt« sowie die »technischen Daten« gefielen mir. Da nahm jemand das Ganze nicht allzu ernst.

Bald schon kamen mir alle möglichen Wortspiele und Analogien, und ich fing an, eine launige Antwort zu verfassen. Wenn ich mich überhaupt auf dieses Spiel einlassen würde, sollte es wenigstens Spaß machen, dachte ich mir und feilte mit professionellem Eifer an dem Text.

Eine Woche später saßen wir uns zum ersten Mal gegenüber. Und nach diesem einen Rendezvous war ich eigentlich schon wieder raus aus der Datinghölle. Marion kümmerte sich einen feuchten Kehricht um hochliegende Latten. Es sollte sich herausstellen, dass wir einfach seitlich daran vorbeiliefen.

»Das gibt's doch nicht!« Nicht dass mein Fluchen irgendetwas nutzen würde. Hier hört mich sowieso niemand. Ich bin mutterseelenallein, und ich stecke fest. Aus Sorge, dass ich wegen der Reparatur meines Zeltes zu viel Zeit verloren haben könnte, habe ich versucht, auf dem kürzesten Weg vom Metallwarenhandel in einem südlichen Vorort von Pamplona zum Jakobsweg im Südwesten zurückzufinden. Wenn man sich das Zifferblatt einer Uhr vorstellt, versuche ich, von der Sechs zur Acht fahren. Ich habe meine Karte konsultiert und mir vorsichtshalber von der Navi-App eine Route ausrechnen lassen. Und in seltener Einmütigkeit haben mich beide in der Nähe des Flughafens von einer asphaltierten Straße herunter auf einen Feldweg geführt, der immer schmaler wurde und nun im absoluten Dickicht endet.

Da ist kein Weg mehr, nur eine längliche Mulde im kniehohen Gras, die andeutet, dass da vor Jahrmillionen schon einmal Menschen gegangen sein könnten. Fahren geht schon lange nicht mehr. Stattdessen benutze ich das Fahrrad als eine Art Bulldozer, den ich vor mir herschiebe, um mir einen Weg zu bahnen, am dicht bewachsenen Feldrain entlang. Nur ein tief sitzender und wahrscheinlich genetisch bedingter Widerwille gegen jede Form des Umkehrens treibt mich weiter.

Bald schon wuchert um mich herum der undurchdringlichste Dschungel, wilde Brombeeren greifen nach mir, reißen mir die Arme auf, kratzen lautstark an den Fahrradtaschen, werfen sich in die Speichen. Immer wieder schaue ich aufs Handy und konsultiere meine Karte. Das gibt es doch gar nicht! Beide Quellen sind sich sicher: Ja, wir sind richtig, weiter so! Also reiße ich mein Rad von den Schlingpflanzen los, die meinen kurzen Aufenthalt genutzt haben, um sich vielarmig um den Rahmen zu wickeln, und kämpfe mich weiter voran. Es ist heiß, der Schweiß läuft mir in die Augen, überall kleben Pflanzenreste an mir, und die Mücken haben einen Festtag. Nach einer Stunde erreiche ich einen kleinen Teich – daher also die vielen Mücken –, der von so etwas wie einem Weg umgeben ist. Mir erscheint er wie eine Autobahn. Ein Angler sitzt am Ufer und schaut mir wortlos dabei zu, wie ich den halben Wald aus meiner Ausrüstung pflücke. Jetzt weiß ich, woher der Ausdruck »sich verfransen« kommt, denke ich mit Blick auf die zerrupfte Botanik in meiner Hand. Als ich mich wieder aufs Rad setze, fällt mir ein, dass meine Spurdienste zumindest für eines gut gewesen sind: Ich habe dem nächsten Pilger den Weg geebnet, der noch schnell in der *Ferretería* in Pamplona etwas kaufen muss. Immerhin, es ist ja laut Karte tatsächlich der kürzeste Weg.

Irgendwann erreiche ich wieder Asphalt, und ich widerstehe dem Impuls, abzusteigen und den Boden zu küssen. Hier irgendwo muss auch der Jakobsweg weitergehen – aber sorry, Leute, für heute habe ich genug von unbefestigten Wegen. Also wähle ich die Nationalstraße 1110 Richtung Südwesten, bedrohlich rot auf der Karte eingefärbt, von einschlägigen Führern als viel befahren und gefährlich eingestuft. Lieber lasse ich mich von einem Laster überrollen, als wieder von den Mücken aufgefressen zu werden.

Und dann die Überraschung: Ich rolle ganz allein und völlig unbehelligt über die Nationalstraße. Ich kann mein Glück kaum fassen. »Astrain« heißt der nächste Ort, durch den ich komme. »Astrein!«, stimme ich laut zu und trete neu motiviert in die Pedale. Übermütig kreuze ich über die ganze Breite der Straße und zurück. Wo gibt's denn so was?

Auf einem Hügel sehe ich dann, was los ist. Vor Kurzem wurde hier parallel zur Nationalstraße eine neue Autobahn gebaut. Die Landschaft hat sich noch gar nicht von den Bauarbeiten erholt. Jedenfalls ist jetzt die Landstraße überflüssig geworden. Wie zu den autofreien Sonntagen während der Ölkrise in den 1970er-Jahren (ich erinnere mich noch lebhaft an einen Nachmittag, den wir mit Gitarre, Bongos und einem Joint auf der Autobahn sitzend zugebracht haben) liegt die Straße verlassen vor mir. Ich habe an den Steigungen zum Teil drei Spuren beste Asphaltstrecke für mich allein plus den Standstreifen. Alle fünf Minuten saust ein einsames Auto heran. Empört schaue ich mich um – was will der Störenfried auf meiner Straße? Ansonsten herrscht Stille, wäre da nicht das Rauschen der nahen Autobahn zu hören.

Ökologisch ist so ein Doppelstraßenbau natürlich eine Katastrophe. Aber nach einer Stunde im Busch nehme ich diese radeltechnische Traumstraße gern in Anspruch. Vom Dschungel auf die Flugzeugstartbahn – vierzig Kilometer geht das so. Ich bin begeistert. Zumal ich in dem Städtchen Estella eine amerikanische Radlerin treffe, die völlig fertig ist, weil sie dem Jakobsweg gefolgt ist, der wohl in diesem Bereich mal wieder fürs Rad nur schwer passierbar ist. Endlich habe ich mal was richtig gemacht.

Auch am nächsten Tag rolle ich auf der verlassenen Nationalstraße weiter. Allerdings verdichtet sich der Verkehr in Richtung Logroño auf zehn Autos in der halben Stunde (ich habe sie gezählt!), und ich beschließe, mich mit einem geharnischten Brief beim spanischen Touristenverband zu beschweren. Aber meistens hört man nur das Knacken der Leitplanken, die sich in der immer wärmer werdenden Vormittagssonne räkeln. Warum man sich angesichts dieses geteerten Himmelsgeschenkes mit dem Rad auf den holperigen Jakobsweg begeben soll, wie das einer meiner Führer empfiehlt, ist mir schleierhaft. Erst nach Navarrete lasse ich mich wieder beschwatzen, aber nach nur zehn knirschenden und poppelsteinigen Kilometern bin ich geheilt und nehme wieder den gewohnten Asphalt unter die Räder. Der Camino wirft mich auch in Spanien bockig ab, bleibt zumindest aber auf Sichtweite.

Bei meiner einsamen Fahrt über den makellosen Asphaltteppich verstärkt sich noch einmal das Gefühl, dass Andrea mich auf dieser Reise begleitet – und zwar nicht bloß als ein Teelöffel Asche in einer Urne, die irgendwo in meiner Fahrradtasche steckt. Wie ein Schutzengel scheint sie mich bei allen Schwierigkeiten zu unterstützen. Zu Beginn der Reise meinte ich, sie stöhnen zu hören, wann immer ich mich verfuhr. Inzwischen bin ich mir sicher, dass sie über Situationen wie diese lächelt, sie lacht vielleicht sogar lauthals und wirft die Hände in die Luft – und überlegt sich dann, wie sie mir die Lösung des Problems möglichst unterhaltsam gestalten kann. Sie schickt mir Madame als Retterin für meine gebrochene Felge, sie zeigt mir einen höchst bemerkenswerten Laden, in dem ich unser Zelt reparieren lassen kann. Und nachdem meine Navigationskünste mich ins Dickicht geführt haben, präsentiert sie mir eine asphaltierte Straße nur für mich allein.

Vielleicht ist das ja ein Effekt des Pilgerns auf dem Jakobsweg, dass man sich verstärkt mit derartigen Gedanken beschäftigt. Auf dieser Reise scheint es völlig normal, darüber nachzudenken, ob vielleicht jemand, der tot ist, einem zuschaut und den Lauf der Tage beeinflusst. In Andreas Umfeld war der Glaube an Seelen, Wiedergeburt, außerweltliche Präsenzen und Ähnliches ohnehin weit verbreitet. Vor einigen Hundert Jahren wäre Andrea wahrscheinlich noch von der katholischen Kirche als Hexe angeklagt worden. Sie gehörte zu jenen weisen, hellsichtigen oder einfach nur selbstbewussten und selbstständigen Frauen, die auch heute noch manchen Klerikern suspekt sind. Dabei erfüllte Andrea keines der Klischees, die über alternative Heiler in den Medien verbreitet werden. Sie trug keine Batikröcke und keinen klimpernden Schmuck. Sie war ruhig, geerdet und auf wissenschaftlich-medizinischer Ebene sehr kenntnisreich. Das war ein Stück weit das Geheimnis ihres Erfolges, den sie als Therapeutin und Lehrerin hatte.

Die Leute glaubten an sie, und das ist ja schon mal die halbe Miete bei jedem Heilverfahren. Gleichzeitig gewann sie immer mehr Kontakte zu anderen Heilern, von denen manche sich nach Andreas Tod mit Berichten von der anderen Seite bei mir meldeten: Andrea gehe es gut, ihre Arbeit auf der Erde sei vollendet, bis zu ihrer Wiedergeburt lasse sie sich aber noch Zeit. Und übrigens sei sie mir sehr dankbar für alles, was ich getan hätte, sie wolle mir den Rücken frei halten, so wie ich ihr den Rücken frei gehalten hatte, als sie krank war.

Auch wenn ich nicht so genau wusste, was ich von solchen »Nachrichten« halten sollte, rührten sie mich sehr, sie gefielen mir auch. Ich meinte sogar, Belege für Andreas Unterstützung zu erkennen. War es nicht erstaunlich, dass ich seit ihrem Ableben so viel Erfolg auf der Bühne hatte? War das nicht ein Zeichen dafür, dass da jemand hinter den Kulissen an ein paar Strippen zog? Aber konnte das wirklich sein?

Jetzt, auf dem Jakobsweg, frage ich mich erneut, ob so etwas möglich ist. Was kann eine einzelne Seele denn ausrichten? Wie viele Möglichkeiten hat sie, in unser Leben einzugreifen? Eine Seele ist ja nicht Gott, oder? Dürfen die selbstständig handeln, oder müssen Seelen einen schriftlichen Antrag an höherer Stelle einreichen? Da wäre ja seelenmäßig ganz schön was los, wenn alle verstorbenen Ehepartner, Eltern, Kinder oder sonstige uns nahestehenden Verblichenen versuchten, ihren Hinterbliebenen unter die Arme zu greifen. Und das Gedränge würde noch immer weiter zunehmen, denn es werden ja immer mehr Leute, die gestorben sind und die sich um ihre Lieben kümmern müssen. Es sei denn, dass sich die Seelen dann irgendwann entschließen, wiedergeboren zu werden. Dann gehen sie uns als überirdische Helferlein natürlich verloren.

Und einmal angenommen, es gibt tatsächlich so etwas wie Wiedergeburt – wie gesagt, ich finde den Gedanken gar nicht unsympathisch. Wie genau funktioniert dann die Mechanik der Seelenwanderung? Es werden ja immer mehr Seelen gebraucht, wir sind ja bei sieben Milliarden Menschen angekommen, während es vor ein paar Hundert Jahren viel weniger waren. Wo kommen all die zusätzlichen Seelen her? Gibt es da ein Lager? Ein Depot? Eine Produktionsstätte? Und ist es eine Gnade, wiedergeboren zu werden? Gibt es auch Seelen, die das nicht mehr wollen? »Jetzt reicht's, ich will die Tretmühle nicht mehr! Ich will raus aus dem Hamsterrad!« Gibt es für die dann so etwas wie ein Seelenseniorenheim? Das *Golden Nirvana*? Oder andersherum: Gibt es Seelen, die es kaum erwarten können, bis sie wiedergeboren werden? Und wenn das so ist: Gibt es so etwas wie eine Karenzzeit, bis die Seele zurückdarf? Wird man vorgezogen, wenn man »gut« war? Oder darf man dann länger ausruhen, bis man wieder ranmuss?

Haben Tiere eine Seele?

»Hat ein Fahrrad eine Seele?«, fragt mein Rad dazwischen – und mir wird klar, dass ich eindeutig schon zu lange in der Mittagssonne fahre.

Seltsamerweise endeten wir beim zweiten Date in der Sauna. Ich hatte Marion bei einem einwöchigen Kuraufenthalt fern ihrer Heimat im Schwäbischen besucht. Ganz unverbindlich, wie ich betonte, und hatte mir ein eigenes Hotelzimmer gebucht. Ich rechnete eher mit langen Spaziergängen und vielleicht einem schönen Abendessen, aber schon nach wenigen Stunden schlug sie ungerührt den Besuch des örtlichen Thermalbades inklusive Sauna vor, immerhin sei sie ja zur Kur da. Wow! War sie jetzt besonders unbekümmert? Oder war sie besonders raffiniert und wollte die Katze nicht im Sack kaufen? Ich zuckte mit keiner Wimper und stimmte zu.

An der Kasse des Bades fiel mir das Schild »Abstand halten!« auf. Weit vorgebeugt versuchte ich also, mein Eintrittsgeld auf den Tresen zu legen und gleichzeitig mit den Füßen möglichst großen Abstand zu wahren. Der entgeisterten Kassiererin erklärte ich, ich versuche ja nur, ihren Vorschriften gerecht zu werden. Sie lachte, und als wir uns durchs Drehkreuz zwängten, rief sie Marion nach: »Mit dem haben Sie viel Spaß, oder?« Marion lächelte bezaubernd und verschwand in der Damengarderobe.

Die meisten Amerikaner, die Europa besuchen, sind ja entsetzt über die hiesigen Nacktsaunen. Wenn sie überhaupt reingehen, sitzen sie beklommen in ihren klammen Badeklamotten auf den Holzbänken und sind sich sicher, die Finnische Sauna sei nur dafür da, dass die Geschlechter sich gegenseitig abchecken können, um dann hinterher ganz schlimme Sachen zu machen. Das wird von allen Europäern, angeführt von den Finnen, natürlich empört zurückgewiesen.

Aber es ist was dran. Die Kunst ist, so zu tun, als checke man sich nicht gegenseitig ab, während man sich gegenseitig abcheckt. So plauderte ich während des ganzen Saunaganges angeregt mit Marion und schaute ihr unentwegt in die Augen. Aber muss man nicht manchmal die Temperatur am Thermometer überprüfen, und muss nicht die Sanduhr umgedreht werden? Und geht sie dann nicht später vor einem aus dem Raum? Das sind die Gelegenheiten, um einen Blick zu riskieren. Und mir gefiel, was ich sah. Auch ich schien nicht sofort durchzufallen, bildete ich mir ein.

Aber dann kam die eigentliche Prüfung für mich. Nach dem ersten Saunagang warf sie umstandslos ihr Handtuch fort und stieg, ohne zu zögern, in das eiskalte Abkühlbecken. Sie schnaufte nicht einmal, tauchte bis zum Hals ein, blieb eine ganze Weile drin, eine gefühlte Ewigkeit sogar, und dann kam sie mit einem herausfordernden Blick wieder heraus. Ich lächelte mühsam und ließ ebenfalls mein Handtuch fallen. Nun muss man wissen, dass ich kaltes Wasser meide wie die Pest. Ich kühle mich nach der Sauna normalerweise nicht ab, ich bin der klassische Warmduscher. In Gebirgsflüsse, Gletscherseen, Wasserfälle tauche ich auch bei dreißig Grad im Schatten höchstens den großen Zeh. Ich glaube nicht an Abhärtung oder daran, dass sich mit Kälteschocks die Widerstandskraft erhöhen lässt, ich kriege auch so keinen Schnupfen. Ich bin gesund. Ich hasse einfach nur kaltes Wasser. Von Eiswasser ganz zu schweigen. Aber wie sollte ich das diesem herrlichen Naturkind erklären?

Also biss ich die Zähne zusammen und stieg, als wäre es das Normalste von der Welt, todesmutig in den arktischen Topf. Ich versuchte, so gut es ging, meine Schnappatmung zu unterdrücken, stürzte, so schnell es meine vorgespielte Coolness erlaubte, wieder heraus und tat, als wäre nichts gewesen.

Allerdings konnte ich den Triumph, diese lebensgefährliche Übung überstanden zu haben, nicht recht genießen. Denn erstens hatte Marion sich schon lange umgedreht und ihre Haare in ein Handtuch gewickelt – es war wohl für sie wirklich das Normalste von der Welt, seine Körpertemperatur auf null abzusenken –, und zweitens erwartete ich insgeheim, dass mich auf der Stelle der Blitz treffen würde. Ein Blitz, den Andrea von oben herabwarf. Wie oft war sie in Bergseen geschwommen, in Wildbächen oder eben in einem Abkühlbecken und hatte prustend und spritzend versucht, mich zum Reingehen zu bewegen. Fast immer ohne Erfolg. Und wenn es ihr doch gelang, dann nur mit großem Zittern und Zetern. Ich erinnerte mich an ziemlich unschöne Szenen im Soča-Tal in Slowenien (neun Grad!) oder in der Seesauna am Tegernsee im Januar. Und dieser Frau hier gelang es nur mit einem Lächeln, dass ich mich fahrlässig und ohne Geschrei dem Kältetod aussetzte. Ich konnte Andrea förmlich sehen, wie sie oben im Himmel oder wo immer sie war, empört durch die Nase schnaubte und nach der Blitzwurfmaschine griff. Konnte ja sein, dass man im Jenseits gelassener war und über den Dingen stand, aber ich vermutete, es gab auch da eine Grenze. Insgeheim bat ich sie um Verzeihung und folgte Marion leicht fröstelnd in den Ruheraum.

Es war nicht das erste Mal, dass ich Andreas »Blitze« fürchtete. Yoga war auch so ein Ding. Andrea liebte Yoga und hatte immer wieder versucht, mich dafür zu begeistern. Vergeblich. Ich hatte immer abgelehnt, weil ich Yoga eigentlich zu langweilig fand.

Ich bewege mich gern und viel, aber irgendwie brauche ich einen Grund dafür. Ich will einen Pass rauffahren, eine Wand hochklettern, ich will einem Ball nachlaufen. Aber eine Bewegung ausüben, nur um der Bewegung selbst willen und mit Blick auf die Wirkung, die diese Bewegung auf meinen Körper hat? »Klingt nach Krankengymnastik«, hatte ich immer gesagt, um Andrea zu ärgern, und war äußerst erfolgreich damit gewesen.

Als mich nach ihrem Tod unsere gemeinsamen Freunde dann immer zu genau der privaten Yogasession einluden, an der Andrea zu Lebzeiten regelmäßig teilgenommen hatte, gab ich irgendwann nach. Keine Ahnung, warum eigentlich. Vielleicht schien mir das zu diesem Zeitpunkt der einzige Weg, um den Kontakt zu diesen lieben Menschen aufrechtzuerhalten. Als ich mich dann mit den anderen dehnte und räkelte und dabei laut bemerkte, dass es ja gar nicht so schlecht sei, rechnete ich jeden Moment mit einem wütenden Blitz. Und das, obwohl ich mich in Gesellschaft unserer alten Freunde befand und nicht nackt herumstand mit einer fremden Frau.

Ob ich mir vorstellen könne, fragte Marion von der Liege neben mir und riss mich so aus meinen Gedanken, ob ich mir vorstellen könne, die GTA zu gehen, die *Grande Traversata delle Alpi*, eine Fernwanderroute in den italienischen Alpen.

Mann, die Frau hatte ein Händchen für schwierige Themen!

Ich war mir sicher, dass ich eine gewanderte Alpenüberquerung nicht überleben würde. In den Bergen war schließlich die Gefahr eines Blitzschlags noch viel größer. Dort würde mich garantiert einer erwischen. Jahrelang hatte ich mich davor gedrückt, mit Andrea über die Alpen zu wandern. Mit dem Rad haben wir das mehrfach gemacht, und es waren großartige Touren (bis auf einige unfreiwillige Zusammentreffen mit eiskalten Gewässern). Aber das Fernwandern ist einfach nicht so mein Ding. Andrea dagegen liebte es, und sie hat mehrere Touren mit ihren Freundinnen und ohne mich gemacht.

Als Marion jetzt von ihrem Plan berichtete, die italienischen Alpen in mehr als sechzig Tagesetappen der Länge nach zu durchqueren, und als ich dann auch sagte: »Klar, klingt ja toll«, da war ich mir sicher, Andreas empörten Schrei aus dem Jenseits zu hören. Ich sah, wie sie ihre Backen aufblies und die Hände wütend auf ihre Oberschenkel schlug.

Vielleicht sollten Marion und ich uns zunächst ein weniger belastetes Projekt vornehmen, dachte ich, als ich mein Handtuch nahm und ihr in die angenehm gemäßigte Biosauna folgte. Freiluftyoga in Grönland zum Beispiel.

SPANIEN GEGEN DEUTSCHLAND

Jenseits von Pamplona macht er ernst, der Jakobsweg. Die Landschaft verfärbt sich von grün zu gelb, sie schwingt sich hügelig auf ein Hochplateau, sie ist auf eigentümliche Art reizvoll, zugleich karg und einsam. Dafür sieht man immer mehr Pilger, und die Kirchen wachsen selbst in kleinen Dörfern zu beeindruckender Größe heran. Viel trockener als in Südfrankreich ist es und noch heißer. Auf dem Rad ist das nicht allzu unangenehm. Da genieße ich wenigstens zeitweise den Fahrtwind. Aber zu Fuß sind diese Bedingungen sicher kein Zuckerschlecken.

Deshalb machen die Pilger besonders durch ihre vielgestaltigen Kopfbedeckungen auf sich aufmerksam. An nur einem Tag kann man als vorbeifahrender Radler ein buntes Kaleidoskop von Hüten aus aller Welt bewundern, denen nur eines gemeinsam ist: die breite Krempe. Strohhüte aller Formen beherrschen das Feld, beliebt ist der Typ »Maler in der Provence« oder auch »Britische Lady im Seebad Brighton«. Auch selbst gehäkelte und farbenfrohe Kopfbedeckungen sind zu sehen, deren Krempen wie die Blätter einer verdurstenden Blume weit ins Gesicht hinabfallen. Es gibt prärieerprobte Westernhüte, Sombreros oder hochtechnisierte Outdoorkappen mit Nackenschutz, wie man sie gern in Australien trägt. Hie und da erscheint der runde Tropenhut des Dschungelforschers oder der flache Kegel des asiatischen Reisbauern. Nur manchmal hat sich jemand ein Tuch im Piratenstil um den Kopf gewickelt, und sogar das nasse Taschentuch ist noch immer in Gebrauch. Das Ganze ist ziemlich unterhaltsam und kein Vergleich zum einfallslosen Helmeinerlei, das die Radler auf Reisen zur Schau tragen.

Insgesamt hat seit Pamplona die Zahl der Pilger zwar stark zugenommen, es scheint aber immer noch Vorsaison zu sein. In Nájera habe ich eine (inoffizielle) *Albergue* praktisch für mich allein, bis auf einen französischen Radfahrer, der aus irgendeinem Grund den ganzen Abend deprimiert auf seinem Bett liegt und sich zu keinem Gespräch bewegen lässt. Na super!

Manchmal scheint mir, als wolle mich irgendeine Macht daran hindern, Kontakt mit anderen Pilgern aufzunehmen. Als sollte ich allein bleiben, damit ich nicht vom Zweck der Reise abgelenkt werde. Es kann aber auch sein, dass ich mich einfach nur besonders blöd anstelle. Schon am Mittag sitze ich in einem kleinen Dorf an einer Straßenkreuzung, die an jeder der vier Ecken von einer Bar geziert wird. Aber in keiner davon sieht man Kundschaft. In der erstbesten esse ich eine ziemlich trockene Tortilla und trinke einen Espresso – *Café solo*, wie er passenderweise in Spanien heißt. Als ich weiterfahre, stelle ich fest, dass der eigentliche Camino zwanzig Meter von der Straßenkreuzung entfernt hinter einer Kirche entlangführt, gesäumt von einigen beschaulichen Cafés, in denen sich mehrere Wanderer tummeln. So bleibt mein Kontakt mit Pilgern bisher hauptsächlich darauf beschränkt, dass ich an ihnen vorbeifahre und wir uns »*Buen camino!*« zurufen.

Radler sehe ich nur selten. Die Einzigen, die ich mehrmals treffe, sind drei Deutsche, die ich jedes Mal hartnäckig grüße, die mich aber jedes Mal genauso hartnäckig ignorieren. Beim ersten Mal überholen sie mich auf einer einsamen Landstraße, ziehen einer nach dem anderen ohne ein Wort des Grußes oder der Aufmunterung an mir vorbei, stur vor sich hinblickend, als wäre ich Luft. Beim zweiten Mal rolle ich fröhlich winkend an ihnen vorbei, während sie am Straßenrand rasten und so tun, als sähen sie mich nicht. Und beim dritten Mal mache ich auf einem kleinen Parkplatz vor einer Bäckerei Pause, und sie trudeln ein, steigen zwei Meter von mir entfernt von ihren Rädern, unterhalten sich mit deutlich vernehmbarem schwäbischen Akzent und sagen entgegen jeder Pilgeretikette nicht einmal Hallo. Sehr seltsam. Der Jakobsweg macht offensichtlich nicht automatisch aus jedem Pilger einen fröhlichen und aufgeschlossenen Menschen.

Mein französischer Herbergsgenosse in Nájera will ebenfalls nicht zu meiner Unterhaltung beitragen. Und WLAN gibt es auch keines in dieser ziemlich spartanischen Herberge. Das macht mir mehr aus, als mir lieb ist.

Meine Vorstellung von dieser Reise war eigentlich gewesen, dass ich als *Lonesome Cowboy* auf meinem treuen Rad durch die Lande ziehe, abgeschnitten von allem, genau wie die Pilger früherer Zeiten. Ich sah mich als Held der Landstraße, ein einsamer Wolf, der nach vielen traurigen Lagerfeuern geläutert wieder nach Hause zurückkehrt, bereit, sich dem Leben von Neuem zu stellen und positiv in die Zukunft zu schauen. Aber als ich die Reise geplant hatte, da kannte ich ja Marion noch nicht. Und so finde ich mich jetzt manchmal wieder bei der unwürdigen Suche nach irgendeiner Funkverbindung, um mit ihr kommunizieren zu können. Mit dem Pilgerdasein früherer Jahrhunderte, als man wochen- oder monatelang ohne jeden Kontakt zur Heimat auf sich selbst zurückgeworfen war, haben wir bei den heutigen digitalen Möglichkeiten natürlich nicht mehr viel zu tun. Ältere Reiseberichte legen aber den Schluss nahe, dass es auch in früheren Jahrhunderten hoch herging in den Pilgerstädten und Herbergen. Wohl auch, *weil* man ohne Kontakt zur Heimat war.

Jedenfalls suche ich mir am Nachmittag des nächsten Tages in Burgos ein Hotel, das kostenloses WLAN anbietet. Ich hätte noch weiterfahren können, aber ich bin gut im Zeitplan, mir ist nach Stadt und Menschen, und so rolle ich bald geduscht und in einem frischen T-Shirt auf meinem nun unbeschwerten Rad ziellos durch die spätnachmittäglichen Straßen. Ich liebe Stadtrundfahrten auf dem Rad. Man ist schnell, flexibel, sieht viel, spart sich ermüdende Latschereien von einer Sehenswürdigkeit zur anderen und hat keine Parkplatzprobleme.

Beim Einchecken ins Hotel war die Innenstadt noch ausgestorben gewesen, jetzt, eine Stunde später, sind alle Cafés voll. Man läutet den Abend ein mit einem Aperitif oder einem

Kaffee, vielleicht einer kleinen Portion Tapas. Fürs Essen ist es noch viel zu früh, die Sonne ist ja noch nicht einmal untergegangen. Vorsichtig steuere ich durch die Menschenmenge in der Fußgängerzone, die sich aus Pilgern und aus Einheimischen zusammensetzt. Die Pilger erkennt man an ihrer Sprache, an ihren verbrannten Oberarmen – und am Schuhwerk. Jetzt am Ende des Wandertages sind Flipflops und Sandalen angesagt. Jedenfalls keine geschlossenen Schuhe. Die Zehen wollen endlich etwas Luft schnappen, die Blasen wollen sich erholen, die Fersen einen reibungsfreien Abend verbringen. Für Ausgehschuhe hat man weder Platz im Rucksack, noch reicht die Schmerztoleranz. Also schlurft alles in besseren Badelatschen durch die Straßen.

Viele Pilger streben der beeindruckenden gotischen Kathedrale von Burgos zu. Ich folge ihnen. Immerhin wird sie in allen Führern in den höchsten Tönen gelobt. Aber am Eingang erfahre ich: Der Eintritt kostet sieben Euro. Da drehe ich wieder um. So weit geht mein Interesse dann doch nicht. Ich habe in den vergangenen Tagen so etwas wie einen Kirchenoverkill erlebt: Die Zahl der klerikalen Bauten hat meinem Gefühl nach im Vergleich zu Frankreich noch einmal zugenommen. In jedem Dorf, durch das ich komme, steht mindestens eine Kirche. Und zwar fast immer ein ziemlicher Brocken – nicht so ein bescheidenes Dorfkirchlein, sondern halbwegs ausgewachsene Kathedralen. Viele sind verschlossen, aber die, die ich von innen sehe, zum Beispiel in Logroño oder Santo Domingo de la Calzada, sind unheimlich prunkvoll. Dagegen waren viele ihrer französischen Schwestern die reinsten Aschenputtel. Besonders die deckenhohen goldenen Altäre fallen ins Auge. Total überladene Konstrukte, die wie glitzernder Hefeteig praktisch aus der halbrunden Kirchenrückwand herausquellen. Unmengen von Heiligenstatuen tummeln sich auf Absätzen und in Alkoven, umgeben von Säulen, Ornamenten, Kapitälchen. Bilder und Reliefs in schweren Goldrahmen, umschwirrt von pausbäckigen Engelchen. Der Prunk ist erschlagend. Ein bisschen obszön wirkt diese opulente Ausstattung angesichts der nicht sehr reich wirkenden Ortschaften und der trockenen, kargen Landschaft da draußen. Solche Kirchen sind ein teurer Spaß, denke ich, als ich in der besonders üppigen Dorfkirche in Navarrete stehe. Was für eine Arbeit das gewesen sein muss, vor drei- bis fünfhundert Jahren solche Altäre zu bauen.

Wo hatte die Kirche das Geld für solche Prachtbauten her? Wohl hauptsächlich von den Bauern und Dorfbewohnern der Gegend, die den Zehnten und oft noch mehr an die kirchlichen Großgrundbesitzer abführen mussten. Nicht umsonst hat es in dieser Gegend, wie ich irgendwo gelesen habe, auch im Mittelalter Aufstände gegeben. Vielleicht richtete sich der Volkszorn auch gegen einige der Kirchenherren, die hier hinter den Steinplatten neben dem Altar liegen. Ich bekomme das bei aller Schönheit der Gebäude, bei aller Betonung der Barmherzigkeit der katholischen Kirche nicht ganz aus dem Kopf. Wenn man sich überlegt, was alles nach der Reconquista passiert ist – Inquisition, Hexenverbrennungen –, fände ich zwischen all den Heiligenstatuen und Bischofsgräbern eigentlich ein prächtiges Relief für die Geknechteten angemessen, eine goldene Statue für die unschuldig Hingerichteten, einen Altar für die erbarmungslos Verbrannten. Jetzt lass mal die Kirche im Dorf, schimpfe ich mit mir selbst, während ich einen letzten Blick auf das Blattgoldinferno werfe. Das ist vielleicht ein bisschen viel verlangt. Wahrscheinlich bist du ja auch nur schlecht gelaunt, weil du wieder keine Kerze anzünden kannst.

Wie in allen anderen spanischen Kirchen finde ich nämlich auch hier nur einen dieser kleinen Automaten, in die man eine Münze wirft, und dann geht ein elektrisches Lämpchen an, eines von vielen, die vor mir unter Glas aufgereiht sind. Ich nehme an, man will auf diese Weise die aufgeblasenen Goldputten vor dem schwarzen Schmauch der Kerzen schützen. Mich erinnern diese Kästen aber an die Modelleisenbahnen, die früher in vielen Bahnhöfen standen und in denen für eine Mark mehrere Züge wie Gebetsmühlen für ein paar Minuten im Kreis fuhren. Jedenfalls finde ich diese Kerzenersatzkästen lächerlich. Ich weiß zwar nicht, wie echte Kerzen in Bezug auf das Seelenheil der Verstorbenen wirken, aber ich bin mir sicher, diese künstlichen Fünzelchen funktionieren auf keinen Fall. Entsprechend ignoriere ich den Automaten. Stattdessen singe ich, wenn ich kann. Immer noch spüre ich dabei einen großen Frieden, bis das Klappen einer Tür mir signalisiert, dass ich nicht mehr allein bin.

Außerdem gehe ich dazu über, draußen auf meinem Weg kleine Steinmännchen zu bauen. Als Kerzenersatz sozusagen. Das machen andere auch, und so findet man überall entlang des Jakobsweges kleine Versammlungen von selbst gebastelten Wegweisern. Manchmal füge ich einem sowieso schon existierenden Häufchen auch nur einen Stein hinzu.

Ich habe schon vor der Reise immer wieder, wenn es ging, Steinmännchen gebaut. Unterwegs, auf Wanderungen, beim Joggen, überall, wo es schön war, musste ich an Andrea denken. Daran, wie auch ihr ein so schönes Fleckchen Erde gefallen hätte, und als Zeichen der Erinnerung habe ich manchmal eine kleine Markierung hinterlassen – als Symbol dafür, dass sie für viele so etwas wie ein Fels war, ein Wegweiser.

Der zweite Grund, warum ich in Burgos bleiben will, ist rein weltlicher Natur: Fußball. In Brasilien hat die Weltmeisterschaft angefangen, und am Abend spielt Spanien sein erstes Spiel gegen die Niederlande. Das verspricht, eine spannende Partie zu werden in toller Atmosphäre. Ich suche mir also früh einen Platz in einer Bar mit bester Sicht auf den Fernseher. Während der endlosen Vorberichte und Interviews wähle ich die eine oder andere Kleinigkeit aus der Glasvitrine, die sich fast über die ganze Länge der Bar erstreckt. Nudelsalat, Gambas, Sepia, Tortilla, *patatas bravas,* ich weiß gar nicht, wo ich anfangen soll. Dabei erwarte ich jeden Moment das Eintreffen der spanischen Fans. Aber dann ist es eigentlich wie in Pamplona: Es herrscht eher das übliche Rumgerenne. Schnell eine Kleinigkeit essen, eine Pfütze Wein trinken, unheimlich schnell aufeinander einreden. Keine Spur von dem konzentriert lärmenden Public Viewing, das wir Deutschen seit 2006 vollführen. Hier sieht man das Ganze offensichtlich eher entspannt. Beim Reinkommen wirft man schnell einen Blick auf den Bildschirm, um den Spielstand zu erfahren, dann kehrt man dem Fernseher der Rücken zu und redet miteinander, bevor man sich, von der Angst getrieben, irgendwo anders etwas zu verpassen, wieder auf die proppenvolle Straße begibt.

Wenn es je Zweifel über meine Herkunft gegeben hätte, hätten die sich spätestens nach einer halben Stunde in dieser Bar aufgelöst, weil ich dann immer noch nicht dem Herdentrieb gefolgt bin und eisern auf meinem Hocker sitze und das Spiel verfolge. Und das ist wirklich fesselnd. Allerdings nicht für die Spanier. Sie verlieren am Ende 5 : 1. Mit jedem Tor steigt meine Laune. Endlich rächt uns jemand für die Niederlagen der letzten Turniere. Ich beglückwünsche einen breit grinsenden Holländer, den es irgendwann hereinspült. Gemeinsam genießen wir den weiteren Verlauf des Spiels. Spätestens nach dem vierten Tor tun die Spanier in der Bar endgültig so, als wäre nichts gewesen. Sie ignorieren die Bildschirme, als würde dort nur Werbung laufen. Statt Fanatismus zeigen sie Fatalismus. Irgendwann bekomme ich sogar Mitleid mit dem spanischen Team. Ich scherze mit dem zerknirschten Bartender und der kichernden Bedienung. Es wird spät an diesem Abend. Ich kann ein paar Brocken Spanisch und Holländisch zum Leben erwecken, von denen ich nicht mal geahnt habe, dass sie sich noch in meinem Kopf befinden. Auf dem Weg zurück zum Hotel denke ich: Ist schon eine Weile her, dass ich so viel Spaß an einem Fußballspiel hatte.

Laut Schreien ging natürlich nicht, herumlaufen, jubeln und die Fäuste ballen schon gar nicht. Es blieb nur ein halb geflüstertes »Yes!« und eine lautlose *Gimme-five!*-Handbewegung. Ich saß zusammen mit Andrew im Zimmer der Palliativstation, und wir trauten unseren Augen nicht. Gerade nahm am lächerlich kleinen Bildschirm des Krankenhausfernsehers Borussia

Dortmund im Halbfinale der Champions League das vermeintlich göttliche Team von Real Madrid auseinander. Während Andrea, von Medikamenten in einen flachen Schlaf versetzt, schnaufend Luft einsog, konnten wir kaum glauben, was wir auf dem hoch in die Zimmerecke gehängten Bildschirm sahen, immer darauf bedacht, nicht allzu viel Lärm zu machen und ihren wertvollen Schlaf nicht zu stören.

Für einen Amerikaner ist Andrew ziemlich fußballbegeistert. Zu Borussia Dortmund hielt er an jenem Abend allerdings mehr aus Solidarität zu mir als aus echter Begeisterung für den Verein. Seit unserer gemeinsamen Zeit in den USA Mitte der 1990er-Jahre sind wir Freunde, wir haben zusammen ein Theaterstück geschrieben und es sechzigmal in Nordamerika aufgeführt, in verschiedenen Städten, von San Francisco über Seattle, Vancouver, Edmonton bis New York. Eine tolle Zeit. Nach Saci war er jetzt der zweite amerikanische Freund, der nichts Besseres zu tun hatte, als von Kalifornien aus einzufliegen und eine Woche mit uns in einem Münchner Krankenhaus zu verbringen, an Andreas Bettseite.

Er hatte den Abend zuvor allein mit ihr im Zimmer gesessen, damit ich für zwei Stunden das Krankenhaus verlassen und in einer nahe gelegenen Kneipe dem anderen Halbfinale beiwohnen konnte, dem ebenso berauschenden Triumph der Bayern gegen Barcelona, der im Free-TV nicht zu sehen gewesen war. Mein schlechtes Gewissen hatte mich praktisch mit dem Schlusspfiff wieder in Richtung Palliativstation getrieben, aber als ich eilig zurücklief, merkte ich, wie sehr ich die zwei Stunden Auszeit gebraucht hatte. Dankbar betrat ich das Zimmer und fand die beiden schlafend vor. Ich schickte Andrew in unsere Wohnung und übernahm ein bisschen erholt die Nachtschicht.

Ein paar Tage später schlief Andrew sogar eine Nacht neben Andrea im Besucherbett, sodass ich meiner Arbeit nachgehen konnte. An diesem Abend aber saßen wir zusammen im nur vom Schein des Bildschirmes beleuchteten Krankenzimmer, tranken zwei eingeschmuggelte Bierdosen leer und diskutierten flüsternd den deutschen Fußball. Das war schon eine eigenartige Atmosphäre. Ich genoss die Gesellschaft meines alten Freundes immens, ohne Aufwärmphase waren wir in die uns vertraute Mischung aus kreativem Blödsinn und tiefsinnigen Gesprächen verfallen. Gleichzeitig machte eine Blick auf Andreas Bett klar, wie dramatisch die Situation war. Ihr schweres Atmen, ihre zunehmende Verwirrtheit in den immer kürzer werdenden Wachphasen sowie die Schläuche und Maschinen um sie herum ließen wenig Zweifel an ihrem Zustand und dem zu erwartenden Ausgang ihrer Krankheit. Jeden Tag saß ich am Bett, hielt ihre Hand und sah hilflos ihrem Verfall zu. Auch Andrew war bei seiner Ankunft von ihrem schlechten Zustand schockiert gewesen. Gemeinsam hatten wir seitdem schon einige Tränen vergossen. »She's fading away«, so beschrieb er treffend, was er sah, sie schwand dahin.

Aber trotz all des Dramas um uns herum gehörte dieser Abend unserer alten Freundschaft, die Gelegenheit hatte, sich aufzufrischen und zu vertiefen. Es tat so gut, mit ihm über Nichtigkeiten wie Sport zu reden, Auswechslungen zu kommentieren, über die Taktik der beiden Teams zu diskutieren. Nicht ein einziges Mal sprachen wir an diesem Abend darüber, ob es noch Sinn machte, Andrea weiter ihre homöopathischen Kügelchen zu verabreichen, ob Morphium eine Option war und warum weder Röntgenaufnahmen noch MRTs Aufschluss über den Grund ihres schlechten Zustandes gaben.

In der Halbzeitpause fragte Andrew, ob Andrea es vielleicht bedauern würde, so einen tollen Fußballabend zu verschlafen. Ich musste lachen. Andrea hat Fußball nicht einmal gehasst. Sie hatte ihn einfach nicht auf dem Radar. Dieser Sport war Milchstraßen weit weg von ihrer Wahrnehmung. Mit verständnislosem Blick war sie 2006 durch München gelaufen, amüsiert zwar ob der vielen verkleideten Menschen, aber auch ratlos, wie man wegen eines Fußballspiels so einen Aufstand machen konnte. Ich erzählte Andrew die Geschichte, wie ich auf einer Radtour das Vorrundenspiel irgendeines Turniers der deutschen Mannschaft in einer Campingplatzkneipe schauen wollte und sie mich begleitet hatte, weil sie nicht hungrig vor dem Zelt sitzen bleiben wollte. Es liefen zwei Spiele gleichzeitig, das der deutschen Mannschaft drinnen, das zweier anderer Teams im kleinen Biergarten. Innen war es rammelvoll, und ich wollte mich gerade reindrängeln, als Andrea mich am Arm hielt. »Wir können uns doch raussetzen«, meinte sie. »Da spielen doch auch welche Fußball.« Geduldig erklärte ich ihr noch einmal, dass das zwei andere Teams seien. »Ja und?« Unschuldig sah sie mich an. »Hauptsache, irgendwer spielt, oder nicht?«

Andrew und ich lachten uns kaputt. Wir konnten uns gar nicht wieder einkriegen. Gleichzeitig versuchten wir, leise zu sein, um Andrea nicht zu stören. Mit dem Ergebnis, dass uns das Bier, von dem wir unvorsichtigerweise zwischendurch jeweils einen Schluck genommen hatten, zur Nase wieder herauskam. Wir waren wie zwei hysterische Teenager, die versuchen, ihre Eltern nicht zu wecken. Als der Anfall vorüber war, hatten wir Tränen in den Augen. Nicht nur vom Lachen.

Das historische Finale zwischen Dortmund und München fand dann schon ohne Andrea statt. Es wurde ein recht stiller Fernsehabend zusammen mit meinem Sohn, der zu diesem Zeitpunkt in Dortmund lebte. Dass die Borussia dieses Spiel verlor, passte da zur Stimmung.

Sosehr diese Spiele mich kurzzeitig abgelenkt haben von meiner Trauer und Angst, so sehr waren ab diesem Zeitpunkt sämtliche Fußballspiele im Fernsehen mit den Bildern auf der Palliativstation verbunden. Lange konnte ich keine Partie anschauen, ohne Andreas gequälte Geräusche neben der aufgeregten Reporterstimme zu hören und vor meinem inneren Auge ihre schrecklich schmalen Züge im blassen Widerschein des Bildschirmes zu sehen. Die folgende Champions-League-Saison hat praktisch keine Spuren in meiner Erinnerung hinterlassen.

DER SCHREI

Achtung, ich sage es ganz offiziell: Ich danke Gott für die Erfindung des Ostwindes. Die Strecke zwischen Burgos und León beträgt über hundertachtzig Kilometer und gilt eigentlich als sehr hart. Man bewegt sich die ganze Zeit auf neunhundert Höhenmetern in einer wilden, unwirklichen Landschaft, der Hochebene Meseta. Die Strecke wird zunehmend einsam, je länger man auf ihr nach Westen zieht, manchmal hat man das Gefühl, total allein zu sein, am Ende der Welt. Unendliche gelbe Kornfelder, endlose gerade Straßen, ein unglaublich weiter Himmel. Eine schöne Atmosphäre eigentlich, aber die Sonne scheint erbarmungslos, und das größte Problem für Radler: Man hat auf der Strecke fast immer Gegenwind. Zu etwa achtzig Prozent, so heißt es in den einschlägigen Radreiseführern, kommt eine steife Brise aus Westen. Vielleicht liegt es an der in Europa vorherrschenden West-Ost-Strömung, vielleicht hat Gott aber auch nur Probleme mit dem Ventilator, der den Ostwind machen soll, und wartet seit Jahrmillionen auf einen Handwerker. Jedenfalls schlägt wegen des Windes eines der Radbücher vor, in drei Etappen nach León zu fahren, weil es sonst zu anstrengend sei.

Aber dann bläst an dem Morgen, an dem ich Burgos verlasse, ein stürmischer Wind aus Osten und lässt für zwei Tage nicht nach. Er zaust die wenigen Bäume, zeichnet wunderschöne Wellenbewegungen in die Kornfeldmeere und schiebt gewaltig von hinten. Was für ein Himmelsgeschenk! Man könnte gläubig werden. Wann hat man schon mal so ausdauernden Ostwind in dieser Gegend? Vielleicht ist der himmlische Handwerker nun doch eingetroffen? Jedenfalls ist es schon unglaublich, wie weit man auf so einer Flachetappe mit Rückenwind fahren kann. Ich schaffe die Strecke bis León mühelos in zwei Tagen.

Je mehr ich mich Santiago nähere (es sind von Burgos aus nur noch fünfhundert Kilometer), desto dichter wird der Pilgerstrom. Am zweiten Tag in der Hochebene verläuft praktisch ununterbrochen eine unbefahrene Straße direkt neben dem schmalen, ausgetretenen Jakobsweg. Oder umgekehrt? Auf den langen gerade verlaufenden Strecken sieht man die vielen *Peregrinos* auf ihrem Trampelpfad neben der Straße dahinwandern, aufgereiht wie graue Perlen auf einer Kette. Viele humpeln oder treten vorsichtig auf. Aufhalten lassen sie sich offensichtlich nicht von ihren Fußproblemen.

Zwischen Bercianos del Real Camino und Reliegos ist zwanzig Kilometer lang praktisch nichts, kein Ort, keine Herberge, kein gar nichts, nur der Weg und daneben die Straße. Deshalb begegne ich hier auf den ersten zehn Kilometern fast überhaupt keinem Pilger mehr, denn eine solche Strecke geht man am frühen Nachmittag nicht mehr, man käme vor der Dunkelheit nicht an, und erst gegen Ende dieses selbst für Radler endlos scheinenden Abschnittes sehe ich wieder einzelne Wanderer. Sie schleppen sich dahin, kein fröhliches Geplapper mehr, manche haben Stöpsel in den Ohren und versuchen, die Eintönigkeit mit Musik zu übertünchen. Ich gerate ja schon auf dem Rad in einen sehr meditativen Zustand, wie muss es erst den Wanderern gehen? Wegen des Rückenwindes habe ich an diesem Tag vermutlich deutlich mehr Spaß als sie. Mir fällt es schwer, nicht zu lächeln, wenn mich die armen Fußpilger anschauen, während ich beinahe schwerelos an ihnen vorbeisegele.

Ganz besonders schlecht gelaunt scheint ein Wanderer zu sein, der auf einer Anhöhe die Straße kreuzt und mir dabei fast vors Fahrrad läuft. Er trägt trotz der Hitze einen langen Trenchcoat und ausgelatschte lederne Alltagsschuhe, außerdem hat er zusätzlich zu einem unförmigen Sack auf dem Rücken in jeder Hand eine Reisetasche. Er sieht aus, als wäre er gerade aus einem Bus gestiegen. Der kann doch unmöglich mit dieser Ausrüstung auf dem Jakobsweg unterwegs sein, denke ich, als er leise murmelnd mit seinen zwei Taschen in der Hand vor mir steht. Ist er aber, wie sich bald herausstellt, als ich ihn frage, ob ich ihm helfen könne. Er ist Schotte und findet nichts dabei, sich mit dieser erbärmlichen Ausrüstung auf einen neunhundert Kilometer langen Marsch zu begeben. Jetzt hat er jedoch eine in seiner alten Karte eingezeichnete Wasserstelle nicht gefunden, weshalb er nichts mehr zu trinken hat. Ich helfe ihm gern aus – »Cheers, mate!« –, und bald zieht er gestärkt, aber kaum besser gelaunt weiter.

Angesichts der Strapazen, die nicht nur dieser sture Schotte, sondern mehr oder weniger alle Wanderer auf sich nehmen, fühle ich mich ein bisschen als unechter Pilger. Besonders in dieser heißen, flimmernd gelben Hochebene. Die Berge, die irgendwann am Horizont auftauchen, wollen und wollen selbst auf dem Rad nicht näher rücken. Zu Fuß dauert es sechs bis sieben Tage, bis man in León ist, eine Woche, in der es einfach nichts zu sehen gibt als gelbe Kornfelder, eine unnahbare Bergkette und einen grauen Streifen, auf dem man neben der Straße herläuft. Da ist es kein Wunder, dass man keinen der Wanderer lächeln sieht. Ich vermute, dass man sich hier schon deshalb nach innen wendet, weil von außen keine großen Anregungen kommen. Und dass einem in dieser Öde dann ganz tolle Erkenntnisse kommen, dass man Gott begegnet oder man große, lebensverändernde Beschlüsse fasst.

Dagegen fühle ich mich wie ein oberflächlicher Hektiker, der nur schnell durchs Land saust, ohne spirituell in die Tiefe zu gehen. Was ich da mache, fühlt sich in solchen Momenten an wie *Pilgern light*. Zumal ich ja mit meinem Zelt auch die Schlafsäle der Herbergen vermeide. Das schlechte Gewissen hält eine ganze Weile an, besonders wenn ich die neidvollen Blicke der geplagten Pilger zu spüren glaube. Etwas später überholen mich jedoch zwei äußerst leichtfüßige Mountainbiker mit winzigen Rucksäcken. Sie wollen an diesem Tag noch hundertsechzig Kilometer schaffen, erzählen sie im Vorbeifahren. In zwei Tagen müssten sie in Santiago sein, rufen sie noch nach hinten und sind schon bald aus meinem Blickfeld entschwunden. Danach sind sowohl mein Überlegenheitsgefühl als auch die Scham verflogen. Gegen diese Mountainbiker bin ich mit meinem schwer beladenen Rad die Entschleunigung in Person.

Ihren staubigen Rädern und ihrer Ausrüstung nach zu urteilen, fahren die beiden Spanier wohl meistens auf dem grauen Schotter des Jakobsweges. Hätte mich interessiert, wie es ihnen da ergangen ist. Ich habe das Gefühl, dass nicht alle Wanderer über die Anwesenheit von Radfahrern direkt auf dem Camino erfreut sind – um es mal vorsichtig auszudrücken. Ich versuche, mich deshalb möglichst defensiv zu verhalten, wenn ich mit den Wanderern den Weg teile. Dennoch bin ich manchmal gezwungen, Pilgergruppen mit der Glocke über meine Existenz zu informieren, wenn sie zum Beispiel zu viert oder mehr die ganze Breite des Weges einnehmen. Nicht immer wird mein mehrfaches Klingeln erhört. Was glauben sie, was dieses Geräusch hinter ihnen ist, dass sie sich nicht umdrehen müssen? Ihr Handy? Die Himmelsglocken?

Die beiden Mountainbiker sind bei Weitem nicht die einzigen Radler, denen ich auf meinem Weg zwischen Burgos und León begegne. Im Gegenteil, wie bei den Fußpilgern hat auch die Zahl der zweirädrigen *Peregrinos* stark zugenommen. Ich treffe diverse Holländer – allein, als Paar oder in einer kleinen Gruppe –, zwei wortkarge Belgier, zwei eilige deutsche Männer sowie vier junge Ungarn mit ziemlich improvisierter Ausrüstung, aber bester Laune. Wie eigentlich alle Radler. Sie alle haben vermutlich genau wie ich Respekt gehabt vor der Hochebene, und niemand hatte mit diesem herrlichen Turbolader aus dem Osten gerechnet. Die meisten verlängern wie ich ihre Tagesetappen, weil es gerade so gut läuft. Wer weiß, ob es morgen auch noch so ist?

Immer gibt es kurze Gespräche, freundliche Ermunterungen, manchmal radele ich auch ein paar Kilometer gemeinsam mit einer der anderen Gruppen. Anschließend verliert man sich meistens ganz zwanglos wieder aus den Augen. Fahrradfahrer sind halt viel flüchtiger als die Fußpilger. Sie bleiben nicht ständig auf dem Camino. Sie folgen nicht einfach gläubig den berühmten gelben Pfeilen, die den Verlauf des Weges markieren. Jeder Radfahrer scheint eine andere Route im Kopf zu haben – und scheint sie eigensinnig zu verfolgen.

Am Tag nach Burgos finde ich mich zwischendurch auf der Nationalstraße wieder. Die ist, da der Autobahnbau bei Burgos zum Erliegen gekommen ist, zwar wesentlich mehr befahren als noch vor ein paar Tagen, dennoch habe ich mich nach zwei kurzen Versuchen auf dem Camino für den Asphalt entschieden. Auf dem Jakobsweg selbst ist man als Radfahrer ununterbrochen gefordert, man muss auf Schlaglöcher und Unebenheiten achten, brutale Steigungen hochstrampeln, Abfahrten herunterbremsen, kurz: Man kann ihn keinen Moment aus den Augen lassen, den Jakobsweg. Hinzu kommt, dass ich um den Inhalt meiner Fahrradtaschen fürchte und immer wieder das Bild der pietätlos hin- und hergeworfenen Urne vor mir sehe.

Zumal ich manchmal sogar dankbar bin, wenn dicke Laster an mir vorbeirauschen. Sie sorgen für ein bisschen Bewegung in der ansonsten stehenden Luft. Außerdem komme ich auf der Landstraße viel eher in den Pilgermodus. Wenn sie sich manchmal kilometerlang pfeilgerade durch das Land streckt, gerate ich in eine Art Trance. Mir ist kaum noch bewusst, dass ich in die Pedalen trete, und das, was in meinem Kopf vorgeht, kann man nicht mehr unbedingt Denken nennen. Ich lasse mich treiben, während meine Beine wie auf Autopilot ihre Arbeit verrichten. Den lärmenden Autoverkehr nehme ich in diesen Phasen nur noch peripher wahr.

Am Nachmittag überholt mich ein Holländer, der mit einem schönen Rad und mit leichtem Gepäck freundlich grüßend an mir vorbeizieht. Mir gelingt es, mich im Windschatten an seinem Hinterrad festzusaugen. Rückenwind schiebt mich an, sein kräftiger Rücken nimmt mir den Fahrtwind aus dem Gesicht – Börsianer würden sagen: für mich eine Win(d)-Win(d)-Situation. Eine Weile sause ich so unbemerkt hinter ihm her, aber irgendwann ziehe ich neben ihn, und den Rest des Tages unterhalten wir uns angeregt – inklusive Kaffeepause und gescheiterten Kirchenbesuchs (geschlossen). Er ist Teil einer Gruppe von sieben ehemaligen holländischen Soldaten mit PTSD (*post traumatic stress disorder*), die, unterstützt von einem Seelsorger, auf dem Jakobsweg etwas von ihren Traumata hinter sich zu lassen versuchen. »Mit eigener Kraft über den eigenen Horizont«, so das Motto.

Er, Piet, war 1980 als Teil von UNO-Truppen in Beirut. Er wurde gekidnappt, man hat ihm eine Kalaschnikow an den Kopf gehalten und abgedrückt. Es war keine Kugel im Lauf. Aber psychisch hat es ihn trotzdem voll getroffen. Ziemlich schwer sogar. Er träume immer noch jede Nacht davon, erzählt er freimütig. Auch nach fünfunddreißig Jahren noch. Viel Bewegung hilft, sagt er. »Je kan problemen van je af fietsen«, fällt er während unseres in Englisch gehaltenen Gespräches einmal ins Niederländische: Man kann sich die Probleme aus dem Körper radeln.

Auf dem Campingplatz, den wir beide ansteuern, bittet er mich allerdings, nicht in der Nähe des kleinen Lagers zu zelten, das seine Kumpels schon um den Wohnwagen des Pfarrers herum aufgebaut haben. Sie seien nachts immer sehr unruhig. Erst denke ich an die wilden Bierpartys, für die ihre Landsleute in vielen Urlaubsgebieten bekannt sind, aber dann sagt er, dass sie alle sehr unruhig schlafen, oft schreien, und deshalb suchten sie den Abstand zu anderen Campingplatzbewohnern.

Irgendwann verlasse ich die Nationalstraße und fahre auf einem schmalen Asphaltband direkt neben dem Jakobsweg weiter. Trotz des zunehmenden Pilgertrubels habe ich am zweiten Tag auf der Meseta den Weg oft über längere Zeit für mich allein. Es läuft blendend, ich bin so gern auf dem Rad – solange ich fahre, bin ich mir selbst genug, und es geht mir gut.

Dann aber steige ich ab, um zu pinkeln, und plötzlich ist es seltsam still um mich herum. Das hatte ich auf dem Rad gar nicht bemerkt. Die Fahrradreifen auf dem Asphalt und der Fahrtwind sorgen selbst in autofreien Momenten für eine konstante Geräuschkulisse. Aber jetzt, wo ich neben der Straße stehe: kein Vogel, kein Auto, kein Flugzeug – nichts. Es ist total unwahrscheinlich, dass in der Natur hier draußen eine solche Stille entsteht, aber es ist tatsächlich nichts zu hören. Selbst der Wind hält für den Moment die Luft an. Und plötzlich verstehe ich das Wandern. Denn diese Stille ist berauschend. Inspirierend. Vielleicht sogar heilsam. Auf dem Rad hätte ich sie beinahe nicht bemerkt. Allerdings meine ich schon den ganzen Tag eine eigentümliche Kraft zu spüren, seltsame Schwingungen, die vom Camino selbst zu kommen scheinen. Seit über tausend Jahren laufen hier Leute entlang, aus den unterschiedlichsten Gründen, und ich bilde mir ein, dass sich die Energien, die Mühen, aber auch die Freuden, die unsere – im wahrsten Sinne des Wortes – Vorgänger auf dem Weg zurückgelassen haben, auf die überträgt, die jetzt hier gehen oder eben fahren.

Ich kenne dieses Gefühl bereits aus den alten Theatern, in denen wir gelegentlich auftreten. Wenn es beim Aufbau einen ruhigen Moment gibt, dann meine ich zu spüren, wie viele Künstler sich hier schon die Seele aus dem Leib gespielt haben, und ich stelle mir vor, wie diese Energie in den Wänden, den Vorhängen, den Stühlen oder dem Gebälk hängen geblieben ist, wie Tabakrauch in einer Gardine. Ich bilde mir ein, ich könnte den Schweiß riechen, und glaube manchmal, wenn ich mich zur Entspannung auf die Bretter lege, die ja angeblich die Welt bedeuten, ein ganz leichtes Vibrieren im Bühnenboden zu spüren.

Hier, auf dem Jakobsweg, habe ich schon seit einer Weile gemerkt, es braut sich etwas zusammen. Ich lausche der Stille, die genauso klingt wie vor einem Jahr in Andreas Krankenzimmer, und es befällt mich ein tiefes Unglück. Ich stehe mitten in dieser endlosen Pampa, deren Namen ich mir genauso schwer merken kann wie den mancher französischer Orte, und er ist mir auch egal, und plötzlich schreie ich mein Elend hinaus wie ein gequältes Tier, ohne Worte, aber so laut und so lange ich kann. Und es gibt kein Echo, keine Vögel, die erschreckt auffliegen, kein Reh, das aus dem Unterholz springt. Der Schrei verhallt nicht einmal, er fällt einfach direkt vor mir auf den Asphalt. Wie in einem dick gepolsterten Tonstudio wird meine Trauer geschluckt – von der Größe der Landschaft und der Weite des Himmels. Ich kann mich hier aufführen, wie ich will, es macht nicht den geringsten Eindruck auf die Kornfelder um mich herum. Erst als ich die Silhouette eines Wanderers am Horizont erkenne, beruhige ich mich wieder. Während ich etwas beschämt aufs Rad steige und schweigend zu treten beginne, hoffe ich, dass niemand über die schlechten Energien stolpert, die ich zurücklasse, oder sie sich beim Vorbeiwandern irgendwie einfängt.

Und plötzlich weiß ich, was ich mit der Urne machen werde.

VOM PFERD GETRETEN

»Du bist nie ganz da«, beklagte Andrea sich einmal. Ich hatte ihr beim Duschen geholfen und schob gerade den Infusionsständer neben ihr über den Flur ihrer Wohnung, auf dem Weg zurück ins Bett. Schwer lehnte sie auf meinem angewinkelten Arm. Allein die Strecke vom Schlafzimmer bis ins Bad und zurück kostete sie alle Kraft, die sie an diesem Tag würde aufbringen können. Total erschöpft sank sie wieder ins Bett. »Auch wenn du hier bist, bist du nicht ganz da«, seufzte sie, während ich ihr half, die schrecklich dünnen Beine unter der Decke zu verstauen.

Zuerst wollte ich ihr empört widersprechen. Angesichts der Tatsache, dass ich praktisch jede Minute, die ich nicht auf der Bühne oder im Auto verbrachte, an ihrer Bettkante saß, fand ich, sie könnte ruhig ein bisschen weniger anspruchsvoll sein, ein bisschen dankbarer. Und es war ja nicht nur die Unterstützung und Pflege selbst. Allein die Kommunikation aufrechtzuerhalten mit all den Ärzten, Therapeuten, Freunden und Familienmitgliedern, die sich alle unermüdlich und unentgeltlich um sie kümmerten, wäre eigentlich ein Fulltime-Job für einen Pressereferenten gewesen. Auf der anderen Seite traf mich ihre Bemerkung sehr. Denn ich spürte, in gewisser Weise hatte sie recht.

Das Gleichgewicht in unserer Beziehung hatte sich durch die Krankheit ein großes Stück verschoben. Ich hatte das Gefühl, ich müsse ständig darauf aufpassen, was ich sagte. Sie bestand bis zum Schluss darauf, dass ihre Umgebung nur positive und ermutigende Dinge sagen sollte. Das Wort »Tod« war genauso tabu wie »Krebs«. Sie konnte fuchsteufelswild werden, wenn jemand zu negativ war. Sie war überzeugt, das schiere Benennen ihrer Krankheit könne deren Fortschritt befördern.

Ich fand, da war zumindest was dran. Denn ich merkte schnell: Das Wort »Krebs« war ein Geschwür, das sich in den Köpfen der Menschen ausbreitete, ihre Beziehungen veränderte und das klare Denken behinderte. Bereits die bloße Erwähnung dieser Krankheit löste in meiner Umgebung Schock und Terror aus. »Krebs« war ein Wort, das die Stimmung veränderte, Angst machte, das wucherte wie Tumorzellen selbst, ohne dass sich zunächst wirklich etwas an der Situation der Kranken geändert hätte. Insofern fand ich eine gewisse Zurückhaltung bei der Verwendung des Wortes durchaus angebracht.

Gleichzeitig machte diese Beschränkung die Kommunikation mit Andrea zunehmend schwieriger. Ich musste sehr auf der Hut sein, was ich sagte, um nicht zu negativ zu klingen. »Meinst du, ich schaffe das?«, fragte sie mehr als einmal. »Werde ich wieder gesund?«

In dem Bemühen, positiv zu bleiben und sie nicht zusätzlich zu verunsichern, wählte ich meine Worte vorsichtig. Trotz der schlechten Aussichten und des offensichtlich negativen Krankheitsverlaufes machte ich ihr, so gut es ging, immer wieder Mut und behielt meine Sorgen und Ängste für mich. Immer ermutigend zu sein ist anstrengend. Ebenso wenig schien es mir möglich, sie mit meinem beruflichen Alltag zu belasten. Was kümmerten sie meine Gagenverhandlungen oder mein Probenstress, wenn sie mit dem Tod rang? Die langen und ergebnisoffenen Gespräche, die bisher eine Basis unserer Beziehung gewesen waren, verschwanden. Es gab nur noch ein Thema.

Wie bei einem Kind musste ich sie immer stärker beruhigen, ermuntern, ermutigen. Und wie bei einem Kind musste ich immer öfter nachts aufstehen, um schlaftrunken ihre Schmerzen zu lindern, ihre Infusionen zu wechseln oder sie in den Schlaf zu wiegen. So verlor ich ganz allmählich die Partnerin, mit der ich auf Augenhöhe diskutieren und mich auf jeder Ebene austauschen konnte. Und das schon Monate vor ihrem Tod.

Dann ist da noch der Mann, der blutüberströmt hinter einem übermannshohen und Hunderte von Metern langen Maschendrahtzaun sitzt, gleich rechts, nur wenige Schritte von der Straße entfernt. Was für ein unwirkliches Szenario: Du radelst nichts ahnend in der flirrenden Mittagshitze dahin, dein Blick hat nicht so recht etwas, um sich daran festzuhalten, und plötzlich beginnt ein hoher Zaun, der ein unübersehbar großes Areal eingrenzt, unbebaut und anscheinend unbearbeitet, und dann hockt da jemand blutüberströmt hinter diesem Zaun im verdorrten Gras.

Mit ausgestreckten Beinen sitzt er vornübergebeugt und stöhnt. Er hat einen klaffenden und offenbar tiefen Schnitt auf der Stirn, aus dem er erschreckend stark blutet. Ob das Blut auf seinem Hemd und an seinen Händen aus derselben Wunde stammt oder ob er noch mehr Verletzungen hat, ist nicht auszumachen.

Wegen des hohen Zauns und eines verschlossenen Tores, das ich in der Nähe ausmache, kann ich nicht zu ihm gelangen. Ich versuche, ihn anzusprechen, frage auf Spanisch, ob ich helfen könne. Aber ich verstehe seine gemurmelte Antwort nicht. Ich meine, das Wort *caballo* zu verstehen, Pferd, aber ich kann mir keinen Reim darauf machen. Er wirkt benommen und nicht kohärent. Was soll ich tun? Ich komme ja nicht an ihn ran!

Obwohl auf der anderen Seite der Straße der Jakobsweg verläuft, ist kein Pilger zu sehen. Ich will die Ambulanz anrufen, aber ich weiß ja nicht mal die Nummer. Ist die überall in Europa 110 oder 112? Ich frage den blutenden Mann, aber der murmelt nur weiter *caballo* und streut ein paar Flüche ein. Außerdem will er keinen verdammten Krankenwagen sehen, ruft er. Immerhin, er versucht, wenn auch erfolglos, sich aufzurichten. Das Ganze scheint also nicht lebensgefährlich. Trotz seiner Abwehr hole ich das Handy raus und probiere die 110. Während ich auf eine Verbindung warte, versuche ich, mich zu sammeln: Wie soll ich der Notrufzentrale mit meinem mangelhaften Spanisch erklären, was passiert ist und wo wir sind? Ich hätte ja nicht mal auf Deutsch eine Formulierung für dieses Nichts von einer Landschaft. Ich bin fast erleichtert, als ich keine Verbindung bekomme.

Dann nähert sich ein Auto. Mit meinem Rad stelle ich mich quer auf die Straße. Eine leichte Schlingerbewegung des Wagens signalisiert, dass der Fahrer ein gefährliches Umgehungsmanöver erwägt, sich dann aber doch, wenn auch ungern, zum Bremsen durchringt. Die Scheibe lässt er nur nach längerem Gestikulieren meinerseits herunter. Ich erkläre dem Fahrer die Situation und bitte ihn, eine Ambulanz zu rufen. Eventuell auch die Polizei. Vielleicht liegt ja ein Gewaltverbrechen vor? Aber der Autofahrer, offensichtlich ein Geschäftsmann in den Fünfzigern, winkt ab, steigt schließlich seufzend aus dem Auto und redet vorsichtig Abstand haltend durch den Zaun mit dem Verletzten. Der hat sich inzwischen mühsam aufgerappelt, hält sich am Maschendraht fest und redet weiter Unverständliches.

Bald kommt der Autofahrer zu seinem Gefährt zurück. Er will die Ambulanz nicht anrufen, weil auch der Verletzte das ablehne. Aber der Mann brauche doch Hilfe, insistiere ich. Was denn überhaupt geschehen sei, will ich wissen. Der Mann sei offensichtlich beim Aufzäumen von seinem Pferd getreten worden, das sich irgendwo auf dem eingezäunten Gelände befinde, sagt der Autofahrer noch schulterzuckend, rückt seinen Schlips zurecht und steigt wieder ins Auto.

Nur zögernd gebe ich mit meinem Rad den Weg frei. Der Mann hat sich inzwischen zum Tor vorgearbeitet, einen Schlüssel herausgefummelt und sich selbst aus seinem Riesengefängnis entlassen. Ob er wirklich okay sei, frage ich und gebe ihm all meine Tempotücher. Aber er winkt nur ab. Schwankend steht er vor mir. Aus der Nähe betrachtet, sieht der Schnitt auf seiner Stirn noch böser aus. Da werden mit Sicherheit eine Menge Stiche nötig sein.

Dort vorn sei sein Auto, erklärt der Mann und weist auf einen ziemlich heruntergekommenen Kastenwagen, der in einiger Entfernung im Feld steht. Das macht mich nicht zuversichtlicher. Wie will er denn in dem Zustand Auto fahren, frage ich mich. Aber er wankt einfach davon, offensichtlich immer noch benommen. Unsicher schaue ich ihm nach, schwinge mich aber schließlich doch auf meinen Drahtesel, der zum Glück nicht um sich tritt, und radele davon.

Ich habe einen ziemlich schalen Geschmack im Mund. Ich hätte ihn nicht so gehen lassen sollen, denke ich. Aber er wollte ja keine Hilfe, sagt eine andere Stimme. Trotzdem: Habe ich genug unternommen? In Deutschland wäre ich anders aufgetreten, hätte mit Sicherheit einen Krankenwagen geholt. Und wo ist der Unterschied, bloß weil wir in Spanien sind? Nein, ich finde, ich habe mich als Notfallhelfer mal wieder nicht mit Ruhm bekleckert ...

Ich wurde immer mehr zu Andreas Pfleger. Allerdings bildete ich mir nicht das Geringste ein auf meine Fähigkeiten auf diesem Gebiet – oder auch nur auf meine innere Haltung dabei. Oft erwischte ich mich, wie ich an die neuesten Fußballergebnisse dachte, während ich zum Beispiel ihre Füße massierte, oder wie ich im Geiste Auftrittstermine jonglierte, während ich ihr Arnikaöl auf die Stirn rieb. Ich war nicht empathisch genug, fand ich oft, ich litt nicht genug mit.

Natürlich: Ich hätte ihr so gern etwas von ihrem Leid abgenommen. Oft habe ich neben ihr am Bett gesessen, ihre Hand gehalten und mir vorgestellt, wie ich ihr etwas von den Schmerzen abzapfen könnte. Aber mit Schmerzen ist es wie mit manchen Gutscheinen: Sie sind nicht übertragbar. Sie bleiben im Körper eingesperrt. Ohne offene Wunden, fließendes Blut oder wenigstens Schwellungen und blaue Flecken bleiben die Schmerzen, von außen betrachtet, abstrakt, unwirklich, unfassbar. Ja, Andrea war dünn, aber ansonsten sah sie völlig unauffällig aus. Wo sollte der Schmerz da herkommen? Und während sie sich neben mir im Bett wand, erwischte ich mich bei Gedanken wie: Ist es wirklich so schlimm? Übertreibt sie nicht ein bisschen? Man sieht ja gar nichts. Vielleicht ist sie auch ein bisschen zu schmerzempfindlich. Jetzt könnte sie sich auch wieder beruhigen! Kaum hatte ich einen solchen Gedanken gedacht, stellte sich auch schon mein schlechtes Gewissen ein. Ich war wirklich ein gefühlloser Klotz.

Nein, ich fand mich nicht empathisch genug, nicht ausreichend fürsorglich. Ich schalt mich, zu ungehalten zu sein, wenn sie mich das zehnte Mal in der Nacht wegen etwas weckte, das in meinen Augen bloß eine Kleinigkeit war. Ich schämte mich für meine Freude, diesen Pflichten für eine kurze Zeit zu entkommen, wenn ich zu einem Auftritt fuhr. Ich unterdrückte den enttäuschten Seufzer, der mir entfahren wollte, wenn ich nachts um halb zwei wieder nach Hause kam, hoffend, dass sie schlief, um dann von einem kläglichen Hilferuf aus ihrem Zimmer empfangen zu werden.

Die letzten Tage in der Palliativstation waren besonders hart. Und das nicht nur, weil es mit Andrea immer offensichtlicher zu Ende ging und ich mich zu fragen begann: Wie lange noch?

Einige Freunde aus dem medizinischen oder therapeutischen Bereich, die bisher aufopferungsvoll geholfen hatten, die auch im Krankenhaus immer wieder begleitende Behandlungen angeboten hatten, die auf allen Ebenen versucht hatten zu helfen, begannen, sich nun zurückzuziehen. Wie Tiere, die eine nahende Naturkatastrophe ahnten und eine Region verließen. Beinahe unmerklich wurde die Zahl der Besucher geringer, als spürten sie, dass ihre Hilfe nicht mehr gebraucht würde.

Allerdings war dafür auch kein sechster Sinn nötig. Andrea zeigte sich zunehmend nicht mehr willens, Behandlungen noch anzunehmen, weder die der Schwestern auf der Station noch die ihrer Bekannten. Aber auch die freundschaftlichen Besuche wurden weniger, weshalb ich mich mehr und mehr in der Pflicht fühlte. Gleichzeitig wurde sie zunehmend unwirsch. Sie sagte nicht mehr »bitte« und nicht mehr »danke«. »Ich will Fruchtquark!«, rief sie, manchmal auch mitten in der Nacht. »Fenster aufmachen.« – »Bett höher stellen!« – »Wo bist du?«

Nicht immer gelang es mir, meinen Ärger zurückzuhalten. Dann wurde sie ganz klein und weinerlich. »Nicht mit mir schimpfen!«, bat sie mich dann, und ich hätte mich ohrfeigen können für meine Gefühllosigkeit.

Insgesamt fand ich mich in dieser Zeit immer zu faul, ich fand, ich ließe die Dinge zu wenig an mich heran, fand mich zu ... »dickfellig«. Das war das Wort, das mir plötzlich einfiel, als ich mit einer guten Freundin, Lydia, telefonierte und ihr mein Herz ausschüttete. Das sei wohl so eine Familienkrankheit, erklärte ich ihr, diese Dickfelligkeit.

Das Wort hatte meine Mutter immer benutzt, um sich selbst zu beschreiben. Sie sei immer so dickfellig, machte sie uns zum Beispiel mit einem großen Seufzer glauben, wenn sie sonntagmittags aufs Sofa sank, um ungerührt Mittagsschlaf zu halten, während wir Kinder zu fünft um sie herum lärmten und gleichzeitig der Abwasch in der Küche wartete. Sie hielt sich für zu bequem, um die notwendigen Aufgaben anzugehen. Das habe auch ihre Mutter schon über sie gesagt. Und in ihren Zeugnissen habe immer gestanden: »Margret könnte mehr, wenn sie sich nur bemühen würde.«

Lydia hörte mir schweigend zu, während ich erzählte, wie meine Mutter oft Aufgaben auf den nächsten Tag verschoben hatte, um sich dann selbst der Faulheit zu bezichtigen. Wie sie sich geweigert hatte, sonntags ein warmes Mittagessen für uns zuzubereiten (nach einem langen und üppigen Frühstück, das wir liebten), und sich dafür von ihrer Mutter dann Strafpredigten am Telefon anhören musste – die Verwahrlosung der Kinder stehe wohl unmittelbar bevor angesichts solch einer Schlamperei. Ich erklärte, dass ich dieses »Phlegma« (auch so ein Wort von ihr) vermutlich von meiner Mutter geerbt hätte und mich deshalb jetzt nicht mit ganzem Herzen um Andrea kümmern könne.

Man könne das auch anders sehen, meinte Lydia am Telefon nach einer Pause. Man könne dieses Phlegma auch Gelassenheit nennen. Eine großartige Fähigkeit, auch in den schwierigsten Situationen den Kopf oben zu behalten, das Wichtige vom Unwichtigen zu unterscheiden, mit seinen Kräften hauszuhalten und so zu überleben. »Mal ehrlich«, fragte sie, »wie bequem kann man sein, wenn man allein fünf Kinder großzieht?«

Mich hauten diese Sätze um, denn natürlich hatte sie recht. Aber so banal sie für einen Außenstehenden auch klingen mochten, für mich rissen sie ein Weltbild ein. Den Wesenszug, den meine Mutter an sich selbst immer am meisten kritisiert hatte, diesen Wesenszug plötzlich als positive Eigenschaft zu sehen, als etwas, das hilfreich war, um das Leben zu meistern – das war für mich total neu und absolut unerhört. Fünf Kinder großzuziehen ohne Mann, ohne Geld – das schaffte man nur, wenn man Wichtiges von Unwichtigem unterscheiden konnte. Dass der Sonntagsbraten dabei auf der Strecke blieb, das ergab noch keinen Fall von Kindesmisshandlung. Und genauso wenig musste die Qualität meiner Pflege leiden, nur weil ich im Geiste an ein paar lustige Reime dachte. Vielleicht war sogar das Gegenteil der Fall.

Seit dem Telefonat mit Lydia hatte ich das Gefühl, wesentlich mehr bei der Sache zu sein. Gleichzeitig war ein Notizbuch nie weit entfernt, in das ich ohne schlechtes Gewissen meine Ideen schrieb, wenn sie auftauchten.

Übrigens hat Andrea den Tod meiner Mutter nicht mehr richtig realisiert. Am Tag, als sie starb, hatte ich mit Andrea einen heftigen Streit, weil ich es ihr überhaupt nicht recht machen konnte. Als ich mich beschwerte und sie bat, am Todestag meiner Mutter mit mir vielleicht etwas nachsichtiger umzugehen, rief sie entsetzt: »Was? Deine Mutter ist gestorben? Wieso sagt mir das niemand?« Dabei hatte ich es ihr schon mehrmals berichtet. Was für ein schwieriger Moment.

IN DEN LÜFTEN, UNTER DEN WURZELN

Die Tage verschwimmen etwas. Die Erinnerung hat wenig, woran sie sich klammern kann. Die Landschaft verändert sich kaum, auch die Bilder der Städte überlagern sich. León macht einen ganz ähnlichen Eindruck wie Burgos, als wären die Städte Geschwister. Wieder eine Riesenkathedrale (diesmal zahle ich den Eintritt, bewundere den Prachtbau und die schönen Fenster gebührend, nur um am Ende wieder vor so einem doofen Kerzenautomaten zu stehen), eine schöne Innenstadt mit einer Unzahl von Cafés und Bars, dazu passend viele Pilger, vielleicht noch mehr als in Burgos.

Als ich mit meinem Rad auf dem Kirchenvorplatz in León stehe, vor den Andenkenständen und Souvenirläden, habe ich einen Anfall von Phantom-schlechtes-Gewissen: Für einen kurzen Moment denke ich, ich müsste meiner Mutter eigentlich etwas mitbringen, ihr dringend eine Postkarte schreiben, sie würde sich sicher schon Sorgen machen, so lange nicht von mir gehört zu haben. Oder sollte ich sie anrufen? Erst dann fällt mir ein, dass ich leider gar nichts mehr tun muss. Das ist auch deshalb sehr bedauerlich, weil meine Mutter einer der letzten Menschen auf der Welt war, der über die schiere Entfernung des Postkartenabsendeortes von Münster tief beeindruckt sein konnte. »Mensch, du kommst ja rum …«

Ich kaufe trotzdem eine Handvoll Postkarten und die passenden Briefmarken gleich dazu. Ich habe ein paar altmodische Freunde, die mir ihrerseits Karten schicken, wenn sie auf Reisen sind, und diese nette Geste möchte ich nun erwidern. Zufrieden mit mir, als hätte ich die Grüße schon geschrieben, stecke ich das Tütchen in meine Lenkertasche.

Am Abend bewege ich mich in den Gassen wie ein Fisch im Wasser. Routiniert ziehe ich von Bar zu Bar, bestelle sprach-

und geschmackssicher Tapas und Wein und sorge dafür, dass ich nicht zu lange an einem Platz bleibe. Was für ein Land! Ich könnte jeden Abend so verbringen. Das stille Frankreich ist nur noch eine ferne Erinnerung. Wie zur Ehrenrettung ihrer Nation treffe ich auf der Straße auf eine Gruppe blau-weiß-rot gewandeter Franzosen, die schreiend und johlend den 3:0-Sieg ihres Teams über Honduras feiern. Ein bisschen von diesen Emotionen hätte ich gern gesehen, als ich durch Frankreich gefahren bin. Honduras! Leute, wie wollt ihr denn Weltmeister werden, wenn ihr schon wegen dieses Fußballzwergs so ausflippt? Tssss ... Gemeinsam mit dem spanischen Kellner schüttle ich den Kopf, als ich die nächste Bar betrete und wir dem aufgeregten Häuflein draußen nachschauen.

Irgendwas an dem Wein, den ich dann bestelle, scheint allerdings nicht in Ordnung zu sein, denn am nächsten Morgen wache ich mit einem ordentlichen Kopfschmerz auf. Weil ich dank Rückenwind sehr gut im Zeitplan liege, lasse ich mir viel Zeit beim Frühstück, ich »drömmele« herum, wie meine Mutter sagen würde. Und ich bin nicht der Einzige. Ein paar andere Pilger füllen die Bar des kleinen Hotels, in dem ich übernachtet habe, und auch die haben Sitzfleisch. Auf uns wartet ein langer heißer Tag auf der Straße beziehungsweise auf dem Weg, und wenn man da den frühen, kühlen Morgen verpasst hat, wird es immer schwerer, die Motivation zum Aufbruch noch zu finden.

Bald entwickelt sich bei *Café con leche*, Croissant und labbrigem Käsetoast ein intensives Gespräch. Was ich zunächst für einzelne Pilger gehalten habe, stellt sich als eine Gruppe von drei Leuten heraus, die sich auf dem Jakobsweg gefunden haben und seit zwei Wochen zusammen wandern. Annette aus Kulmbach, Tamara aus Utah/USA und Sean aus Irland. Sie wirken sehr vertraut miteinander, sie teilen sich sogar zu dritt ein Hotelzimmer. Die drei sind mir auf Anhieb sympathisch. Sean macht die Wanderung als eine Art Fundraiser, er unterstützt ein soziales Projekt seiner Tochter. Tamara macht nur vage Andeutungen, warum sie den weiten Weg von Utah nach Spanien auf sich genommen hat, ich ahne eine ähnliche Geschichte wie die meine.

Auch Annette lenkt ab, als ich sie nach ihren Motiven frage. Sie wisse jetzt schon, dass sie den Jakobsweg nicht noch einmal gehen werde, sagt sie. »War wichtig, nein, ist wichtig«, korrigiert sie sich, »aber es gibt so viele andere schöne Orte auf der Welt, die man auch noch besuchen kann, schönere vielleicht, als man sie auf dem Jakobsweg findet.« Ein Satz, der auch von mir hätte stammen können. Die drei stehen offensichtlich noch unter dem Eindruck der zähen, langen Hochebene Meseta. Die vergangenen Tage waren wohl auch körperlich fordernd. Jedenfalls bläst niemand zum Aufbruch. Stattdessen vergleichen wir beim zweiten Kaffee unsere Reiseeindrücke, während sich um uns herum die Besatzung des Cafés mehrmals vollständig austauscht.

Irgendwie kommen wir dabei auf die Spuren zu sprechen, die die Mauren in fast fünfhundert Jahren arabischer Herrschaft in Spanien zurückgelassen haben. Viele Baustile sind von ihnen beeinflusst, stellen wir fest, das ist auch schon hier im Norden Spaniens sichtbar. Wir erzählen uns von Gebäuden, die wir entlang des Jakobsweges gesehen haben, Gebäuden mit schönen, arabisch anmutenden Ornamenten und maurischem Dekor. Aber nicht nur die Bauwerke seien von den Mauren beeinflusst, erklärt Annette, auch in der spanischen Sprache fänden sich Hunderte Worte arabischen Ursprungs. Flamenco, wirft Sean ein, habe wenig mit der Volksmusik zu tun, die man sonst in Europa gewohnt ist, sondern erinnere eher an Musik auf der südlichen Seite der Mittelmeerküste. Ich stimme ihm zu. Ich liebe diese faszinierende Musik, obwohl oder gerade weil sie für meine mitteleuropäischen Ohren praktisch undurchschaubar ist. Völlig hoffnungslos der Versuch, den Takt mit dem Fuß mitzuwippen.

Sieht so aus, als hätte die Iberische Halbinsel durchaus Nutzen gezogen aus den Einflüssen des Islam, da sind wir uns einig. Dabei hatten die Christen, lasse ich die drei an meinem angelesenen Wissen teilhaben, nachdem sie 1492 mit Granada die letzte Bastion der Mauren erobert hatten, nichts Eiligeres zu tun, als mit dem sogenannten Alhambra-Edikt Muslime und Juden des Landes zu verweisen, wenn sie nicht zum christlichen Glauben überlaufen wollten. Hunderttausende mussten das Land verlassen. Bald schon wurden alle arabischen Schriften und Bücher auf großen Scheiterhaufen verbrannt. Von den Arabern eingeführte öffentliche und private Bäder wurden geschlossen und zerstört. Tägliches Waschen galt als heidnisch. Von der arabischen Kultur sollte nichts übrig bleiben. »Da hat sich das sogenannte Abendland mal von seiner Schokoladenseite gezeigt«, schließe ich. »Und all dies immer mit dem Maurentöter Jakob auf der Fahne.« Etwas beschämt halte ich inne, ich habe mich zu einem richtigen Vortrag hinreißen lassen. Ich bin froh, endlich einmal meine Bedenken hinsichtlich des Jakobswegs äußern zu können. Aber ich habe mich offensichtlich nicht blamiert. Ich ernte verständiges Nicken. Vieles davon ist den dreien offensichtlich nicht neu.

»Und trotzdem«, sagt Annette nachdenklich, »trotzdem funktioniert der Camino nach wie vor. Sogar für mich. Irgendwie.«

Wir sind uns schnell einig, dass der Jakobsweg mehr ist als einfach nur ein schöner (oder weniger schöner) Wanderweg. »Man lernt die Dinge zu akzeptieren, wie sie sind«, sagt Tamara, die bisher sehr wenig zu dem Gespräch beigetragen hat, und mein Eindruck verstärkt sich, dass sie beim Pilgern versucht, mit einem persönlichen Drama klarzukommen. »Man lässt Dinge zurück, die ...«, sie sucht nach Worten, »... die nicht die deinen sind.«

»Ja, es bleibt schon eine Menge auf der Strecke«, stimme ich auf Deutsch zu, denn ich weiß nicht, wie ich die doppelte Bedeutung ins Englische übertragen soll. Für eine Weile sitzen wir wortlos zusammen. Erst jetzt merke ich, wie laut die Bar ist. Seufzend erheben wir uns irgendwann wie auf Befehl alle gleichzeitig und strecken die Glieder. Offensichtlich will keiner aus dieser netten Runde aufbrechen, aber es ist Zeit, unseren Pilgerpflichten nachzukommen. Wir verabschieden uns herzlich.

Als ich mich endlich zu meiner Kurzetappe aufmache, bedauere ich es sehr, dass ich kein Wanderer bin und nicht mit den dreien weiterziehen kann. Wir hätten uns sicher noch eine Menge zu erzählen.

Es sind übrigens bei Weitem nicht nur Wanderer und Radfahrer auf dem Camino unterwegs. Vor einigen Tagen tuckerte ein Trecker mit Wohnwagen im Schlepptau auf den Campingplatz. Auf ihm saß ein Pfälzer Ehepaar, das sich zu alt zum Wandern fühlte und deshalb mit fünfundzwanzig Stundenkilometern gen Santiago brummte. Am Abend, in León, rollte ein Rollerskater mit Wanderrucksack an meinem Straßencafé vorbei. Und einen Pilger mit Skateboard habe ich auch schon überholt. Ob diese beiden modernen Fortbewegungsarten offiziell als Pilgern anerkannt werden und man damit seine Urkunde im Pilgerbüro in Santiago bekommt, weiß ich nicht. Aber warum nicht, man bewegt sich ja immerhin mit eigener Muskelkraft. Das ist bei dem Rheinländer, von dem man mir in einer Herberge erzählt, der mit einem Kamel unterwegs gewesen sei, zwar nicht der Fall, aber wenn Pilgern zu Pferde anerkannt ist, warum nicht auch auf dem Kamel? Und vielleicht zählt dann auch die Treckerfahrt als Pilgern, wenn der Motor nicht allzu viele Pferdestärken hat?

Überhaupt scheint es viele Versuche zu geben, sich aus der Pilgermasse hervorzuheben. An den »Lagerfeuern« erzählt man sich von dem vierjährigen Kind, das auf dem Jakobsweg unterwegs ist und ebenso von einem Fernsehteam begleitet wird wie der Cellist, der mit seinem Instrument reist und in den Kirchen auf seinem Weg Konzerte gibt.

Aber man kann auch Leute auf dem Jakobsweg treffen, die gar nicht auf dem Jakobsweg unterwegs sind, Leute, die keine Pilger sind, obwohl sie mit eigener Muskelkraft nach Santiago pilgern.

Wie den ziemlich zerzausten holländischen Radfahrer, den ich auf dem Seitenstreifen der Nationalstraße kurz vor Astorga einhole. Schon von Weitem sehe ich, dass er versucht, die vorbeirauschenden Autos mit wilden Armbewegungen anzuhalten. Oh je, hoffentlich nicht schon wieder eine Verletzung, denke ich. Aber er hat nur einen Platten, stellt sich heraus, und zwar an seinem bis oben hin vollbeladenen Anhänger, den er hinter sich herzieht. Das Gefährt ist ganz schön groß und sieht schwer aus. Er hat es offensichtlich selbst zusammengeschweißt. Ob er Flickzeug brauche, frage ich ihn, als ich neben ihm anhalte. Natürlich nicht, fährt er mich auf Englisch an, er sei ja kein Vollidiot. Flickzeug habe er selbst, aber er brauche meine Hilfe.

Worin die genau bestehen soll, wird dann aber nicht so recht klar. Warum er gar versucht, Autos anzuhalten, noch weniger. Aber er schimpft den vorbeifahrenden Fahrzeugen hinterher, dass die Leute heutzutage nicht mehr helfen wollen. Ich schaue ihm eine Weile zu. Seine wilden Bewegungen, seine struppigen roten Haare und sein langer Bart erinnern mich an die Fernsehfigur *Catweazle*. Er scheint nur viel jünger zu sein.

Irgendwann schlage ich vor, sein Gespann zu einem nahe liegenden Bushäuschen zu schieben. Dort stellt sich schnell heraus, dass er tatsächlich alles Equipment zum Flicken dabeihat. Er will trotzdem, dass ich bleibe. Er braucht offensichtlich keine Hilfe, sondern einen Zuhörer. Eigentlich will ich weiter, am Abend spielt Deutschland bei der WM, ich will rechtzeitig vor dem Fernseher sitzen, aber ich will mir andererseits später auch nicht wieder vorwerfen müssen, ich hätte als Helfer versagt – so wie neulich bei dem blutenden Tropf mit dem Pferd.

Also mache ich etwas Konversation, während der Holländer das kleine Rad von dem Hänger abschraubt und den Schlauch flickt. Ob er auch auf dem Jakobsweg radle, frage ich lahm. Nein, natürlich nicht, herrscht er mich an. »I'm not doing the Camino!« Er sei doch kein »fucking tourist«. Ich hebe entschuldigend die Hände. Aber er sei doch nach Santiago unterwegs? Ja, natürlich. Und das hier sei doch der Jakobsweg, oder? Ich zeige auf den Pfad, der in Sichtweite neben der Straße verläuft. Ja, natürlich – »but I'm not doing the Camino!« So kann man sich täuschen.

Er sei seit vier Jahren unterwegs und fahre nur zufällig nach Santiago. »Zufällig!«, betont er noch einmal mit erhobenem Finger. »Zufälle gibt's!«, rufe ich erstaunt, aber er ist nicht zugänglich für Ironie. Er inspiziert seinen durchgescheuerten Reifen. Kein Wunder, dass das Profil runter ist, sage ich, bei all dem Zeug, das er da auf seinem wackeligen Hänger herumfahre. Was solle er machen, brummt er, das sei halt alles, was er besitze.

Es folgt eine lange Geschichte über einige seiner Reisestationen im Nahen Osten und Afrika, über den erfolglosen Versuch, nach zwei Jahren auf dem Rad in Holland wieder Fuß zu fassen, und über seine Entscheidung, dann doch wieder in den Sattel zu steigen. Vier Jahre, wiederholt er, und es sei schlimm, wie wenig die Menschen verstünden, was er da mache. Denn die meisten wüssten gar nicht, was richtiges Reisen eigentlich sei. Und am wenigsten natürlich »these fucking tourists«. Jetzt hat er nur noch eine knappe Kinnbewegung für die Wanderer auf dem Camino übrig. Ich murmele halbherzig ein bisschen Zustimmung, pumpe den geflickten Reifen auf, damit ich auch etwas zur Reparatur beigetragen habe, und bin froh, als er mich endlich entlässt. Wieder einmal zeigt sich, dass es viele verschiedene Arten gibt, nach Santiago zu pilgern. Und keine ist falsch. Man kann sogar hinpilgern und so tun, als täte man es nicht.

In einem Café auf dem schönen Marktplatz von Astorga versammeln sich nachmittags einige Deutsche vor dem Fernseher, um das erste Spiel der deutschen Nationalmannschaft anzuschauen. Deutschland gewinnt 4:0. Ein schönes Spiel, das Hoffnung auf ein gutes Abschneiden bei der WM macht. Unter den anwesenden deutschen Pilgern gibt es zufriedene Gesichter und ein bisschen aufmunternden Applaus beim Abpfiff. Mehr nicht. Angesichts des langen Turniers sparen wir uns unsere Euphorie lieber auf. Was für ein Gegensatz zu den Franzosen gestern in León. Schaumer mal, wer länger jubelt ...

Gut gelaunt laufe ich später durch den Ort. Ein gutes Spiel nach einem nicht allzu anstrengenden Radeltag, ein Verdauungsspaziergang durch eine hübsche spanische Stadt bei Sonnenuntergang – was will man mehr? Als ich wieder auf den Marktplatz einbiege, sehe ich drei Gestalten übers Pflaster laufen – Moment mal, das gibt es doch gar nicht! Es sind die drei Fußpilger vom Morgen in León! Sind die gejoggt? Großes Hallo! Es ist, als würde ich gute alte Freunde treffen, die ich schon lange nicht mehr gesehen habe.

Sie haben, erklären sie lachend, in León noch ein paar notwendige Besorgungen gemacht. »Und dann noch ein paar unnötige«, seufzt Sean und rollt mit den Augen – Frauen! Und dann war es so spät, dass ein Loswandern keinen Sinn mehr gemacht hätte. So haben sie den Tag offiziell zum Ruhetag erklärt und kurzerhand einen Bus genommen, der sie zufällig genauso weit gebracht hat wie mich mein Fahrrad.

Wir landen wieder in dem Café mit den Fernsehern. Bald breche ich mein Gelübde, heute keinen Wein zu trinken. Lange sitzen wir und plaudern fröhlich durcheinander. Es ist spät, als wir uns auf dem dunklen Marktplatz verabschieden.

»Danke, dass du nicht weiter nachgeforscht hast, warum ich den Jakobsweg gehe«, sagt Tamara. »Der Dank gilt dir«, gebe ich zurück. »Meine Geschichte ist auch nicht lustig.« Wir schauen uns lächelnd an und erkennen uns als Mitglieder der Bruderschaft der Überlebenden.

»Sag mal, auf dem Rad schaffst du es morgen doch sicher bis zum Cruz de Ferro«, fragt Sean, als er mir die Hand hinstreckt. Ich nicke.

»Und? Hast du deinen Stein dabei?«, fragt Annette.

»Gewissermaßen«, sage ich ausweichend und umarme sie.

Es gab viel zu tun, nachdem Andrea gegangen war. Sterbeurkunden kopieren, Mietverträge überprüfen, Kontoauszüge einordnen, Mitarbeiter beruhigen, Übergaben diskutieren, mit Banken verhandeln. Und zwischendurch musste ich zum Bestattungsinstitut gehen. Mir graute vor diesem Besuch. Da ich niemanden kannte, der mir eine Adresse empfehlen konnte (»Sag mal, kennst du ein gutes Bestattungsinstitut?« – »Klar, geh zu XY, die haben super Bewertungen bei holes.de!«), suchte ich nach einer kurzen Webrecherche mehr oder weniger intuitiv ein Unternehmen aus. Mit flauem Magen fuhr ich zusammen mit meinem Schwiegervater in die Nähe des Münchener Westfriedhofs. Wie jeder andere Kunde wäre ich in diesem Moment überall sonst auf der Welt lieber gewesen als an diesem Ort. Was machte das mit einem, wenn man hier am Empfang saß?

Letztlich wurde ich positiv überrascht, wenn man das in dem Zusammenhang so sagen konnte. Hier widersprach alles dem Klischee des muffigen Totengräberschuppens. Ein helles, modernes Gebäude mit Parkettböden und großen Fenstern empfing uns; der Angestellte, der uns entgegenkam, war sicher zwanzig Jahre jünger als ich und sehr entspannt. Er trug ein kariertes, kurzärmeliges Hemd, dem frühlingshaften Wetter entsprechend. Er war ruhig, sicher, unaufdringlich mitfühlend, den Umständen angemessen. Kein salbungsvoller Ton, kein dick aufgetragenes Mitleid, auch kein kaltes Businessgehabe. Er war mir so sympathisch, dass ich mich dabei erwischte, ihn ständig duzen zu wollen. Er hatte alle Zeit der Welt und erklärte uns geduldig die verschiedenen Optionen, die wir hatten. Natürlich tat er das nicht umsonst, er war aber auch nicht indigniert oder versuchte gar, sich zum Anwalt der Verstorbenen aufzuschwingen, wenn wir darum baten, die Kosten in gewissen Grenzen zu halten.

Von Anfang an war für uns klar: Feuerbestattung. Und das nicht, weil sie billiger war als eine Erdbestattung. Irgendwie fanden alle Beteiligten, eine Feuerbestattung wäre die angemessene Art, mit Andreas sterblichen Resten umzugehen. Außerdem war eine Einäscherung, wie sich herausstellte, auch sehr praktisch (so blöd das klingt), denn man musste nicht sofort entscheiden, was man mit der Urne machen wollte. Das Bestattungsunternehmen gab einem alle Zeit der Welt. Ein Sarg hingegen musste schnell unter die Erde.

Wir Angehörigen diskutierten also ausführlich unterschiedliche Szenarien. Andreas Mutter hatte die Idee, die Asche gemeinsam mit der ganzen Familie nach Hawaii zu bringen und dort ins Meer zu streuen. Das hatte was, fand ich. Andrea und ich waren ja mehrmals dort gewesen und hatten viele tolle Wochen bei Freunden verbracht. Wir hatten ernsthaft diskutiert, ob es möglich wäre, dort zumindest die Hälfte des Jahres zu leben. Immer wenn man Hawaii verlässt, wirft man sein *Lei*, also den Blumenkranz, den man zur Begrüßung umgehängt bekommt, ins Meer, als Versprechen wiederzukommen. Insofern gefiel mir das Bild, dasselbe mit der Asche zu tun. Und unser geduldiger Bestatter hatte uns auch genau erklärt, wie man es anstellen müsste, die Urne einigermaßen legal an den deutschen Behörden vorbei außer Landes zu bekommen.

Aber die Aussicht, mit der ganzen Familie nach Hawaii zu fliegen, auf *unsere* Insel, das konnte ich mir nicht so recht vorstellen. Ich war wohl sowieso noch nicht so weit, ohne Andrea nach Hawaii zurückzukehren. Außerdem fragte ich mich: Könnte Andreas Mutter damit leben, keinen festen Ort des Erinnerns zu haben, so wie es ein Grab bieten würde? Ich zweifelte daran. Und wäre es Andrea überhaupt recht, ins Meer gestreut zu werden? Was wäre denn eigentlich eine Grabstätte, die Andrea gefallen würde? Einfach ein Grab in Nördlingen, in der Stadt, in der sie sehr verwurzelt war, von der sie nie ganz losgekommen war, in der sie aber gleichzeitig nicht ... nun ja: tot über dem Zaun hängen wollte?

Mir schwebte eher ein Grab in den Bergen vor, dort war sie immer glücklich gewesen. Die Urne auf einem Gipfel unter einem Steinhaufen oder die Asche den Winden übergeben, etwas in dieser Richtung. Ich hörte mich in der Hexenwelt um, was Andrea denn aus dem Jenseits zu dem Thema sagte. Sie wolle etwas mit Wurzeln, behauptete eine der Kolleginnen. So viel zu den Bergen. Sie wolle nicht verstreut werden, meinte eine andere. So viel zu den Winden.

Es dauerte Wochen, bis wir uns endlich ganz pragmatisch doch für ein Urnengrab auf dem Nördlinger Friedhof entschieden, immerhin ganz am Rand, dort, wo die Bäume sie mit ihren Wurzeln erreichen könnten. Eine kleine Menge Asche aber hatte ich mir von dem hilfsbereiten Bestattungsangestellten sichern lassen. Manche Krematorien machten das auf Anfrage und gegen einen kleinen Aufpreis, sagte er, gleich mit Miniurne und allem. An die große Glocke hänge das im Übrigen keiner, fügte er noch hinzu. Ich bedankte mich artig. Mir war vor allem wichtig, dass ich ein bisschen Andrea auf den Jakobsweg mitnehmen konnte.

DIE MASCHINE IST MÜDE

Man kann ja vom Jakobsweg halten, was man will, aber das Cruz de Ferro lässt einen schwerlich kalt. Nicht, dass es besonders schön wäre. Es steht am höchsten Punkt der Reise: An einem Pass ohne große Aussicht hat man ein kleines Kreuz auf einer Art hölzernem Mast befestigt – manchen Strommasten nicht unähnlich, an denen ich in den letzten Wochen immer wieder vorbeigefahren bin. Dieser Pfahl steht auf einem meterhohen Geröllhaufen, zusammengetragen von Tausenden und Abertausenden Pilgern aus aller Welt. Wenn man den Camino geht, sollte man, so geht die ungeschriebene Regel, einen Stein aus seiner Heimat mitnehmen und ihn hier auf dem höchsten Punkt der Reise ablegen, als Symbol für das, was man auf dem Weg zurücklassen will. Wenn ich das richtig verstanden habe, symbolisieren die Steine gegebenenfalls auch die Sünden, derentwegen man sich auf den Weg gemacht hat. Gewissermaßen die Ballaststoffe der Seele also, die man hier abwirft.

Ich habe keinen Stein mitgenommen. Ich habe ja erst vor einigen Tagen zum ersten Mal von diesem Brauch gehört – das kommt davon, wenn man im Vorhinein die Reiseführer nicht sorgfältig liest. Aber ich habe beschlossen, dass ich die Urne dort oben lassen will.

Den ganzen Tag über versuche ich, meine Ankunft am Pass hinauszuzögern. Ich hatte es am Morgen nicht eilig loszufahren, sondern bin in Astorga lange beim Frühstück sitzen geblieben und habe anschließend noch ein paar Lebensmittel eingekauft. Ich habe mir die große Kirche des Ortes angesehen und mit den anderen Pilgern auf dem Vorplatz geplaudert – um noch ein bisschen Zeit zu schinden.

Sogar mein Körper spielt mit bei dieser Scharade. Als ich am Morgen meine Fahrradtaschen anheben will, in denen sich auch die Urne befindet, durchfährt mich ein Schmerz im Rücken, der es mir fast unmöglich macht, mich wieder aufzurichten und aufs Rad zu steigen. Da ist mir wohl der Respekt vor dem Kreuz ins Kreuz gefahren; das Cruz de Ferro tut mir weh.

Und so fehlt mir natürlich der nötige Biss beim Bergauffahren. Statt mit meinen wochenlang trainierten Beinen rasant den Weg hinaufzufliegen, schleiche ich im Schneckentempo dem Pass entgegen, ganz vorsichtig, jede heftige Bewegung des Oberkörpers vermeidend. Die Steigung an sich ist moderat, und ich fahre direkt neben dem Jakobsweg auf einer stillen Landstraße dahin. Die wenigen Autos, die mich überholen, sind fast ausschließlich Transporter mit Aufschriften wie »caminofacil.com« oder Ähnlichem. Die bringen die Rucksäcke schwächelnder oder fauler Pilger zum nächsten *Refugio*. Ihrem hektischen Fahrstil nach zu urteilen, haben sie viel zu tun. Kein Wunder bei dem stetigen Pilgerstrom, an dem ich langsam vorbeiziehe. Wie bei einer Prozession laufen die Leute hintereinander her. Ich meine, eine ruhige, gesammelte Stimmung aufzufangen, oder ist das nur mein eigenes Gefühl, das ich auf die Wanderer übertrage?

Trotz meines langsamen Tempos überhole ich den fluchenden Holländer noch einmal, dem ich am Tag zuvor am Straßenrand Gesellschaft geleistet habe. Ich ziehe an ihm vorbei, während er sein Fahrzeug gerade eine noch recht mäßige Steigung hinaufschiebt. Vielleicht doch ein bisschen viel Zeug habe er da, bemerke ich im Vorbeifahren. Er grüßt mich, für seine Verhältnisse überschwänglich, mit einem freundlichen Nicken. Ja, viel zu viel Zeug, bestätigt er. Und zum ersten Mal sehe ich so etwas wie ein Lächeln auf seinem Gesicht. Er winkt mir sogar nach, als ich wieder kräftiger in die Pedale trete. Offensichtlich kann selbst er sich nicht der Magie des Jakobsweges entziehen. Jeder, den man mehr als einmal trifft, wird praktisch zum Familienmitglied.

Selbst Hexenschuss und Drömmeltempo können nicht verhindern, dass ich irgendwann am Cruz de Ferro ankomme. Von

Weitem sieht der Geröllhaufen mit Kreuz wirklich nicht besonders schön aus – bei näherer Betrachtung jedoch ist es eine beeindruckende Manifestation menschlicher Gefühle. Stein auf Stein sind hier persönliche Katastrophen abgelegt, Wünsche, Hoffnungen. Steine verschiedenster Größe und Form finden sich hier. Manche sind einfache Kiesel, manche sind Bruchstücke, manche sehen aus wie Halbedelsteine. Manche sind sogar geschliffen und in Herzform gebracht. Wirklich groß ist keiner, zu schwer wären sie sonst in den Rucksäcken der Pilger gewesen.

Einige Steine sind verziert mit Gebeten oder Aufschriften. »Für immer in meinem Herzen«, steht dort, mit Geburts- und Sterbedatum, oder einfach: »Oma« oder »Jana«. Auch Rosenkränze findet man, kleine Beutelchen, deren Inhalt ich mich nicht zu erforschen traue, Armbänder, Amulette, Blumen, Stofftiere, sogar eine mit Namen versehene Wäscheklammer, warum auch immer, und natürlich viele Bilder. Das ist die reinste Emotionsmüllhalde – tatsächlich findet sich auch eine stinknormale Zigarettenschachtel in dem Haufen –, aber ergreifend ist es allemal. Zettel sind in unzähligen Lagen an den dünnen Stamm des Kreuzes genagelt, überall dort, wo man gerade noch hinreicht. Dazwischen flattern Nationalflaggen aller Herren Länder im Wind, notdürftig zwischen die Zettel gebunden. Zettel, die aussehen, als kündeten sie von einer entlaufenen Katze oder als werde nach einem WG-Zimmer gesucht, Zettel, die aber von Leid und Hoffnung erzählen, von Toten und Lebenden, von Spiritualität und von der Dankbarkeit, es bis hierher geschafft zu haben.

Ich hoffe, dass es nicht ausschließlich verstorbene Menschen sind, die hier verewigt sind. Meine Urne wird jedenfalls aus diesem Gedenkenchaos in keiner Weise herausstechen. Im Gegenteil: Sie wird sich wohlfühlen zwischen all diesen Steinen, die von unzähligen Seelen geplumpst sind, zwischen diesen Sedimenten der Gefühle, auf diesem Wertstoffhof der Befindlichkeiten.

Aber zunächst suche ich mir eine stille Wiese in der Nähe des Kreuzes, um für einen Moment allein zu sein. Als ich die kleine Urne nach einigem Suchen aus der Tasche hole, stelle ich fest, dass der ruppige Jakobsweg es fast noch geschafft hätte, ihr den Deckel abzudrehen. Das Gewinde stand schon ein ganzes Stück heraus. Eine Holperstrecke mehr, und ich hätte die Asche aus meinen Unterhosen herausschütteln können. Eigentlich unnötigerweise schraube ich den Deckel noch einmal fest. Lange sitze ich im Gras und schaue in die Landschaft. Erst dann schreite ich zur Tat.

Den großen Moment, als ich die Asche den Lüften übergeben will, verhaue ich dann ein bisschen, weil ich mich mit der Windrichtung verschätze. Die Hälfte des weißen Staubes fliegt mir auf die Jacke. Die andere Hälfte bleibt in der Luft noch für einen Moment zusammen, bildet fast so etwas wie einen flüchtigen sich drehenden Körper, so als hätte ich einen Flaschengeist befreit, bevor der Wind die Partikel endgültig zerstreut. *Farewell, baby*, denke ich und heule wie ein Schlosshund.

Auch als ich die leere Urne am Fuß des Kreuzes zu dem übrigen Abschiedssammelsurium lege, sind die Schleusen offen. Ich bin stärker ergriffen als bei der eigentlichen Urnenbeisetzung vor fast einem Jahr. Denn dies ist ihr Terrain, ihre Reise, unsere Welt. Hier gehört sie hin, ein würdiger Ort für ihr Gedenken. Und gleichzeitig ein Ort, der es ihr leicht macht zu verschwinden, sich aufzulösen, eins zu werden mit den Elementen. Boh, vielleicht ein bisschen *deep*, das alles, denke ich und versuche, mich zu sammeln. Ich streiche die letzten grauen Spuren aus den Falten meiner Windjacke. Die nass geweinten Stellen gehen nicht so schnell weg. Aber ich falle nicht besonders auf. Ich bin nicht der Einzige, den die Rührung packt.

Es herrscht ein ziemlicher Betrieb hier oben. Von einsamer Bergwelt ist nicht viel zu spüren. Ankommende Pilger werfen ihre Rucksäcke ins Gras und holen die Kameras raus. Sie gesellen sich zu den bereits Anwesenden und beginnen zu knipsen. Am Steinhügel werden unzählige Fotos gemacht; es ist nicht einfach, einen Moment abzupassen, an dem man allein neben dem Kreuz steht. Aber man nimmt Rücksicht, hilft sich gegenseitig aus beim Fotografieren, und so gelingt jedem ein ungestörtes Bild von sich am Stamm. Für eine Weile lagern viele um das Kreuz herum, picknicken vielleicht, dann packen sie ihre Sachen zusammen und ziehen weiter. Alles geht recht ruhig vor sich, fast ehrfürchtig, es gibt keine großen Jubelszenen. Mir gefällt die Atmosphäre hier oben. Nachdem ich erst nicht am Kreuz ankommen wollte, will ich jetzt nicht wieder weg. Lange liege ich im Gras neben dem Cruz de Ferro. Ich denke an nichts Bestimmtes, aber mir scheint, wenn ich jetzt aufbreche, werde ich Andrea hier zurücklassen. Oder jedenfalls einen großen Teil von ihr. Und ich will einfach noch ein bisschen Zeit mit ihr verbringen.

In der ersten Bar nach dem Cruz de Ferro, in dem Dörfchen Acebo, ist viel los, und die Stimmung ist ausgelassen. Ich halte an und setze mich, mit einem Kaffee und einem belegten Baguette bewaffnet, vor die Tür. Auf dieser Terrasse hätte es Andrea auch gefallen, denke ich. Aber ohne Bedauern, eher mit einem Lächeln, weil ich sie so gut kannte. Mit ehrlich erworbenem Radlerhunger ins Brot zu beißen, die Aussicht zu genießen, die Beine auszustrecken mit dem Gefühl, es sind noch ein paar Dutzend Kilometer drin – da fehlte für sie nichts.

Eine spanische Schulklasse, die offensichtlich für einen Tag ein Stück Jakobsweg gegangen ist, wird eingesammelt und gezählt. Gefühlte Stunden müssen die armen Schüler in der Sonne auf dem Boden sitzen und vor sich hinschwitzen, sie sind die Einzigen, die nicht so froh aussehen. Ansonsten wirken eigentlich alle Pilger, die den Berg heruntertrotten, gelöst und gut gelaunt. Nicht nur ich bin offensichtlich um eine Last erleichtert. Man schwatzt lächelnd miteinander, tauscht lauthals Erfahrungen aus, jeder redet mit jedem. Mir tut der Trubel gut nach dem doch sehr bewegenden Aufenthalt am Kreuz. Apropos: Sogar meinem Rücken scheint es etwas besser zu gehen. Ich sitze ewig vor der Bar und rede mit den vier Ungarn, die ich schon ein paarmal getroffen habe und die, wie sich herausstellt, gar keine Ungarn sind, sondern Bulgaren. Eine Frau und drei Männer, alle noch unter dreißig, schätze ich. Wie es die Jakobswegetikette verlangt, begrüßen auch sie mich wie einen alten Freund, als hätte ich mir den Spitznamen, den sie mir verleihen, schon vor Jahren in Sofia erarbeitet: *The Machine*.

Ich versuche ihnen den Beinamen auszureden. Immerhin hätten sie ja ganz offensichtlich dasselbe Tempo wie ich, sonst würde ich sie nicht so oft treffen, oder? Sie lachen nur und nennen mich weiter »die Maschine«. Ich genieße ihre Gesellschaft. Ich frage nach ihren Namen, die für mich so ungewohnt sind, dass ich sie gleich wieder vergesse. Es ist ihre erste Radreise, erzählen sie. Einer von ihnen hatte die Idee zu der Fahrt, und die anderen sind spontan mitgekommen. Entsprechend zusammengewürfelt ist ihre Ausrüstung. Das schlägt ihnen aber nicht auf die Laune. Die Frage, ob sie noch weitere Radreisen machen wollen, beantworten sie alle gleichzeitig und ohne zu zögern mit Ja. Da ist wohl wieder jemand für den Rest des Lebens angefixt. Mit dem Radreisen hört man nicht einfach wieder auf.

Ich strecke die Beine aus und versuche, etwas Sinn aus ihren immer wieder aus dem Englischen ins Bulgarische wechselnden Sätzen zu machen. Dabei bemühe ich mich herauszubekommen, mit wem von den Jungs die junge Frau zusammen ist. Nicht wirklich wichtig, aber wie schön, dass ich mich damit beschäftigen kann. Etwas Soap nach dem Drama. Drei Kerle und eine Frau. Da hätte ich eigentlich keine Lust drauf, egal, wer ich in dieser Viererbande wäre. Aber sie scheinen sich gut zu verstehen. Wenig später kommt einer von ihnen mit fünf Dosen Bier aus der Bar, und ich verschiebe meine Abreise um eine weitere halbe Stunde. *The Machine* kann noch etwas Treibstoff gebrauchen. Zum ersten Mal fühlt es sich so an, als wäre ich im Urlaub.

Es dauerte etwas, bis ich die Nachricht von einer neuen Liebe in Umlauf setzte. Und das, obwohl es mir von Anfang an sehr gut ging mit Marion. Aber bei aller Begeisterung füreinander: Wer wusste schon, wie lange das gut gehen würde? Vielleicht war es ja wirklich noch zu früh, um sich wieder zu verlieben?

»Ich habe jemanden getroffen«, erklärte ich dann irgendwann vorsichtig meinem Sohn Kolja. Er hatte besonders während der Krankheit eine intensive Beziehung zu Andrea aufgebaut. Er freute sich trotzdem sehr für mich, und wir umarmten uns. Andrea würde das sicher auch gut finden, dass ich mich wieder verliebte, fügte er noch hinzu. Hm, dachte ich etwas bockig, und wenn nicht? Ich glaubte eigentlich nicht, dass sie irgendwo in diesem Universum herumsaß und von mir fortan ein zölibatäres Leben verlangte. Oder dass ich sie hätte fragen müssen. Sie war vielleicht noch spürbar, eine Präsenz, eine Energie, und zwar eine, die mir sehr wichtig war. Aber sie war keine Richterin, keine Instanz. Ich hatte eh nicht den Eindruck, dass das junge Pflänzchen der neuen Beziehung meinen Gefühlen für Andrea irgendetwas wegnahm. Das fühlte sich eher an wie eine friedliche Koexistenz. Da wuchs etwas auf einem bisher völlig unbestellten Feld heran.

Aber etwas anderes beschäftigte mich in den ersten Wochen mit Marion. In den Monaten nach Andreas Tod hatte ich mich sehr zurückgezogen. Das war eigentlich ein für mich untypisches Verhalten. Wenn ich bisher traurig oder unglücklich gewesen war, dann war ich viel unterwegs gewesen, ich hatte Sport getrieben bis zur Erschöpfung, hatte mich bei Freunden ausgeweint, ich war viel ausgegangen – all das, bis der Schmerz langsam nachließ. Aber dieses Mal war es anders. Ich saß viel zu Hause, ohne Musik, Fernsehen oder Lesestoff, ohne den Drang, irgendjemanden zu sprechen. Ich saß einfach so herum, manchmal stumpf, oft sehr unglücklich, immer allein, und ich versuchte, irgendwie einen Sinn zu erkennen in dem, was mir passiert war. Das war nicht besonders lustig. Aber ich spürte auch eine seltsame Ruhe dabei. Wenn man von seinem Partner verlassen wurde, dann konnte man etwas tun: ellenlange Briefe schreiben, wild herumtelefonieren, der Liebsten hinterherlaufen, wütend sein, Gartenzäune umtreten oder Liebesschwüre an Autobahnbrücken sprühen. Man konnte die gemeinsamen Freunde um Vermittlung bitten oder einsam Rachepläne schmieden. Die Möglichkeiten waren endlos.

Andreas Tod jedoch war eine ganz andere Sache. Da konnte ich dieses ganze Theater schlicht vergessen. Der Tod ist schrecklich, monströs, endgültig. Und darin lag seltsamerweise auch ein Element des Friedens. Ich hätte so viele Gartenzäune umtreten können, wie ich wollte, ich hätte noch so ausgeklügelte Entführungspläne entwerfen können, es hätte alles nichts genutzt. Wie meine Mutter immer sagte: Ich hätte mich auf den Kopf stellen und mit den Füßen wackeln können.

Für mich war das eine schreckliche, aber beruhigende Erkenntnis: Es gab nichts, was ich tun konnte. Oft hockte ich einfach kopfschüttelnd auf dem Sofa, fassungs- und ratlos, und wartete darauf, dass der Schmerz irgendwann nachlassen würde. Aber ich hatte keine Angst, ich kämpfte nicht, ich hatte keine Hoffnung auf ein Zurück.

Letztendlich war die Trauer auch ein Mittel, Andrea noch für eine Weile nahe zu sein. Je weniger ich traurig war, desto weiter weg war ich von ihr, schien mir. Meine Arbeit oder die Zeit, die ich mit Freunden verbrachte, halfen mir natürlich, mein Elend abzumildern. Aber manchmal erwischte ich mich dabei, wie ich nach einem Auftritt oder einem Nachmittag in der Kletterhalle regelrecht heimeilte, wo mich, sobald ich eintrat, die vertraute Einsamkeit mit offenen Armen empfing und mich mit Andrea verband. Auf eine sehr traurige Art bekam ich so das Gefühl, dass zumindest ich selbst noch lebte, dass ich zu großen Emotionen fähig war. Die Trauer nährte mich, wickelte mich ein, versicherte mir, dass es viel Schlimmeres gab als ein geplatztes Radelwochenende mit Freunden, eine mäßige Kritik in irgendeinem Lokalteil, eine hohe Handwerkerrechnung. Sie war wie eine Kuscheldecke, die mir Schutz bot, die mich wärmte und die Welt draußen hielt.

Man kann sich an diese seltsame Komfortzone sehr gewöhnen, und es fällt nicht leicht, sie wieder zu verlassen. Meine Trauer war natürlich rückwärtsgewandt, eine enge Verwandte der Nostalgie und der Trägheit. Und wenn dann eine neue Liebe in das Leben tritt, wie ein frischer Wind, der in eine lange nicht gelüftete Wohnung weht, dann fühlt man sich nackt und schutzlos, man muss sich mit der Möglichkeit neuer Verletzungen auseinandersetzen.

Die Wunden würden wohl nicht so furchtbar sein wie der Verlust von Andrea, aber Verletzungen wären es trotzdem. Und ich wusste nicht, ob ich schon bereit war dafür.

Man sagt ja, in jedem Ende steckt auch ein Anfang, und das stimmt sicher. Aber jetzt merkte ich: In jedem Anfang steckt auch ein Ende.

Einen Tag lang hält die gelöste Stimmung nach dem Cruz de Ferro bei mir noch an. Und das, obwohl ich am Morgen im Hotel in Villafranca del Bierzo praktisch nicht aus dem Bett komme. Über Nacht sind die Rückenschmerzen wieder schlimmer geworden. Ich rolle mich seitlich von der Matratze, lasse mich auf den Boden fallen und stehe unter größten Mühen auf. Ich veranstalte dasselbe groteske Theater, das wohl jeder kennt, der sich schon einmal mit einem Hexenschuss angezogen hat: die Unterhose mit den Zehen vom Parkett aufklauben und aufs Bett kicken, sie dann leicht nach hinten gelehnt mit den Fingerspitzen fassen und sie einhändig so vor sich hinhängen, dass man mit dem Fuß das Beinloch erwischt, denn nur wenn's Kreuz gerade bleibt, tut's nicht allzu weh.

Und so geht es weiter. Auch das Packen ist kein Spaß. Jeder Gegenstand, der auf dem Boden liegt, zwingt mich praktisch zum Niederknien. Ich bin froh, dass ich allein bin. In diesem unwürdigen Zustand will ich von niemandem gesehen werden. Zum Glück habe ich gestern keinen Zeltplatz aufgesucht – da hätte ich jetzt wirklich ein Problem. Dass ich mein Fahrrad beladen und dann aufsteigen muss, reicht mir völlig. Komischerweise geht es mir besser, als ich endlich im Sattel sitze.

Und das ist verdammt gut so angesichts der Pässe, die heute vor mir liegen.

Auch heute bleibt das Gelände noch ziemlich alpin. Der Jakobsweg bleibt landschaftlich sehr schön, verläuft aber auch anstrengend über die beiden Pässe Cebreiro und Alto de Poio, beide ungefähr eintausenddreihundert Meter hoch. Trotz meiner Rückenschmerzen komme ich gut voran, die Anstiege sind nicht leicht, aber auch keine Quälerei. Ich habe nur wenige Hundert Gramm am Cruz de Ferro zurückgelassen, aber es fühlt sich an, als würde ich mindestens zwei Satteltaschen weniger bergan schleppen. Tolle Ausblicke auf die galicische Landschaft sorgen zusätzlich für ein bisschen Urlaubsgefühl.

Oben am Cebreiro herrscht reger Betrieb in den Cafés neben der Kapelle (drinnen endlich mal keine elektrischen, sondern richtige Kerzen, aber ich zünde trotzdem keine mehr an). Ein paar graue Steinhäuser haben sich hier oben vor ein paar Hundert Jahren schon zusammengekauert und trotzen seitdem den Elementen. Inzwischen beherbergen sie Souvenirshops, Cafés und Herbergen. Wirklich schön hier, ich nehme mir einen der wenigen unbesetzten Stühle und schlürfe einen Kaffee.

Für eine Weile beobachte ich am Nachbartisch, wie sich ein Techtelmechtel zwischen einem Österreicher und einer jungen Amerikanerin entwickelt. Er ist offensichtlich unheimlich stolz, dass er Englisch sprechen kann, und redet deshalb sehr laut. Ich komme nicht umhin mitzuhören, wie er über die österreichischen Berge redet und über die Orte in den USA, in denen er schon gewesen ist. Und der Jakobsweg sei »amazing«, wie er immer wieder betont. Sie lacht laut und findet ihn wohl auch »amazing«, jedenfalls beschließen sie bald, heute nicht mehr weiterzuwandern, und suchen sich eine Unterkunft.

Beim Aufbruch sehe ich auch die hübsche spanische Radpilgerin wieder, die ich bereits kurz vor dem Pass überholt hatte. Ihre nagelneuen weißen Satteltaschen glänzten schon von Weitem in der Sonne. Es ist ihr erster Tag auf dem Camino, wie sie vorhin auf meinen Gruß hin im Vorbeifahren erklärte. Jetzt wird sie gerade von einem supercoolen, etwas verlebten

Nichtspanier angebaggert. Er fällt fast vornüber bei dem Versuch, ihr in Spanisch von der beeindruckenden Länge seines Jakobsweges zu berichten. Ich bleibe nicht lange genug, um das Ergebnis seiner Bemühungen beobachten zu können. Der Jakobsweg funktioniert ja auch als Markt der Geschlechter. Das ist eigentlich nichts Neues. Ist es ein Zufall, dass mir das erst jetzt zum ersten Mal auffällt, nach dem Cruz de Ferro? Während ich den zweiten Pass des Tages in Angriff nehme, frage ich mich, wie viele kleine Jakobs auf diesem Weg wohl schon zustande gekommen sind.

Jenseits des Alto de Poio gönne ich mir einen Stopp am uralten Kloster in Samos. Nach der wilden Abfahrt aus den Bergen empfinde ich die ruhige Atmosphäre der Anlage als sehr wohltuend. Auch ohne christlich zu sein, spürt man, dass dieses Kloster an einem besonderen Ort erbaut worden ist. Das ganze Gelände strahlt einen Frieden aus, der mich sofort einnimmt. Ich meine irgendwo gelesen zu haben, dass hier vor dem Bau des Klosters im siebten Jahrhundert schon eine »heidnische« Kultstätte gewesen sei. Da hat man wohl schon vor den Christen gemerkt, dass dieser Platz etwas Besonderes hat, denke ich, als ich durch den großen Innenhof des Klosters streife. Eigentlich doch schön, dass die Religionen manchmal auf dieselbe spirituelle Energie zurückgreifen. Ich besehe mir den Kreuzgang im Inneren und die spektakuläre Kirchenorgel. Irgendwie beseelt, klettere ich wieder auf den Sattel. Die Kraft dieses Ortes stimmt mich heiter und optimistisch. Wie denn auch nicht? Ich habe es ja bald geschafft, denke ich.

Ich stelle mir vor, wie ich ab jetzt den Schwung aus den steilen Abfahrten der Berge nutzen und mit großen Gängen zügig durch die Lande rauschen werde; wie ich die letzten hundertfünfzig Kilometer bis Santiago genauso lässig zurücklege wie die Zwei-Tages-Strecke über die Meseta. So wie mir vor vier Wochen die ersten achtzig Kilometer völlig unbedeutend erschienen angesichts der Riesenstrecke, die noch vor mir lag, scheinen mir nun die letzten paar Dutzend Kilometer kaum der

Rede wert, wo ich doch schon fast zwanzigmal so viel unter den Reifen habe.

Aber denkste, ich könnte nicht falscher liegen. Der Jakobsweg zeigt sich zum Schluss noch einmal von seiner ganz nervigen Seite. Mein Rad und ich werden erneut an den Rand unserer Leistungsfähigkeit getrieben. Als ich am Morgen den Campingplatz in Sarria verlasse, folge ich aus einer Laune heraus mal wieder den gelben Pfeilen, die den Wanderern den Weg weisen und die, je näher wir Santiago kommen, immer häufiger auf die Straße oder an Häuserwände gepinselt sind. Leider gerate ich auf einen praktisch unbefahrbaren Abschnitt des Jakobsweges. Ich rumpele eine Weile über Stock und Stein, meine Fahrradtaschen krallen sich verzweifelt am Gepäckträger fest, und ich bin froh, dass ich mir keine Sorgen mehr um die Urne machen muss. Unglaublich steil sind die Anstiege, ein feiner Kies lässt beim Antreten auch noch die Räder durchdrehen. Irgendwann finde ich mich schiebend wieder. Eine unfassbare Plackerei ist das. Ich bin langsamer als die Fußpilger, beim Überholen schauen sie mich etwas missbilligend an. Ich kann ihnen nicht richtig böse sein. Ich gehöre nicht hierher. Schicksalsergeben – die lange Reise hat mich demütiger gemacht – quäle ich mich weiter.

Nach etwa einer Stunde habe ich wieder Asphalt unter den Rädern. Aber auch auf der Straße läuft es nicht so recht. Es geht weiterhin unaufhörlich auf und ab – ich sammele Höhenmeter, als gäbe es kein Morgen mehr. Aber langsam bin ich es leid. Ich mag nicht mehr.

Außerdem: Warum sind eigentlich die galicischen Städte so hässlich? Die Kneipen dreckiger, die Läden schäbiger, die Menschen schlechter gelaunt? Und das, obwohl die Landschaft sehr schön ist, schöner auf jeden Fall als während der Tage in der Meseta. Die Gegend ist nicht mehr so trocken, grüner, und es bieten sich fantastische Aussichten auf den Hügelkuppen. Vielleicht besteht ja ein reziprokes Naturgesetz: Je grüner die Hügel, desto grauer die Häuser. Während überall sonst in Spanien drei Menschen in einer Bar zusammen mit dem unvermeidlichen Fernseher Lärm für zehn produzieren, schweigen sich in Galicien selbst zehn Leute an. Als wäre man in einem anderen Land.

Oder liegt es an mir?

Je näher ich Santiago komme, desto mehr merke ich, dass die Luft raus ist aus dieser Wallfahrt. Nach dem höchsten Punkt der Reise, nachdem ich die Berge hinter mir habe, ist es mit meiner Motivation nicht mehr zum Besten bestellt. Alles erscheint mir ein wenig nutzlos. Was soll das denn noch, denke ich bei jedem Anstieg, es reicht jetzt, genug gepilgert. Unnachgiebig stellt der Jakobsweg mir Hügel auf Hügel in den Weg, die ich abarbeiten muss. Kuppe für Kuppe. Und obwohl mir das auf dieser Reise nicht zum ersten Mal passiert, scheint es mir jetzt besonders fruchtlos und ermüdend. Ich kann die Abfahrten nicht mehr genießen, weil ich schon von Weitem sehe, dass sich jenseits eines Dorfes oder eines Flusses die Straße wieder steil nach oben wirft. Santiago ist mir plötzlich egal. Ich könnte auf der Stelle heimkehren und hätte trotzdem das Gefühl, etwas vollendet zu haben. Bloß weil sie vor eintausendzweihundert Jahren das Märchen vom heiligen Jakob auf einen anderen Ort verlegt haben, bin ich noch nicht fertig.

Wie um mich zu verhöhnen, fahren immer wieder Taxis an mir vorbei, vollbesetzt – jetzt sitzen die Pilger gemeinsam mit ihren Rucksäcken darin, um sich zur nächsten Herberge fahren zu lassen. Später überholt mich ein Bus, dessen Beschriftung schreit: *Easy Camino!* Dann ein Kleinbus, der einen großen Hänger zieht, auf dem diverse Fahrräder aufgebockt sind. Bisher hatte ich für so etwas nur ein verächtliches Schnaufen übrig – Weicheier! Heute bin ich kurz davor, einen solchen Bus anzuhalten.

Bin ich nicht in Frankreich auch schon Zug gefahren, fragt mich mein innerer Schweinehund. Aber mein Stolz legt sein Veto ein. So kurz vor dem Ziel klein beigeben? Wo ich noch genügend Zeit habe? Das würde ich mir nie verzeihen.

»Wann geht denn unser Rückflug?«, wollte Andrea plötzlich wissen. Wir waren schon zehn Tage auf der Palliativstation. Es ging steil bergab mit ihr, oft war sie verwirrt, das Fünkchen Hoffnung, das ich so lange mühsam am Leben gehalten hatte, erlosch langsam. Ihre Frage riss mich aus meinen dunklen Gedanken. »Was sagst du?«

»Jetzt stell dich doch nicht so dumm! Wann fliegen wir zurück?« Unwirsch war sie in den letzten Tagen geworden, schlecht gelaunt. Die Nähe, die wir in den Wochen vorher empfunden hatten, war einer kühlen Distanz gewichen. Manchmal sprach sie stundenlang nichts mehr.

So dachte ich zunächst, sie rede von Hawaii. Ich hatte sie am Morgen auf die Terrasse geschoben und mangels anderer Ideen von unserer Zeit auf der Insel gesprochen, wie schön es dort gewesen sei, das Schnorcheln, das Schwimmen mit den Delfinen, die Vulkane, der abgedrehte Auftritt, den ich bei einem unserer Aufenthalte dort hingelegt hatte. Sie lag stumm da, keine Miene verriet ihren Seelenzustand. Aber dann liefen ihr still zwei Tränen über die Wangen.

Und jetzt glaubte ich, sie sei im Geiste immer noch dort. Vorsichtig versuchte ich, sie wieder ins Diesseits zu holen, aber sie wollte nichts davon wissen und bezichtigte mich der Unfähigkeit, auch nur die einfachsten Fragen zu beantworten. Bald schloss sie die Augen und verfiel erneut in ungutes Schweigen.

Als ich später der behandelnden Ärztin von der Frage nach dem Flugticket erzählte und von meiner Vermutung, sie sei wahrscheinlich etwas verwirrt, schüttelte sie den Kopf.

»Im Gegenteil«, meinte sie. Wahrscheinlich sei Andrea sich über ihre Lage sehr klar. »Hören Sie nur genau hin«, riet mir die freundliche Ärztin und legte mir die Hand auf den Arm. »Am Schluss reden die meisten von irgendwelchen Reisen.«

SANTIAGO BLUES

Und dann habe ich es geschafft. Ich rolle praktisch auf der Felge auf den Kirchplatz in Santiago de Compostela, auf der letzten Rille, auf dem Zahnfleisch. Diese letzte Etappe war wie schon der Tag zuvor wieder sehr schwer. Gar nicht mal lang, aber erneut gab es viele, viele Anstiege. Die Abfahrten waren viel zu schnell vorüber und boten kaum Erholung, der nächste Aufstieg lauerte schon hinter der nächsten Kurve. Selbst im Stadtgebiet von Santiago geht es noch ziemlich unlustig auf und ab. Er gibt einfach nicht nach, der Jakobsweg.

Aber irgendwann stehe ich dann doch auf dem großen Platz vor der Kathedrale, an dem Steinwürfel, der das Ziel allen Sehnens symbolisiert, weil an dieser Stelle die Jakobswege aus allen Richtungen sternförmig zusammenlaufen. Ehrfurcht gebietend erhebt sich der Dom über uns. Was für ein Bau! Zwei riesige Türme, dazwischen ein hohes Portal, zu dem man über steile Treppen aufsteigen muss. Bei der Größe des Gebäudes ist es für die Ankommenden nicht ganz einfach, beim obligatorischen Siegerfoto Kirche, Quader und Pilger gleichzeitig aufs Bild zu bekommen.

Dass die Kathedrale sich nicht gerade von der besten Seite zeigt, scheint der allgemeinen Begeisterung keinen Abbruch zu tun. Das jahrhundertealte Pilgerziel verschwindet etwa zur Hälfte hinter einem Gerüst, das die Fassade verhüllt wie eine Spange die Zähne eines Teenagers. Man kann nur ahnen, was dahintersteckt, und damit man es sich besser vorstellen kann, ist das Gerüst teilweise mit einem riesigen Tuch behangen, auf dem der Turm nachgezeichnet ist. Mich befällt derselbe Verdacht wie schon bei vielen anderen Kirchen: Vielleicht muss die Fassade ja deshalb renoviert werden, weil sie vom massenhaften Staunen und Fotografieren abgenutzt ist? Jeder nimmt ein ganz kleines Stück von der Fassade in seine Erinnerung auf oder bannt es auf seine Memory-Karte. Wie die sagenhafte Krähe, die sich regelmäßig an einem Berg den Schnabel wetzt und den Stein so irgendwann kleinkriegt. Aber da die Kathedrale nun ohnehin eingehüllt ist, brauche ich mich auch nicht zurückzuhalten und knipse wie alle anderen, was das Zeug hält.

Ich bin den halben Tag mit zwei Holländern geradelt, mit Petra und Johann. Wir kennen uns vom Campingplatz in Sarria (offensichtlich ein Hotspot für holländische Radreisende) und sind uns heute unterwegs zufällig wiederbegegnet, weil die beiden sich genau wie ich noch einmal richtig verfranst hatten. Ein bisschen verloren standen sie an einer Kreuzung. »Wo sind denn die ganzen anderen Radler?«, war Petras erste Frage. Ich konnte nur mit den Achseln zucken. Ich wusste ja auch nicht, wo genau wir waren und warum außer uns niemand diesen Weg eingeschlagen hatte.

Wir manövrierten uns dann gemeinsam durch das Nebenstraßenlabyrinth im Umland von Santiago und verpassten dabei zielsicher die berühmte Stelle, von der aus man zum ersten Mal von Weitem die Türme der Kathedrale sehen kann. Aber irgendwie war es gut, die Orientierungslosigkeit mit Petra und Johann teilen zu können.

Und nun stehen wir also zu dritt vor der Kathedrale, wir schütteln uns gratulierend die Hände, umarmen uns nach kurzem Zögern sogar, posieren für die Kamera mit unseren Fahrrädern. Die beiden haben für diesen Anlass tatsächlich ein paar Dosen Bier durch die Lande gefahren, mit denen wir jetzt anstoßen. Aber ein wirkliches Triumphgefühl will bei mir nicht aufkommen. Klar, ich bin froh, es geschafft zu haben, auch ein bisschen stolz, am Schluss nicht klein beigegeben zu haben. Doch ist der Anlass meiner Reise nun mal kein besonders fröhlicher. Ich habe mich ein Stück weit von Andrea verabschieden können, einen Teil der Trauer auf der Strecke gelassen, und das war nötig und richtig. Aber deswegen nun jubeln?

Außerdem ist dieser Moment, dem man sich so entgegengearbeitet hat, doch recht unzeremoniell. Niemand nimmt uns in Empfang, es gibt keine Begrüßungsworte, keine Fanfaren, keine Glocken, keine jubelnden Massen. Wie am Anfang meiner Reise habe ich das Gefühl: Es ist dem Rest der Welt völlig schnurz, was ich hier mache. Und warum auch nicht? Was mache ich denn schon groß? Etwas ratlos stehe ich mit der Bierdose auf dem Platz vor der Kathedrale in Santiago und drehe mich im Kreis.

In stetigem Fluss kommen weitere Pilger an. Einzeln oder in Gruppen, zu Fuß oder auf dem Fahrrad. Ununterbrochen werden Fotos geschossen – Menschen in immer derselben Siegerpose vor der Kathedrale, als gäbe es genaue Vorschriften im Pilgereinmaleins, wie man sich auf diesem Platz fotografieren lassen soll. Das Victory-Zeichen ist jedenfalls immer dabei. Manchmal bieten andere Pilger Hilfe an, man fotografiert sich gegenseitig. Ich überlege kurz, ob das vielleicht eine neue Geschäftsidee wäre: der professionelle Foto-für-Sie-Macher, *Easy-Camino-Photo*, aber die meisten Ankommenden geben sich inzwischen mit Selfies zufrieden. Manche Radler haben schon ihre Smartphones und Fotoapparate gezückt, bevor sie überhaupt richtig vor der Kathedrale stehen. Sie rollen einhändig über den Platz und filmen sich bei der Ankunft. Fast wie in einem Theater sitzen überall am Rand des Platzes, auf dem Pflaster oder auf den Bänken die Einheimischen, Touristen und »älteren« Pilger, um den Einzug der Neuen zu beobachten.

Kaum sind die Fotos gemacht, wandert das Handy ans Ohr. Man meldet Vollzug. In vielen Sprachen wird »Ich habe es geschafft!« oder »Rate mal, wo ich bin« in die Heimat gefunkt, manchmal geradezu gebrüllt, als gäbe es kein Telefon und wollte man sich über die Entfernung hörbar machen. Dann verschickt man das Foto. Oder umgekehrt. Jedenfalls: Die Dokumentation des Ereignisses scheint wichtiger zu sein als das Ereignis selbst. Halten die Pilger tatsächlich etwas fest, das man nicht verpassen darf? Oder verpassen sie etwas bei dem Versuch, es festzuhalten?

Aber nicht alle sind so busy bei ihrer Ankunft. Eine junge Frau kommt allein an, macht kein einziges Foto, sondern wirft ihren Rucksack ab, setzt sich in meiner Nähe wie vom Donner gerührt aufs Pflaster und weint vor Freude. Das rührt mich. Ich hätte sie gern umarmt und sie so begrüßt, wie ich gern begrüßt worden wäre, aber ich traue mich nicht.

Je länger man auf dem Platz bleibt, desto mehr erkennt man ein Muster: Die Pilger kommen an, sind erleichtert, begeistert, fotografieren sich, umarmen sich, aber nach etwa zehn oder fünfzehn Minuten wird man ruhiger, die Freude ebbt ab. Dann wirken viele Pilger ein wenig verloren. Wochen-, vielleicht sogar monatelang hat man auf dieses Ziel hingearbeitet, und jetzt ist es erreicht. Und was nun? Was bleibt von der Reise? Was fange ich mit dem Rest des Tages an, mit dem nächsten Tag, was mit meinem restlichen Leben?

Vielleicht ist ein Schuss Angst in dem Gefühlscocktail, die Erkenntnis, dass das Ende des Camino eben auch ein Anfang ist, der Beginn des nächsten Lebensabschnitts, von dem man noch nicht genau weiß, wie er aussehen wird. Man lungert noch ein bisschen herum, fläzt sich auf das Pflaster, dann trottet man davon, die ersten Schritte nach dem Jakobsweg, die ersten Schritte ins weitere Leben: Sie gelten der prosaischen Suche nach einer Unterkunft und nach der nächsten Mahlzeit.

Auch ich spüre diese Leere. Für mich war die Reise ein Unternehmen, das Andreas Namen trug. Das Ende dieser Reise zerreißt eine weitere Verbindung mit ihr, wie eines der weißen Bänder, die früher beim Ablegen von Ozeanriesen gespannt wurden. Und jetzt drehe ich mich gewissermaßen um und gehe allein vom Kai.

Aber ich kann mich doch des Eindrucks nicht erwehren, dass diese Post-Camino-Depression ein Teil der scheinbar zufälligen Abfolge von Ereignissen ist, die im Nachhinein logisch wirken, als wäre alles so geplant. Plötzlich macht es Sinn, dass man auf der Hochebene in Trance gerät, dass man sich am Cruz de Ferro um vieles erleichtert und dass einem der Jakobsweg in den letzten Tagen noch einmal richtig auf den Wecker geht, sodass man die Ankunft wirklich herbeisehnt. (Zu meiner Ehrenrettung bestätigen mir alle anderen Radler, mit denen ich spreche, dass die letzten zwei Tage auch für sie total hart waren. Und die Wanderer sagen das Gleiche. Ob das Gelände nun wirklich besonders schwer ist oder einfach uns allen nach der langen Reise die Motivation und die Kraft ausgegangen sind, das bleibt unklar, ist aber auch eigentlich egal.) Es macht auch Sinn, dass es in Santiago keine Begrüßung gibt und man am Ende auf dem Kirchenvorplatz etwas ratlos herumsteht, in ein Loch fällt und erst langsam wieder in Gang kommt. Es ist gut, dass in der Stadt keine ausgelassene Partystimmung herrscht. Erleichterung ja, man ist fröhlich, kontaktfreudig, will wissen, wie es dem anderen ergangen ist. Aber die Pilger sind auch müde, und über allem liegt eine gewisse Nachdenklichkeit. Der Rückflug ist gebucht. Schon bald fängt das normale Leben wieder an.

Auch in der berühmten Pilgermesse, die ich am nächsten Tag um zwölf Uhr im Dom besuche, kommt wenig Begeisterung auf, im Gegenteil, ich langweile mich sehr. Ich war schon ewig nicht mehr in einem katholischen Gottesdienst und hatte vergessen, wie wenig selbst das Hochamt in Sachen Show zu bieten hat. Daran hat sich seit meiner Messdienerzeit nichts geändert. Dennoch ist die Kathedrale bis auf den letzten Platz besetzt, ich muss stehen. Vielleicht bin ich deshalb ein bisschen ungeduldig. Die meisten Besucher in der Kirche sind natürlich Pilger, die in den letzten Tagen angekommen sind, man kann also eine gewisse Hochstimmung unter dem Publikum, Verzeihung, den Gläubigen voraussetzen. Leider wird ewig lang in einschläferndem Ton geredet, und zwar fast nur in Spanisch, Predigt und Lesung ziehen sich da gewaltig. Gelegentlich steht man auf und setzt sich wieder, Gebete werden mitgemurmelt, die Lieder – schon von der Komposition her nicht gerade Fetenknaller – werden von der Orgel vorgedröhnt, die Gemeinde nölt zäh hinterher. Freudlos wirkt das Ganze und ohne Spirit. Nicht die geringste Spur von Erleuchtung und der Erleichterung, der Freude, die die meisten Pilger doch spüren müssen. Das wird alles mit der jahrtausendealten Routine dieser Veranstaltung niedergebügelt.

Erst ganz am Ende kommt Bewegung in die Gemeinde, als ein paar emsige Mönche ein Riesentrumm von Weihrauchkessel in den Kirchenhimmel heben und wie beim Läuten der Glocke mit vereinten Kräften zum Schwingen bringen. Ein seltsames Spektakel. Mich wundert der Hochmut, mit dem die katholische Kirche anderen Religionen entgegentritt, mit dem sie besonders Naturreligionen als heidnisch, naiv und ungläubig schilt und dann aber selbst Rituale veranstaltet, die jeden Voodoo-Kult blass aussehen lassen. Ich finde, da sitzt sie doch ein bisschen zu sehr im Hokuspokusglashaus, um mit Steinen werfen zu können.

Um mich herum ist es lebhaft geworden. Praktisch kein Gottesdienstteilnehmer, der nicht aufspringt, sein Smartphone oder Tablet herausholt und wie bei einer massenhaften Gottesanbetung mit erhobenen Armen versucht, ein Bild von dem hin- und hersausenden Weihrauchkessel zu erhaschen. Zum ersten Mal sehe ich in diesem Gottesdienst lächelnde Gesichter – immer dann, wenn jemand mit Blick auf seinen Bildschirm feststellt, dass ihm ein gutes Foto gelungen ist.

Den Rest des Tages verbringe ich mit einer Erkundungsfahrt durch Santiago. Und mache viele Fotos. Ich möchte meine Sammlung der auf den Asphalt gemalten Piktogramme und Symbole vervollständigen, die ich unterwegs begonnen habe. Santiago entpuppt sich als reichhaltige Fundgrube für Fotomotive dieser Art. Ein ziemlich undurchsichtiges System von vielfarbigen Parkzonen, deren Symbole auf sehr unterschiedlichem, teilweise mittelalterlichem Pflaster aufgemalt sind, erzeugt Strukturen von ganz eigenartigem Reiz. Während ich begeistert durch die Stadt fahre und diese Asphaltblüten aufsammele (und dabei einige der üblichen Sehenswürdigkeiten der Stadt glatt übersehe), wächst das Gefühl, dass hier vielleicht ein ganz neues Gebiet meiner künstlerischen Tätigkeit heranwächst. Ich spüre eine gewisse Verpflichtung, dieses unerwartete Geschenk des Jakobsweges angemessen zu würdigen. Ich weiß nur noch nicht, wie ...

Später gönne ich mir eine ausgiebige Dusche und betrachte mich anschließend im Spiegel: Abgenommen habe ich ein bisschen in den letzten Wochen, die Beine sind muskulöser geworden. Wäre ja auch noch schöner, nach all der Plackerei. Die groteske Radlerbräune kenne ich schon von anderen Reisen – die Arme und Beine sind zu drei Vierteln braun gebrannt, der Kopf bis zum Nacken auch, alles andere ist weiß wie bei einer Made. Der letzte Abend ist dann ein bisschen symbolisch für die ganze Reise. Ich mache mich auf, um zu Abend zu essen, und ich lande in einer vollbesetzten Kneipe, wo ich an einem langen Tisch zwischen zwei Franzosen auf der einen Seite zu sitzen komme, die weder Deutsch noch Englisch sprechen, und einer großen Gruppe Taubstummer auf der anderen Seite, die sich lebhaft, aber weitgehend lautlos unterhält. Ich selbst spreche kaum ein Wort – typisch für meine Erfahrungen auf dem Jakobsweg. Wieder einmal gehe ich früh in mein Hotel.

Eigentlich war es ein ganz unauffälliger Morgen. Marion und ich lagen noch ein bisschen dösend im Bett, genossen die Nähe, die zwischen uns entstanden war, während ihre Kinder unüberhörbar schon im Haus herumgeisterten. Plötzlich überkam mich ein intensives Gefühl des Glücks, des Friedens, der vollkommenen Erfüllung. Klar, wenn man frisch verliebt ist, dann gibt es diese Momente. Doch die Intensität dieses Gefühls war überwältigend. Ich wagte nicht, mich zu bewegen, aus Angst, ich könnte den Zauber brechen. Für einige Minuten lag ich regungslos da, bis die Emotionsflut ein bisschen abflaute.

Marion, die die ganze Zeit still neben mir gelegen hatte, fuhr mit einem Ruck in die Höhe und sah mich fragend an. »Spürst du das auch?« Ich nickte, und wir rückten noch ein bisschen näher zusammen. Wir genossen das Gefühl des Zusammengehörens, das unerhört groß schien in diesem Moment, wenn man bedachte, wie wenig Zeit wir bisher zusammen verbracht hatten.

»Was war denn das?«, brachte ich endlich heraus. Aber Marion schwieg.

Einige Stunden später fanden wir Zeit, um noch einmal über die Situation zu reden. Ich hatte inzwischen eine ziemlich klare Vorstellung davon, was da los gewesen war. Aber allein der Gedanke an meine Erklärung zauberte mir einen Kloß in den Hals, und als ich ihn endlich laut äußerte, kam ich nicht weit: »Ich weiß nicht, ob das zu schräg klingt, aber ich hatte das Gefühl, Andrea war da, und ... also ... sie wollte uns sagen ...«

Mir schossen die Tränen in die Augen, meine Stimme versagte, weshalb ich Marion mit erhobenen Daumen signalisierte, was Andrea meiner Meinung nach von uns dachte. Nicht, dass ich ihre Zustimmung oder ihre Absolution gebraucht hätte. Aber die Vorstellung, dass sie mich oder sogar uns aus dem Jenseits unterstützte, war einfach zu schön, um nicht einen Moment an ihr festzuhalten. Marion hatte schon bei meinen ersten Worten angefangen zu weinen. Als sie sich wieder gefangen hatte, sagt sie: »Ich habe das Gleiche gedacht.«

Ich erwischte mich bei dem Gedanken, dass Andreas Besuch vielleicht auch so etwas wie einen Abschied bedeutete. Sie hatte mir spaßeshalber immer mal wieder »vorgeworfen«, dass ich viel zu sorglos durchs Leben ging. Besonders in ihren letzten Wochen war sie mehrmals aufgefahren und hatte mich ganz verzweifelt gefragt: »Was willst du denn ohne mich machen?« Da war sie immer nur schwer zu beruhigen gewesen. Jetzt konnte sie sich selbst überzeugen, dass es mir gut ging, vielleicht auch, dass ich in guten Händen war.

Für mich ein Grund mehr, die Reise zu machen: Ich wollte ihr und mir beweisen, dass ich durchaus in der Lage wäre, so ein Projekt allein zu planen und durchzuführen. »Mach dir keine Sorgen, Andrea«, sollte auf dem unsichtbaren Banner stehen, dass ich auf dem Fahrrad hinter mir herziehen würde.

LETZTE GRÜSSE

Die Rückreise entwickelt sich übrigens zum Abschlussexamen des Camino-Absolventen, zur Reifeprüfung für gestandene Jakobswegabgänger. Ich habe die Gelegenheit, meine ganze neu gewonnene Gelassenheit in die Waagschale zu werfen. Und ich brauche jedes Gramm von ihr.

Schon die Anfahrt zum Flughafen gestaltet sich wesentlich komplizierter als gedacht. Wie schon bei anderen Reisen habe ich ganz selbstverständlich vor, mit dem Rad zum Flughafen zu fahren. Als würdigen Abschluss des ganzen Trips sozusagen. Und angesichts einer Strecke von dreizehn Kilometern handelt es sich bei meinem Plan auch nicht gerade um ein Ehrfurcht gebietendes Unternehmen. Vor Jahren hätten Andrea und ich in San Diego fast einmal das Flugzeug in die Heimat verpasst, weil ich auf dem Weg zum Flughafen einen platten Reifen flicken musste. Entsprechend habe ich heute mehr als ausreichend Zeit eingeplant für diese Miniradtour.

Noch im Stadtgebiet von Santiago fängt jedoch meine Schaltung an zu spinnen, sie wechselt selbstständig in andere Gänge, rutscht immer wieder durch und verklemmt schließlich die Kette so zwischen äußerstem Ritzel und Rahmen, dass ein Weitertreten nicht mehr möglich ist. Mir bleibt nichts anderes übrig, als das Fahrrad vollständig abzuladen, es auf den Kopf zu stellen und das Rad vom Rahmen zu lösen, um die Kette wieder frei zu bekommen. Wenige Hundert Meter später reißt mir dann auch noch der Schaltzug. Offensichtlich hing er schon vorher nur noch am letzten Fädchen, deshalb hat die Schaltung wohl auch verrückt gespielt. Jetzt habe ich nur noch einen einzigen Gang zur Verfügung, und zwar den größten. Na super! Schon bald schiebe ich die erwartet knackigen Steigungen hinauf.

Und so werde ich am Ende meiner Reise doch noch zum Fuß-pilger. Denn meine Route zum Flughafen verläuft tatsächlich hauptsächlich auf dem Jakobsweg. Bloß eben in falscher Richtung. Tapfer lächele ich den Wanderern zu, die mir entgegenkommen und sich kurz vor dem Ziel befinden. Noch einmal verklemmt sich die Kette. Also erneut: abladen und Rad lösen. Inzwischen bin ich nicht mehr ganz so entspannt, was meine Zeitplanung angeht. Schließlich komme ich auf die Idee, den Schaltzug am Rahmen so zu verknoten, dass ich einen mittelschweren Gang treten kann. So muss ich wenigstens nicht die ganze Strecke bis zum Flughafen laufen. Dort angekommen, verschwitzt und mit ziemlich eingeschwärzten Händen, erwarten mich die üblichen Schwierigkeiten, am Check-in-Schalter mein Fahrrad aufzugeben – obwohl es angemeldet und bezahlt ist. Es kostet mich eine Stunde Zeit, lange Diskussionen – die ich selbstverständlich ruhig und in durchweg freundlichem Ton führe –, einige Bastel- und Zerlegearbeit und dreißig Euro extra, um mein Rad aufgeben zu können. Erschöpft genehmige ich mir einen Kaffee und schreibe Marion, die mich abholen will, eine SMS, dass alles glattläuft und ich mich sehr auf sie freue.

Nur noch vier Stunden, denke ich. Aber dann sehe ich draußen schwarze Wolken heraufziehen und die ersten Blitze, die über der Startbahn zucken. Nur wenig später geht ein schweres Gewitter nieder, das den Flugverkehr in Santiago für Stunden lahmlegt. Als wir endlich losfliegen, ist bereits klar, dass wir den Anschlussflug in Madrid – den letzten des Tages – nicht erreichen werden. Dort angekommen, heißt es erneut Schlangestehen und warten, warten, bis man uns endlich – es ist schon nach dreiundzwanzig Uhr –, mit einem Gutschein ausgerüstet, in ein Hotel karrt.

Mich tröstet nur die Vorstellung, dass ich mehr als vier Wochen gebraucht habe, um nach Santiago zu kommen. Was sind da ein paar Stunden mehr auf dem Rückweg? Dennoch hätte ich diesen Abend allzu gern woanders verbracht. Es ist nur eine sehr kurze Nacht, denn um sieben Uhr werde ich mit ein paar anderen gestrandeten Passagieren wieder in Richtung Flughafen befördert. Dort beginnt das Boarding diesmal mit nur einer Stunde Verspätung. Als ich schon in der Schlange stehe, erklärt man uns aber plötzlich, dass sich der Abflug nun doch um mindestens zwei weitere Stunden verzögere – Fluglotsenstreik in Frankreich. Jetzt sind auch die letzten paar Krümel meiner mühsam angeradelten buddhistischen Schicksalsergebenheit aufgebraucht. Die ganzen zweitausendfünfhundert Kilometer sind praktisch für die Katz. Nur mit größter Mühe unterdrücke ich einen Schrei. Ich renne gotteslästerlich fluchend durch den Flughafen und trete mächtige Löcher in die Luft.

Als ich mich wieder beruhigt habe, fällt mir ein, dass Andrea und ich bei unserem letzten Spanienaufenthalt vor drei Jahren – einem Kletterurlaub in der Nähe von Alicante – ebenfalls eine Nacht länger als geplant im Land bleiben mussten. Damals hatte unsere Maschine einen Motorschaden und konnte das Gate erst gar nicht verlassen. In mir wächst der Verdacht, dass vielleicht höhere Kräfte im Spiel sein könnten, die mich partout nicht aus Spanien herauslassen wollen. Das stimmt mich schon wieder etwas milder. Okay, Spanien, ich mag dich ja auch sehr, aber es tut der Beziehung nicht gut, wenn man so klammert!

Erschöpft sinke ich auf eine Bank. Ich hätte noch so schön schlafen können ... Ein stechender Schmerz fängt an, sich in meinem Kopf breitzumachen. Ich durchsuche die Lenkertasche, die ich für den Flug zum Handgepäck upgegradet habe, nach einer Aspirintablette; das einzige Medikament, das ich außer einiger homöopathischer Kügelchen auf der Reise dabeihatte. Die Tabletten finde ich nicht, dafür fällt mir die Papiertüte mit Postkarten wieder in die Hände, die ich in León gekauft habe. Ich schüttele die bunten Fotos samt Briefmarken heraus. Konsterniert schaue ich die farblich etwas übertriebenen Bilder an. Andrea hat das immer gemacht: auf den letzten Drücker Postkarten zu schreiben. Kurz vor der Rückreise am Flughafen oder am Bahnhof. Ob sie den Moment des Schreibens von langer Hand so eingeplant hatte oder ihr die

Postkarten immer erst am Abflugort siedend heiß eingefallen sind, ist mir nie so recht klar geworden. Jedenfalls hat sie mit ihrer schwer lesbaren, krakeligen Doktorenschrift eilig den gleichen nichtssagenden Text auf mehrere Karten gekritzelt und diese dann schnell am Reiseort noch eingeworfen. Hauptsache, der Poststempel ist exotisch, hatte sie immer behauptet – und dann zu Hause über die unzuverlässige Post in Spanien, Hongkong oder den USA geschimpft, die so schlampig sei, ihre Postkarten erst nach ihrer Rückkunft auszuliefern. Ich habe sie nie verraten.

Soeben verkündet die Mitarbeiterin am Gate eine weitere Stunde Verspätung. Noch einmal schaue ich die sechs Kathedralen von León an. Und dann beginne ich, Postkarten zu schreiben.

An wen die erste gehen soll, ist einfach. Ich hatte ja versprochen, mich noch einmal zu melden:

Liebe Madame Esparbes, lieber Monsieur,
ganz herzliche Grüße aus Santiago de Compostela. Ich bin
ohne weitere Schwierigkeiten wohlbehalten angekommen.
Noch einmal herzlichen Dank für Ihre Hilfe. Menschen wie Sie
machen den Jakobsweg zu dem, was er ist. Ich wünsche Ihnen
weiterhin alles Gute.
Georg Koeniger

Wem sollte ich noch eine Karte schicken? Ein Plakat vom berühmten Madrider Museum Prado bringt mich auf die Idee:

Lieber Gerd,
hast Du im nächsten Jahr in Deiner Galerie ein Zeitfenster
frei für eine ungewöhnliche Fotoausstellung? Habe auf meiner Reise eine spannende Entdeckung gemacht, die mich sehr
inspiriert hat. Werde mich in den nächsten Wochen bei Dir
melden.
Herzliche Grüße aus Spanien von Georg

Auch für die nächste Karte muss ich nicht lange überlegen:

Liebste Marion,
es tut mir sooo leid, dass ich heute nicht bei Dir sein kann.
Aber ich glaube, wir haben noch viele gemeinsame Tage vor
uns. Kann es kaum erwarten, Dich wiederzusehen.
Love, G
PS: Mir gefällt Deine Idee, im nächsten Sommer mit See-
kajaks um die Insel Jersey herumzupaddeln. Freue mich
darauf, mit Dir was Neues anzufangen …

Jetzt habe ich mich warm geschrieben, und zwei weitere Rück-
seiten füllen sich fast wie von selbst:

Lieber Jakobsweg,
vielleicht habe ich Dir am Anfang etwas unrecht getan, Du
kannst ja nichts für Deine Eltern. Habe gemerkt, Du bist doch
eine ganz ehrliche Haut. Dafür, dass Du mir als Radfahrer
oft genug die kalte Schulter gezeigt hast, haben wir uns ganz
gut zusammengerauft, finde ich. Ich kann sagen, Du warst
die Mühe wert. Und ein bisschen Inspiration hast Du mir
auch gegeben. Wahrscheinlich werden wir uns für eine Weile
nicht sehen. Aber wer weiß? Sag niemals nie …
Dein Georg

Liebe Mutti!
Wie geht es Dir? Mir geht es gut. Das Land ist sehr schön.
Die Leute sind sehr freundlich. Das Essen ist sehr gut. Ich
hoffe, es geht Dir gut, wo immer du bist. Als wir uns das
letzte Mal gesehen haben, warst Du ja schon mehr oder weni-
ger unterwegs. Deshalb auf diesem Weg noch mal meinen
unendlichen Dank für alles. Besonders für den Lebensmut,
mit dem Du mich ausgestattet hast. Der hat mir in den letz-
ten beiden Jahren sehr geholfen. Er wird mich immer mit Dir
verbinden. Und ja, ich bin warm genug angezogen.
Alles Liebe, Dein Georg

Eine Karte ist noch übrig. Lange drehe ich sie in meinen Fingern, bevor ich zu schreiben beginne:

Ach Andrea,
ich vermisse Dich immer noch sehr, und jeden Tag erinnern mich viele Tausend Kleinigkeiten an Dich. Aber mach Dir keine Sorgen. Ich komme klar. Selbst auf einer so langen Tour. Du kannst Dich also entspannen und unbeschwert umherreisen, wohin Dich dein Seelenleben auch treibt. Aber wenn ich auch in Zukunft manchmal deine Präsenz zu spüren bekäme, wäre das ein großes Glück für mich.
Yours Forever,
Jorge

UNENDLICHER DANK

An all die Menschen, die so viel Zeit und Energie in den Versuch gesteckt haben, Andrea wieder auf die Beine zu bekommen, besonders Angelika, Barbara, Claudia, Dr. Devi, Doris, Evelyn, Helen, Hanna, Jürgen, Karin, Kirsten, Manfred, Matti, Melanie, Nina, Nanda und viele andere sowie an Kolja und Rike.

An meine Kabarettkollegen, die so geduldig mit meiner Situation umgegangen sind: Michael von TBC sowie Heike und Birgit vom Sommertheater am Schützenhof, besonders aber Florian, der mich seit über zehn Jahren als Beifahrer aushält und außerdem sehr kluge Vorschläge zum Manuskript gemacht hat.

An die Ärzte und Heilpraktiker sowie die Beschäftigten aller Krankenhäuser, die wir besucht haben, besonders aber die der Palliativstation der Barmherzigen Brüder in München. Diese Menschen machen einen tollen Job.

Very special thanks to Andrew and Saci, who both put a whole new dimension to what it means to be friends.

Ich danke allen, die mich in irgendeiner Form auf dieser Reise begleitet haben, vorher, währenddessen und hinterher, die mich aufgenommen, mir geholfen, zugehört und von sich erzählt haben.

Dank an das ganze Team vom Malik-Verlag, nicht zuletzt aber an meinen ehemaligen Lektor Philip, der mich überzeugt hat, dieses Buch überhaupt zu schreiben.

Hier dreht sich alles ums Rad!

Georg Koeniger

Bis dass die Autotür uns scheidet

Ein Leben in 12 Fahrrädern

Malik, 272 Seiten
Mit 16 Abbildungen
€ 14,99 [D], € 15,50 [A]*
ISBN 978-3-89029-429-2

50 Jahre Radfahren, 20 Radreisen in Europa und Übersee, 12 unverwechselbare Lebensgefährte – für Georg Koeniger ist ein Da- und Unterwegssein ohne Fahrräder undenkbar. Was liegt da näher, als die wichtigsten Etappen des eigenen Lebens einmal aus der Sicht jener Räder zu betrachten, auf denen man sie zurückgelegt hat: vom Münsteraner Pättkes-Fahrer auf dem Hollandrad zum Pass-Kletterer auf dem Trekkingbike, vom Colnago-Fetischisten zum Single-Speed-Puristen ...

MALIK

Leseproben, E-Books und mehr unter **www.malik.de**

»Nicht nur für Alpinisten.«

Süddeutsche Zeitung

Hier reinlesen!

Georg Koeniger
Cliffhänger
Kletter-Comedy für Schwindelfreie

Piper Taschenbuch, 288 Seiten
€ 9,99 [D], € 10,30 [A]*
ISBN 978-3-492-26422-8

Klettern kommt vor dem Fall. Georg Koeniger lotet die schwindelerregende Komik des angesagten Breitensports aus: von den frühen Kletterabenteuern eines Flachland-Münsterländers über die schweißtreibende Erotik eines Matrazenlagers bis zum Paarungsverhalten von Seilknoten. Er erklärt, wie am Wochenende »Berge gemacht« werden, verirrt sich in die Todeszone einer Alpenvereinssitzung und findet am Ende seine Schicksalswand auf einem Münchner Kinderspielplatz. Lachen, bis das Zwerchfell schmerzt!

Leseproben, E-Books und mehr unter www.piper.de

»Der wichtigste Weg meines Lebens.«

*Cover- und Preisänderungen vorbehalten

Hape Kerkeling
Ich bin dann mal weg
Meine Reise auf dem Jakobsweg

Malik, 352 Seiten
Mit 35 Fotos und einer Karte
€ 19,90 [D], € 20,50 [A], sFr 28,50*
ISBN 978-3-89029-312-7

Hape Kerkeling, Deutschlands vielseitigster TV-Entertainer, ging nach Santiago de Compostela und erlebte die besondere Kraft einer Pilgerreise. Er lernte moderne Pilger und ihre Rituale kennen, erfuhr Einsamkeit und Stille, Erschöpfung und Zweifel, aber auch Hilfsbereitschaft, Freundschaften und Belohnungen. Ein außergewöhnliches Buch voller Witz, Weisheit und Wärme, ein ehrlicher Bericht über die Suche nach Gott und nach sich selbst, das schon Millionen Leser begeistert hat.

Leseproben, E-Books und mehr unter **www.malik.de**

MALIK

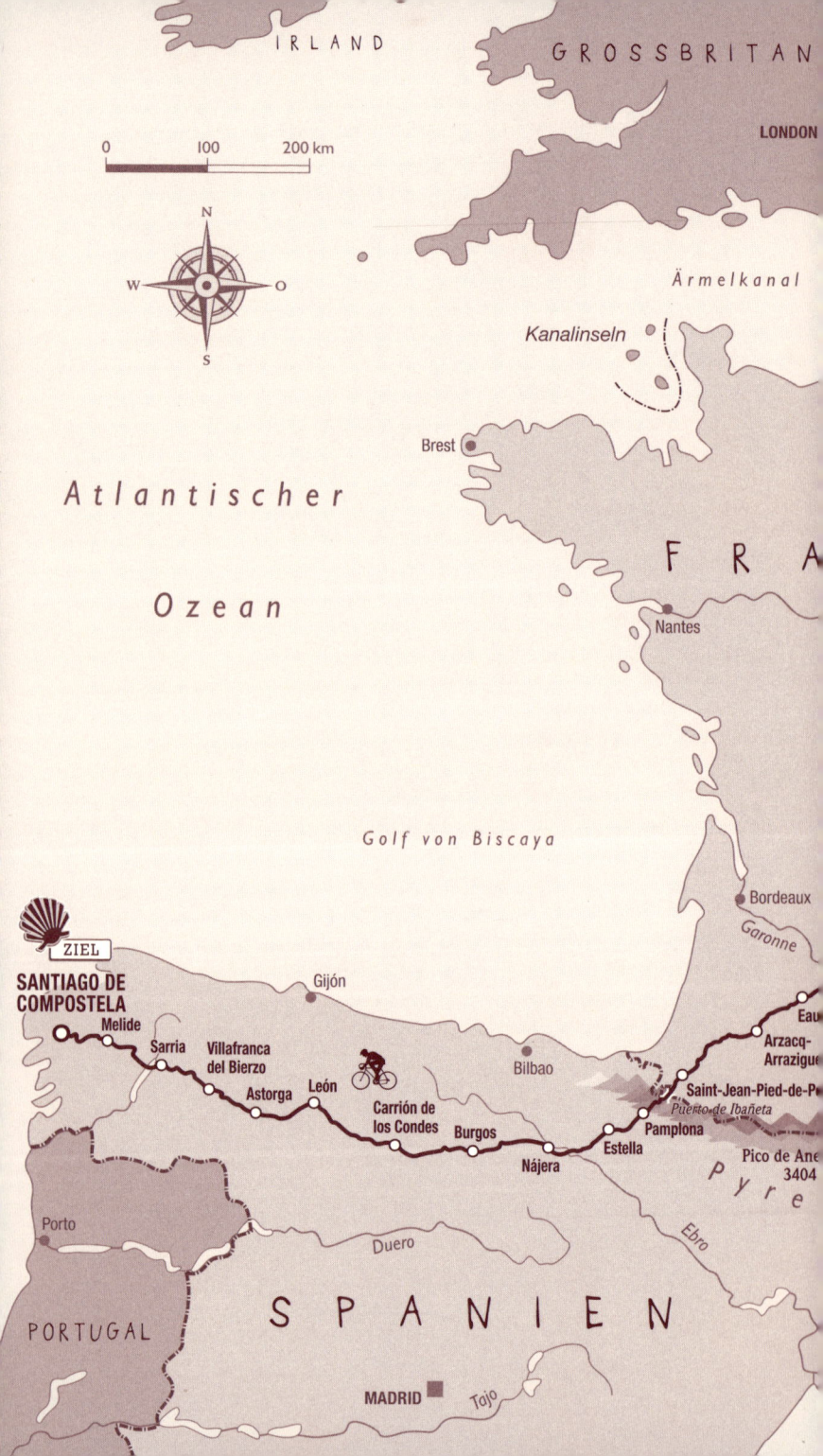